개정판

정신과 의사의 체험으로 보는

사마타와 위빠사나

정신과 전문의 **전현수** 지음 — 우 레 와 따 감수

불광출판사

"삼매의 목적은 있는 그대로 알고 봄이고,
이익도 있는 그대로 알고 봄이다."

– 『앙굿따라 니까야』 10.1 「무슨 목적 경」

명상을 하는 목적은 진리를 알고 보는 것이다. 붓다는 말했다.

"비구들이여, 삼매를 계발하라. 삼매를 얻은 자는 사성제를 있는 그대로 알고 볼 수 있다."(『상윳따 니까야』 56.1 「삼매에 대한 법문」)

저자 전현수 박사는 성공적으로 삼매를 얻었고, 삼매의 빛의 도움을 받아 육안으로는 볼 수 없는 것을 보았다. 이 책을 통해 그는 사마타와 위빠사나 수행의 상세한 경험을 독자와 나누고 있다.

붓다는 삼매라는 수단으로 얻은 '모든 것을 아는 지혜'를 통해 범천, 천신, 아수라, 지옥 중생들과 같은 다른 영역의 존재들을 보았고, 그들이 그곳에 태어나게 된 원인을 알 수 있었다. 스스로 완전히 깨달은 자인 그는, 법을 설할 때 이들 영역에 대해 가르쳤다. 붓다의 가르침대로 수행을 한 저자역시 육안을 넘어서서 볼 수 있게 하는 삼매의 빛으로 목신, 아귀, 천신, 지옥 중생 같은 존재들을 보고 그 존재들이 있음을 알았다. 몸의 32가지 부분에 대한 명상에서는 삼매의 빛을 통해 자신의 심장, 간, 비장, 콩팥과 같은여러 내부 장기를 매우 선명하게 보았다.

사성제 가운데 첫 번째 성스러운 진리인 고성제에 대해서는 궁극 물질과 궁극 정신의 형태로 5취온을 보았다. 그리고 자신의 과거 생들과 미래 생들을 보고 이 존재들의 원인과 결과를 이해했다. 이는 그가 두 번째 성스러운 진리인 연기의 진리를 보고 이해할 수 있었다는 것을 의미한다. 보살은 보리수 밑에서 첫 번째 성스러운 진리, 두 번째 성스러운 진리, 세 번째 성스러운 진리, 네 번째 성스러운 진리를 꿰뚫어 알고서 최상의 깨달음을 얻었다. 이와 같이, 깨달음을 얻으려고 하는 사람은 누구나 네 가지 성스러운 진리를 봐야 한다.

모든 것을 아는 붓다의 가르침에 따라 명상 수행을 한 저자는, 자신이 얻은 삼매와 자신의 능력을 바탕으로 붓다의 가르침을 실제로 경험하고 보았다. 그런 다음, 육안을 넘어서야 볼 수 있는 깊고 심오한 실재를 스스로 보고자 하는 수행자들을 독려하기 위해 자신의 경험을 글로 옮겼다. 사물을 직접 있는 그대로 알기를 바라는 사람은 누구나 삼매를 계발해야 한다. 삼매를 계발하면 삼매의 빛, 곧 지혜의 빛을 통해 이전에는 결코 보지 못했던 것들을 알고 보게 되고, 그러함으로써 깨달음을 얻을 것이다.

이 책은 진리를 있는 그대로 알고 보기를 원하는 사람들에게 심오한 메시지를 전한다. 그러나 이 책만 가지고 수행을 할 수는 없다. 수행을 하고자 하는 사람은 누구나 자격을 갖춘 스승을 두어야 한다. 그래야 체계적으로 더 자세히 수행할 수 있다.

붓다는 이렇게 말했다.

"내가 증득한 이 법은 심오하여 보기 어렵고 깨닫기 어렵고… 사유의 영역을 넘어섰고 미묘하여 오로지 현자들만이 알아볼 수 있을 것이다…〔집착을 즐기는) 이런 사람들이 이러한 진리, 즉 특수한 조건성인 연기를 보는 것은 어려울 것이다."(『맛지마 니까야』 26.19 「성스러운 구함 경」)

이 책의 저자가 설명하는 원인과 결과의 관계, 다시 말해 연기의 진리는 단순히 논리로 따져서는 이해하기 어려울 것이다. 붓다가 말했듯이 연기의 진리를 보는 것은 단순한 논리로서는 가능하지 않다. 오직 삼매의 빛을 통해 얻을 수 있는 직접적인 앎을 통해서만 연기의 진리를 체득할 수 있다. 그래서 독자가 이 부분을 이해하기 어려워할 것이라는 점은 바로 예상이 된다.

삼매 없이는 법을 보기도 이해하기도 어렵다. 그런데 법을 이해하지 않고서는 결코 해탈에 이를 수 없다. 붓다가 아난다에게 이렇게 말했듯이.

"이 연기는 참으로 심오하다. 그리고 참으로 심오하게 드러난다. 아난다여, 이 법을 깨닫지 못하고 꿰뚫지 못하기 때문에 이 사람들은 감각적 욕망을 즐기고… 실타래처럼… 처참한 곳, 불행한 곳, 파멸처, 윤회를 벗어나지 못한다."(『상윳따 니까야』 12.60 「인연 경」)

당신과 나는 연기를 모르기 때문에 윤회 속에서 헤맨다. 연기는 깊고 심오하지만, 우리가 그것을 깨닫는 것은 가능하다. 연기의 진리를 깨닫고자 한다면 연기를 직접 볼 필요가 있다. 비록 그러기가 어렵기는 하지만, 붓다가 말했듯이 삼매를 얻은 사람은 연기의 진리를 있는 그대로 알고 볼 것이다. 하지만 그저 읽기만 하고 삼매를 계발하지 못한 사람은 그렇게 할 수 없다.

붓다는 사람들에게 와서 믿으라고 하지 않고 와서 보라고 한다. 이는 사성제가 믿음의 대상이 아니라는 뜻이다. 사성제는 듣거나 읽고서 단순히 믿는 그런 성격의 것이 아니다. 그것은 "지혜로운 자가 알 수 있는" 것이다. 지혜로운 자만이 스스로 사성제를 알고 볼 수 있다. 바른 삼매를 계발하는 자는 완벽하고 분명하게 그것을 알고 볼 것이다.

이 책이 깨달음을 얻고자 하는 사람들에게 동기를 부여하기를.

이 책이 모든 괴로움으로부터 자유롭기를 바라는 사람들을 독려하기를.

사두! 사두! 사두!

자애를 듬뿍 전하며,

비구 레와따

2017년 11월 28일 싱가포르 파욱 센터

2015년 9월에 이 책의 초판을 낸 지 3년이 지났다. 그사이에 이 책이 미국의 위즈덤 퍼블리케이션스에서 영어로 번역되어 출판되는 기쁜 일이 있었다. 영어본에는 파욱 센터의 우 레와따 스님께 추천사를 받았다. 우 레와따 스님은 영문 원고를 꼼꼼히 검토한 후 의견을 주셨는데, 책을 더 낫게 만드는 데 여러 모로 도움이 되었다. 크리스토퍼 거머도 이 책을 추천해주었다. 미국을 대표하는 불교 명상 심리치료자인 그는 '마음챙김 자기 연민' 프로그램을 만들어 세계적으로 활동하고 있다. 하버드 대학에서 가르치고 있으며 여러 차례 방한하기도 했는데, 나와도 친분이 있다.

초판을 내고서 사람들과 나의 수행 경험을 나누는 시간을 많이 가졌다. 특히 BBS(불교방송)에서 〈전현수 박사가 경험한 사마타와 위빠사나〉를 진행하면서 이 책을 다시 꼼꼼히 살펴보게 되었다. 표현을 달리 하는 것이 도움이 된다는 생각이 드는 부분들이 눈에 띄어 개정판에서 수정했다. 전체적으로는 내용이 크게 달라지지 않았지만, 좀 더 세밀하고 정확하게 서술하려고 노력했다. 개정판을 내는 데 도움을 준 여러 분들께 감사를 드린다.

2018년 8월
전현수

이 글은 2013년 11월부터 2014년 9월까지 미얀마 파욱 전통의 사마타와 위빠사나 수행을 집중적으로 한 경험을 쓴 구체적이고 자세한 수행 체험담이자 수행 보고서다. 주된 내용은 내가 한 선정 수행과 선정 수행을 바탕으로 한 물질, 정신, 연기, 위빠사나 수행에 대한 것이다. 선정은 무엇이고 어떤 의미가 있으며, 구체적으로 어떻게 선정을 경험할 수 있는지, 또 선정을 바탕으로 어떻게 물질, 정신, 연기, 위빠사나 수행을 하는지에 대해서 내 경험에 입각하여 정리했다.

내 경험이긴 하지만 나 혼자 경험한 것은 아니다. 2006년경에 처음 파욱 전통의 사마타와 위빠사나 수행을 시작한 이후로 지금까지 세 분의 미얀마 스님과 한 분의 한국 스님에게 지도를 받았다. 세 분의 미얀마 스님은 파욱 사야도, 우 실라 스님, 우 레와따 스님이다. 그리고 한 분의 한국 스님은 담마다야다 스님이다. 우 실라 스님, 우 레와따 스님, 담마다야다 스님은 모두 파욱 사야도의 제자다.

파욱 사야도는 소실된 수행 전통을 스스로 복원하긴 했지만 니까야와 주석서 그리고 주석서의 주석서인 복주서의 도움을 받았다. 직접 지도를 받은 건 아니지만 주석서와 복주서를 쓴 수행자에게 시공간을 초월해서 지도를 받았다. 파욱 사야도에게 도움을 준 주석가들에게도 스승이 있다. 그 스승에 스승을 따라 올라가면 결국 붓다에게 도달한다. 따라서 내가 한 수행의 뿌리 역시 붓다다. 붓다로부터 시작하여 파욱 사야도, 우 실라 스님, 우 레와따 스님, 담마다야다 스님으로 흐르는 맥에 나도 이어져 있다.

파욱 사야도에게는 아나빠나사띠를 지도받아 초선정을 경험했고, 우 레와따 스님의 지도 아래서는 아나빠나사띠 이선정, 삼선정, 사선정, 그리고 몸의 32부분에 대한 마음챙김과 흰색 까시나를 경험했다. 한국 스님인 담마다야다 스님에게는 까시나 수행의 일부와 4대 수행 일부를 지도받았다. 이번에 우 실라 스님의 지도를 받으면서는 까시나, 무색계, 4가지 거룩한 마음가짐, 4보호 명상, 4대 수행, 물질, 정신, 연기, 위빠사나를 경험했다.

이 글은 크게 일곱 부분으로 되어 있다. 첫 부분에서는 이번 수행에 도전하게 된 경위를 적었다. 불교와 처음 인연을 맺고부터 파욱 수행을 하기까지의 과정이 담겨 있다. 둘째 부분에서는 파욱 수행이 어떤 것인지, 파욱 수행의 핵심이 무엇인지, 파욱 수행에서 무엇을 경험하는 것을 목표로 하는지 정리했다. 나머지 다섯 부분은 파욱 수행에 대한 부분이다. 선정, 물질, 정신, 연기, 위빠사나 수행을 내 경험에 입각하여 구체적이고 자세하게 설명했다. 그리고 각각의 수행에 함의된 정신건강적인 의미와 정신치료적인 의미를 찾으려고 노력했다.

●

강원도의 한 절에서 같이 수행을 하던 두 여성 수행자가 내 수행 경험을 책으로 쓰면 사람들에게 도움이 될 것 같다며 집필을 권유한 적이 있다.

이후 내 수행 경험을 책으로 써도 좋겠다는 생각을 품고만 있다가, 내 경험을 사람들에게 들려주는 자리에서 청중의 반응을 보고 집필을 결심했다.

나를 지도했던 우 실라 스님이 2014년 가을 서울에서 사마타와 위빠사나 법회를 하면서, 내게 수행 경험을 법회 시간에 이야기해달라는 요청을 했다. 그래서 열두 번의 법회마다 40분 정도씩 내 경험을 사람들에게 들려주었다. 이를 통해 파욱 수행을 정리할 수 있었을 뿐 아니라 공부도 많이 되었다. 그리고 내가 소속한 한국불교심리치료학회에서 운영위원을 중심으로 세 시간씩 세 번에 걸쳐 수행 경험을 이야기하고 참석자들과 심도 있는 토론을 할 기회도 있었다. 이 두 번의 경험을 통해서 구체적인 수행 경험이 사람들에게 도움이 됨을 알았고, 책으로 내어 더 많은 사람과 내 경험을 공유하겠다는 생각을 굳혔다.

우리나라에는 아직 파욱 전통의 사마타와 위빠사나 수행이 보편화되어 있지 않고, 그 수행을 지도해줄 사람도 충분하지 않아 지도를 받고 싶어도 여의치 않은 사람이 많다. 그래서 나는 이 책이 독자 스스로 수행을 점검하는 데 도움이 될 수 있도록 최대한 쉽고 분명하고 구체적으로 내 경험을 담아내려고 했다. 수행의 진전에 이 책이 도움이 될 것이다. 그렇더라도 꼭 스승에게 직접 지도를 받아 수행을 점검받길 권한다.

◉

이 책에 나오는 내용은 모두 내 경험이다. 내 경험을 가능하면 있는 그대로 쓰려고 노력했다. 붓다는 『앙굿따라 니까야』 8.68「언어 표현의 경 2」

에서 다음과 같이 말했다. "보지 못한 것을 보지 못했다 하고, 듣지 못한 것을 듣지 못했다 하고, 생각하지 않은 것을 생각하지 않았다 하고, 알지 못한 것을 알지 못했다 하고, 본 것을 보았다 하고, 들은 것을 들었다 하고, 생각한 것을 생각했다 하고, 안 것을 알았다 하는 것이 8가지 성스러운 언어 표현이다." 붓다의 제자로서 붓다의 가르침을 그대로 따르려고 노력했다.

애매한 것은 우 실라 스님에게 최대한 확인받으려고 노력했지만 내 경험이나 이해의 한계로 부족하거나 잘못된 부분이 나올 수 있다고 생각한다. 그것은 전적으로 내 한계다. 잘못된 점을 발견했을 때 너그러이 이해해주면 고맙겠다.

이렇게 조그마한 성과라도 책으로 엮을 수 있게 된 데는 우 실라 스님의 도움이 큰 역할을 했다. 우 실라 스님은 어려운 여건에서도 지난 8년간 한국을 꾸준히 방문해 한국 수행자들을 지도해주었다.

우 실라 스님을 옆에서 모시고 지도를 받으면서 많은 것을 배우고 느꼈다. 특히 스님을 통해 미얀마 불자들이 어떻게 사는지, 어떻게 붓다의 법(法)을 보호하는지 직접 볼 수 있었다. 수행자인 나는 우 실라 스님에게서 늘 보호를 받는다고 느꼈다. 스님과 같이 있으면 언제나 안전하게 수행하고 있다는 마음이 들었다. 스님은 물질과 정신 같은 복잡한 법을 어렵지 않게 경험하게 해주었다. 스님은 항상 사람의 긍정적인 면을 최대한 북돋워주고 용기를 주었다. 스님과 같이 생활하며 지도를 받으면서, 불자로서 어떻게 세상을 보고 어떻게 법을 보호해야 하는지 많이 배웠다. 우 실라 스님에게서 지도를 받을 수 있었던 것은 행운이었다.

수행을 하면서 많은 사람의 도움을 받았다. 먼저, 수행할 수 있는 공간을 마련해준 분들이 고맙다. 미얀마 파욱 숲속 수행센터(Pa-Auk Forest Monastery)를 비롯하여 한국의 여러 절에서 수행을 했다. 그 수행처를 마련하신 분들께 이 자리를 빌려 감사를 드린다.

1년 가까이 집을 비우는 동안 식구들을 잘 건사하고, 내가 수행에 전념하게끔 도와준 아내에게 뭐라고 고맙다 말해야 할지 모르겠다. 이 정도라도 수행을 할 수 있었던 것은 오로지 아내의 도움 덕분이다. 그 빚을 다 갚을 수 있을지 모르겠다.

아주 전문적이고 사람들의 관심도 받지 못할 주제인데도 선뜻 출판을 하기로 결정한 불광출판사의 류지호 주간에게 고마움을 전한다. 읽기 쉽고 보기 좋은 책으로 만드느라 애쓴 편집자에게도 감사를 전한다.

여기서 일일이 열거하지는 못했지만, 내게 도움을 준 수많은 존재들을 기억하고 고마움을 느낀다. 그 모든 것과 내 경험을 나눈다. 모든 존재가 평온하고 행복하기를 바란다.

2015년 8월
전현수

1장

파욱 수행이란 무엇인가

이 수행의 길에
나서기까지

　　나는 불교와 정신치료의 두 길을 걸어왔다. 정신과 치료에는 약물치료와, 대화나 분석을 통해 치료하는 정신치료가 있다. 나는 정신치료를 하지만 필요할 때는 약물치료를 병행하고 있다. 1985년도에 내 첫 번째 불교 스승인 고(故) 고익진 선생님을 우연히 만나 대화를 나눈 이후 지금까지 두 길을 걷고 있다.

　　고익진 선생님은 우리나라 불교계를 대표하는 학자이면서 깊은 수행 체험을 한 수행자였다. 그때 서른 살이던 나는 정신과 전공의 2년 차였다. 고익진 선생님은 첫 만남에서 내가 정신과 전공의라는 말을 듣고는 "불교는 고통을 해결하기 위한 완벽한 시스템이고, 정신의학은 정신적 고통을 해결하려는 시스템이다. 불교의 고통 해결 시스템을 용어만 바꾸면 훌륭한 정신의학 시스템이 될 것이다."라고 했다. 이 말씀이 가슴에 크게 와 닿아 기회가 되면 선생님께 배워야겠다는 생각을 했다. 그러다가 기회가 되어 선생님의 가르침을 받게 되었다.

선생님께 지도를 받은 지 얼마 안 되었을 때 '업설'에 대한 강의를 들었다. 업설은 세상이 무엇으로 이루어져 있고 어떤 원리로 움직이느냐에 관한 것이다. 그 강의를 듣고 '아! 세상이 이렇게 움직이는구나.' 하고 이해되었다. 세상을 보는 눈이 열린 듯했고, 불교가 진리라는 믿음이 생겼다. 업설이 진리이고 나와 정신과 환자들의 삶에 도움이 된다는 확신이 들면서 '내 자신의 삶과 정신의학, 정신치료를 위해 불교 공부와 수행을 평생 해야겠다.'는 결심을 했다.

처음에는 불교와 정신치료를 통합하려고 생각했다. 하지만 불교 공부와 수행을 통해 불교에 눈을 뜨고서는 불교가 그 자체로 훌륭한 정신치료임을 깨달았다. 불교와 정신치료는 둘이 아니다. 불교는 인간 존재를 포함한 이 세상의 실제 모습과 세상의 구성 및 작동 원리를 우리에게 알려주고, 그 앎을 바탕으로 최선의 길을 선택하게 한다. 정신치료도 실제 내 마음과 다른 사람의 마음이 어떤지를 있는 그대로 알게 한 후 나를 변화시킴으로써 정신적인 고통이나 문제에서 벗어나게끔 도와주는 작업이다. 세상은 있는 그대로 돌아가지 우리의 생각이나 희망에 따라 돌아가지 않는다. 세상과 달리 돌아가는 우리의 생각이나 희망은 고통의 원인이 될 뿐이다. 이러한 이유로 불교와 정신치료 모두 실제 모습을 있는 그대로 알게 하려고 노력하는 것이다.

이 사실을 알고 난 지금, 나는 정신적인 고통을 가진 사람을 불교로 치료하는 불교정신치료의 체계를 세우고 있다. 불교 공부와 수행을 통해 경험한 것이 내 삶에 도움이 되고 나아가 내 경험이 보편적인 진리라는 확신이 들면 그것을 환자와 나누고 있다.

1985년부터 지금까지 내가 걸어온 불교 공부와 수행 그리고 정신 치료의 길은 크게 네 단계로 나눌 수 있다. 첫 번째 단계는 고익진 선생 님께 업설을 배워 이해하면서 불교에 확신을 가진 시기다. 이때 불교 경전의 원전 언어인 산스크리트어와 빨리어를 배워 불교를 심도 있게 공부할 수 있는 터전을 닦았다.

두 번째 단계는 몸과 마음을 순간순간 관찰하면서 몸과 마음의 속 성을 알게 된 시기다. 이 시기에 불교 교리 중 근본이 되는 삼법인, 즉 무상, 고, 무아를 확실히 알았다. 이 앎은 나 자신의 괴로움을 해결하고 환자들을 치료하는 데 크게 도움이 되었다.

세 번째 단계는 2006년부터 2년간 '4부 니까야'를 읽으면서 불교 를 확실히 알게 된 시기다. 초기불교 경전인 니까야는 빨리어로 기록되 어 있으며, 붓다와 제자들 사이에 있었던 일이 담겨 있는 역사적인 기 록물이라고 볼 수 있다. 니까야는 5부 니까야로 이루어져 있는데 주된 내용은 4부 니까야에 들어 있어 4부 니까야를 2년간 읽었다. 4부 니까 야를 읽는 모임은 불교학자 및 수행자들과 함께 했다. 니까야를 각자 읽고 일주일에 한 번 모여 의견을 나누는 식으로 진행했다. 4부 니까야 를 읽을 때 다음 두 가지를 알아보는 것을 목표로 했다. 첫째, 붓다의 가르침은 무엇이며, 그중에서 내가 경험한 것과 경험하지 못한 것은 무 엇인가. 둘째, 불교가 정신치료가 될 수 있는가.

두 가지 목표를 나름대로는 만족스럽게 달성했다. 니까야 속에서 붓다는 자기 경험이 보편적인 진리인지를 철저히 검증했고, 진리라는 확신이 섰을 때 제자들에게 가르쳤으며, 제자들도 깊이의 차이는 있을지언정 붓다가 경험한 것을 그대로 경험했다. 마치 실험실에서 똑같은 원리와 똑같은 조건으로 실험을 하면 같은 결과가 나오듯이 붓다가 경험한 것을 제자들이 같이 경험할 수 있었다. 이 사실은 붓다의 가르침이 보편적인 진리임을 의미한다. 따라서 니까야는 제자들이 붓다의 가르침이 진리임을 증명하는 기록이라고 볼 수 있다.

붓다의 가르침은 윤회에서 벗어나는 데 초점이 맞춰져 있었다. 우리가 스스로의 몸과 마음을 통제하지 못하면서 원인과 결과의 법칙에 따라 육도를 윤회하며 겪는 고통에서 벗어나게 하는 데 붓다의 가르침과 수행이 집중되어 있었다. 당시 나는 수행을 하며 많은 경험을 하고 있었는데, 다행스럽게도 내가 경험하고 이해한 많은 것들이 붓다의 가르침과 통하고 있었다. 혼자서 몸과 마음을 관찰하면서 알게 된 것이 경전을 통해서도 확인되었다. 붓다의 가르침 가운데 '선정'과 '윤회'를 비롯한 중요한 것들을 아직 많이 경험하지 못한 상태였지만, 4부 니까야를 통해 불교가 완벽한 정신치료 체계를 갖추고 있으며 붓다는 물론 아라한들도 모두 훌륭한 정신치료자임을 알게 되었다.

그때까지 내가 수행을 통해 경험한 것이나, 붓다와 제자들 사이에 오간 대화 모두 붓다의 가르침이 진리라는 확신을 주었다. 그 보편적인 진리의 토대 위에서 정신치료를 한다면 사람들의 정신적인 고통을 해결하는 데 도움이 될 것이 분명했다.

네 번째 단계는 파욱 전통의 사마타와 위빠사나 수행을 한 시기다. 이 수행 전에, 내가 경험하지 못했던 선정과 윤회의 과정과 메커니즘을 파욱 전통의 사마타와 위빠사나 수행으로 경험할 수 있다는 이야기를 들었다. 파욱 전통의 사마타와 위빠사나 수행은 파욱 사야도(파욱 센터의 큰스님)가 평생에 걸쳐 붓다 당시의 수행 전통을 복원한 것이다.

내가 듣기로 파욱 사야도는 미얀마에서 태어나 10살에 불교로 출가하여 사미가 되었고 20살에 비구가 되었으며 그다음 해에 담마짜리 아(법사) 시험에 합격하여 담마짜리아가 되었다. 비구가 된 지 10년이 되는 해부터 숲속에 머무르며 수행을 시작했다. 그때부터 몇 년간을 미얀마의 수행 지도자에게 수행을 지도받았다. 그러나 그 수행에서 부족함을 느껴 니까야, 니까야 주석서, 주석서의 주석서인 복주서를 가지고 주로 혼자서 숲속에서 수행을 계속했다. 파욱 사야도에게는 추구하는 바가 있었다. 그것은 다름 아닌 붓다와 그 제자들이 열반을 얻기 위해 의지한 수행법을 다시 찾는 것이었다. 그것을 찾아 계속 시도하고 또 시도했다.

파욱 사야도는 방에 니까야, 주석서, 복주서를 쭉 펼쳐놓고 거기에 쓰여 있는 대로 수행에 수행을 거듭해서 오늘날의 파욱 수행법을 찾았다고 한다. 그렇게 13년 가까이 수행하던 어느 날 제2대 파욱 센터 선원장 스님이 파욱 사야도를 불러 자신이 죽고 나면 제3대 파욱 센터 선원장이 되어달라고 부탁을 했다. 1981년의 일이었다. 파욱 사야도는 그것을 수락했고 제2대 선원장은 며칠 되지 않아 입적했다. 이때부터 파욱 사야도로 알려졌는데, '파욱 사야도'란 파욱 센터의 선원장이라는 뜻이다. 파욱 사야도는 40대 후반에 파욱 센터 선원장이 되고도 숲속에서 수행을 계속했고, 1983년부터 자신의 방법으로 수행자들을 가르치기 시작했다. 전통 수행법을 복원하는 작업은 63세까지 이어졌다. 63세에 『열반에 이르는 길』(Way of Practice Leading Nibbāna)이라는 5권짜리 두꺼운 책을 완성하는 것으로 파욱 사야도의 전통 수행법 복원은 마무리되었다.

복원된 수행법을 따라 수행을 해서 지금까지 수백 명의 수행자가 파욱 사야도가 경험한 것을 같이 경험했다. 물론 경험에 정도 차는 있을 것이다.

파욱 수행을 하기 위해 나는 두 번에 걸쳐 병원 문을 닫았다. 파욱 수행은 강도가 세서 진료와 수행을 병행할 수 없었기 때문이다. 첫 번째는 2009년에 파욱 사야도의 지도를 받은 시기다. 그 기간에 선정을 경험했는데, 스스로 판단하기에 선정의 깊이가 얕고 쉽게 깊은 선정에 들 수 있을 것 같지 않아 6개월 만에 수행을 중단했다. 다시 병원 문을 열고 진료를 시작해서 2013년 11월에 다시 수행에 나설 때까지 4부 니까야를 제외한 나머지 니까야를 읽었다.

2013년에 들어 실험적으로 한 달에 일주일씩 절에 가서 수행을 했다. 이 시기에 3개월에 걸쳐 연속으로 특별한 경험을 했다. 첫 달에는 호흡을 지켜보는 중에 호흡이 점점 줄어들더니 완전히 없어지면서 아래쪽 배에서 엄청난 기운이 위로 올라왔다. 그대로 내 몸이 솟아올라

법당 천정에 부딪칠 것 같았다. 그러면서 눈물이 많이 났다. 희열과 감격이 있었다. 호흡을 지켜볼 때 항상 빛은 있었지만 이때 빛이 특별히 더 밝았다. 집중된 상태였고, 수행을 한 이래로 처음 경험하는 현상이었다. 이 경험 후 배에서 위아래로 회전하는 기운이 돌았다. 지금까지도 항상 그렇다. 또 앉으면 저절로 바른 자세가 되었다. 2009년에 선정 경험을 할 때도 특별한 현상은 있었다. 좌선을 하는데, 거인이 내 온몸의 뼈를 맞추는 것처럼 뼈와 척추가 맞춰지고 난 뒤에 저절로 아주 바른 자세로 앉아 있었다. 그러나 시간이 가면서 그 상태가 유지되지는 않았다.

다음 달에는 좌선 중에 부드럽고 따뜻한 기운이 척추를 감싸면서 척추를 따라 흘렀다. 그다음 달에는 좌선 중에 두 개의 기 흐름이 있었다. 첫 달 이후로 있는 배의 기와, 코 주위에 생긴 기였다. 코 주위에 기가 형성되자 처음에는 상기가 될까 염려되었다. 그런데 얼마 있지 않아 코 쪽의 기와 배 쪽의 기가 하나가 되었다. 코로 숨을 쉬면 기가 바로 배 아래쪽 깊숙이 들어갔다. 말로만 들었던 단전호흡이 떠올랐다. '아! 이런 것이 단전호흡이구나.'

이렇게 3개월에 걸쳐 연속으로 변화가 진행되었다. 사실 나는 내 속에서 뭐가 진행되었는지 자세히 모른다. 기 수련을 한 적도 없고 그 분야의 책을 읽은 적도 없었으며, 솔직히 말하면 관심도 없었다. 다만 그 경험을 하기 전까지 그저 자연스러운 호흡을 놓치지 않고 순간순간 지켜보았을 뿐이다. 이 경험을 통해 호흡을 보는 것이 몸에 큰 변화를 가져다 줄 수 있음을 알았다. 이 경험 후, 앉아 있는 것이 어렵지 않고 앉는 자세에 별로 신경을 쓰지 않는다. 선정 수행을 위해서는 오래 앉아 있을 필요가 있으므로, 선정 수행을 위한 교두보를 확보했다는 직감이 왔다.

　이런 경험을 하고 나서 얼마 후, 파욱 수행을 마친 도반을 만났다. 도반의 이야기를 듣고 파욱 수행이 니까야에 나오는 수행법 그대로임을 알았다. 파욱 수행에서는 먼저 선정을 닦고, 선정의 힘으로 궁극 실재인 물질과 정신을 보고, 그 토대 위에서 12연기(十二緣起)를 경험한 후 물질, 정신, 연기를 대상으로 위빠사나를 한다. 이 도반은 12연기 수행을 할 때 자신의 과거 생을 끝없이 봤다고 했다. 나는 그에게 "당신이 한 경험을 나도 할 수 있겠느냐?"고 물었다. "그렇다."는 대답에 나는 예순을 앞둔 시점에 마지막 수행을 할 결심을 했다. 니까야도 거의 다 읽었고 기가 통해 오래 앉아 있을 수도 있으니, 아직 경험하지 못한 것들을 수행을 통해 확인하여 불교정신치료의 체계를 세우고 싶었다. 그렇게 2013년 11월 병원 문을 닫고 수행의 길에 나섰다. 그때부터 2014년 9월까지 미얀마와 한국 절에서 수행을 했다. 이번에는 담마다야다 스님의 지도를 잠깐 받은 후 주로 우 실라 스님에게 지도를 받아 선정, 궁극 물질, 궁극 정신, 연기, 위빠사나를 경험했다.

파욱 수행과
사성제

　　내가 한 파욱 전통의 사마타와 위빠사나 수행은 사성제를 실제로 알고 보게끔 하는 데 초점이 맞춰져 있다.

　　붓다의 가르침에서 가장 중요한 것은 사성제(四聖諦)다. 붓다는 깨달음을 이룬 후 최초 설법에서 사성제에 대해 다음과 같이 말한다. "비구들이여, 내가 이와 같이 세 가지 양상과 열두 가지 형태를 갖추어서 네 가지 성스러운 진리를 있는 그대로 알고 보는 것이 지극히 청정하게 되었기 때문에 나는 위없는 바른 깨달음을 실현했다고 신들과 마라들과 범천들을 포함한 세상에서, 사문들과 바라문들과 왕들과 백성들과 그 후예들의 세상에서 선언했다."(『상윳따 니까야』 56.11 「전법륜경」) 그리고 붓다의 제자 중에 지혜가 가장 뛰어나 붓다가 자신을 대신하여 법의 바퀴를 굴린다고 한 사리뿟따는 비구들에게 사성제에 대해 다음과 말했다. "도반들이여, 예를 들면 움직이는 생명들의 발자국은 그 어떤 것이든 모두 코끼리 발자국 안에 놓이고, 또한 코끼리 발자국이야말로 그들 가운데 최상이라고 불리나니 그것은 큰 치수 때문입니다. 도반들이여, 유익한 법(선법)은 그 어떤 것이든 모두 네 가지 성스러운 진리(사성제)에 포함됩니다. 무엇이 넷인가요? 괴로움의 성스러운 진리, 괴로움의 일어남의 성스러운 진리, 괴로움의 소멸의 성스러운 진리, 괴로움의 소멸로 인도하는 도 닦음의 성스러운 진리입니다."(『맛지마 니까야』 28 「코끼리 발자국 비유의 긴 경」)

고성제(苦聖諦)는 존재가 본질적으로 괴로움을 겪을 수밖에 없는 상황 속에 있다는 것이다. 불교에서는 여덟 가지 고통이 있다고 한다. 바로 태어나고, 늙고, 병들고, 죽고, 좋아하는 사람과 헤어져야 하고, 싫어하는 사람과 만나야 하고, 원하는 것을 얻지 못하는 고통이다. 이 고통들을 요약하면 5취온(五取蘊)이 된다.

5온(五蘊)은 인간 존재를 구성하는 5가지 요소로 몸, 느낌, 인식, 의도, 의식을 뜻한다. 5온에 집착이 가해진 상태를 5취온이라 하는데, 8고의 나머지 7가지 고통은 모두 5취온에서 비롯된다. 말하자면 5취온이 있으니까 나머지 7가지 고통을 느낀다. 본질적으로 볼 때, 존재하기 때문에 그런 고통을 겪을 수밖에 없다는 것이다.

5온은 정신과 물질이라는 궁극 실재(빠라마타, paramattha)로 되어 있다. 그러므로 정신과 물질에 대한 앎은 고성제에 대한 앎이 된다. 궁극 실재로서의 정신과 물질은 육안으로는 보이지 않고 삼매를 닦아 지혜의 눈이 생겨야 볼 수 있다. 그래서 파욱 전통의 사마타와 위빠사나 수행에서는 먼저 사마타 수행을 통해 근접삼매와 본삼매(선정)를 닦아 지혜의 눈을 뜬 후 정신과 물질을 보는 것을 통해 고성제를 알고 본다. 이에 대해서는 3장 '물질 수행'과 4장 '정신 수행'에서 자세히 살펴보겠다.

집성제(集聖諦)는 괴로움의 원인, 즉 괴로움이 왜 일어나는지를 아는 것이다. 집성제에 대해 붓다는,

"비구들이여, 그러면 무엇이 괴로움의 일어남의 성스러운 진리인가? 그것은 갈애이니, 다시 태어남을 가져오고 환희와 탐욕이 함께하며 여기저기서 즐기는 것이다. 즉 감각적 욕망에 대한 갈애, 존재에 대한 갈애, 존재하지 않는 것에 대한 갈애가 그것이다."(『디가 니까야』 22 「대념처경」)라고 갈애로 말하기도 하고,

"비구들이여, 어떤 것이 괴로움의 일어남의 성스러운 진리인가? 무명을 조건으로 행들이, 행들을 조건으로 식이, 식을 조건으로 정신-물질이, 정신-물질을 조건으로 여섯 감각 장소가, 여섯 감각 장소를 조건으로 감각 접촉이, 감각 접촉을 조건으로 느낌이, 느낌을 조건으로 갈애가, 갈애를 조건으로 취착이, 취착을 조건으로 존재가, 존재를 조건으로 태어남이, 태어남을 조건으로 늙음-죽음과 슬픔-비탄-육체적 고통-정신적 고통-절망이 있다. 이와 같이 전체 괴로움의 무더기가 발생한다. 비구들이여, 이를 일러 괴로움의 일어남의 성스러운 진리라고 한다."(『앙굿따라 니까야』 3.61 「외도의 주장 경」)라고 12연기로 설명하기도 한다.

삼매를 닦는 수행을 통해 지혜의 눈을 계발하여 궁극 실재인 물질

과 정신을 식별하고, 그것을 바탕으로 전생과 미래 생을 보고 12연기를 식별하면, 우리 존재를 구성하는 5온의 원인과 결과를 분명히 알게 된다. 모든 현상이 원인과 결과의 관계로 있다는 것을 알게 된다. 고성제의 토대가 되는 5취온이 어떻게 해서 존재하게 되었는지를 알게 된다. 이것이 집성제를 알고 보는 것이다.

멸성제(滅聖諦)는 괴로움의 원인이 모두 사라진 경지를 이른다. 멸성제에 대해서도 붓다는,

"비구들이여, 그러면 무엇이 괴로움의 소멸의 성스러운 진리인가? 갈애가 남김없이 빛바래어 소멸함, 버림, 놓아버림, 벗어남, 집착 없음이다. 비구들이여, 이를 일러 괴로움의 소멸의 성스러운 진리라 한다." (『디가 니까야』 22 「대념처경」)라고 멸성제를 갈애의 완전한 소멸로 설명하기도 하고,

"비구들이여, 어떤 것이 괴로움의 소멸의 성스러운 진리인가? 무명이 남김없이 빛바래어 소멸하기 때문에 행들이 소멸하고 행들이 소멸하기 때문에 식이 소멸하고, 식이 소멸하기 때문에 정신-물질이 소멸하고, 정신-물질이 소멸하기 때문에 6가지 감각장소가 소멸하고, 6가지 감각장소가 소멸하기 때문에 감각접촉이 소멸하고, 감각접촉이 소멸하기 때문에 느낌이 소멸하고, 느낌이 소멸하기 때문에 갈애가 소멸하고, 갈애가 소멸하기 때문에 취착이 소멸하고, 취착이 소멸하기 때문에 존재가 소멸하고, 존재가 소멸하기 때문에 태어남이 소멸하고, 태어남이 소멸하기 때문에 늙음-죽음과 슬픔-비탄-육체적 고

통–정신적 고통–절망이 소멸한다. 이와 같이 전체 괴로움의 무더기가 소멸한다. 비구들이여, 이를 일러 괴로움의 소멸의 성스러운 진리라고 한다."(『앙굿따라 니까야』 3.61 「외도의 주장 경」)라고 12연기로 이야기하기도 한다.

선정과 물질, 정신, 연기 수행을 토대로 위빠사나 수행을 하여 지혜가 깊어지면 열반을 체험한다. 이것이 멸성제다. 달리 말하면 멸성제는 수행을 통해 괴로움이 완전히 없어지는 경지인 열반을 체험하는 것이다.

도성제(道聖諦)는 괴로움의 소멸에 이르는 길로, 곧 8정도(八正道)다. 8정도는 괴로움을 소멸시키는 8가지 바른 길로 정견(正見, 바른 견해), 정사유(正思惟, 바른 생각), 정어(正語, 바른 말), 정업(正業, 바른 행위), 정명(正命, 바른 직업), 정정진(正精進, 바른 노력), 정념(正念, 바른 마음챙김), 정정(正定, 바른 선정)을 일컫는다. 8정도는 3학(三學)으로 정리할 수도 있다. 즉 정어, 정업, 정명은 계(戒)에 관한 것이고, 정정진, 정념, 정정은 정(定)에 관한 것이며, 정견, 정사유는 혜(慧)에 관한 것이다. 파욱 전통의 사마타와 위빠사나 수행에서는 계를 지키고, 선정을 닦고, 선정을 바탕으로 위빠사나를 한다. 이렇게 수행함으로써 도성제를 알고 본다.

파욱 전통의 사마타와 위빠사나 수행은 붓다 가르침의 핵심인 사성제를 군더더기 없이 경험하는 것을 목표로 한다. 이제 선정, 물질, 정신, 연기, 위빠사나의 순으로 내 경험을 말하겠다.

2장

사마타 수행

선정의 의미

　　　　마음은 한 번에 한 대상에 간다. 마음이 한 번에 두 대상에 갈 수는 없다. 마음이 어느 대상에 반복해서 가면 자연적으로 그 대상으로 가는 경향이 생긴다. 그리고 그 대상의 영향을 받는다.

　　대상과의 접촉은 누구를 만나는 형태로 일어나기도 하고, 무언가를 생각하는 형태로 일어나기도 하며, 행동의 형태로 일어나기도 한다. 우리는 어떤 일이 벌어지는지를 모른 채 이러한 것들을 한다. 그 결과 자기가 원치 않은 일이 자기 속에서 일어난다. 하고 싶지 않은 생각이 자꾸 떠오르고, 하고 싶지 않은 행동을 자꾸 하게 된다. 왜 그렇게 되었는지 모르니 남을 원망하기도 하고 자신을 원망하기도 하며, 또 거기에서 벗어나기 위해 또 다른 일을 벌이기도 한다. 점점 일이 커진다.

　　명상은 마음의 이런 속성을 알고 마음을 훈련하는 길이다. 우리를 해롭게 할 수 있는 대상 대신 우리에게 진정으로 도움이 되는 대상으로 마음을 가게 하는 것이다. 한 대상에 마음을 모음으로써, 과거의 습성대로 마음이 갔을 때 올 수 있는 영향을 차단한다.

　　명상을 할 때 우리는 명상 대상에 마음을 모은다. 그러나 마음은 명상을 하기 전의 습성대로 이것저것으로 향한다. 그러한 움직임을 알아차리고 다시 명상 대상으로 마음을 돌리는 훈련을 계속한다. 예를 들어 들숨과 날숨에 마음을 모으는 명상에서, 들숨과 날숨을 지켜보다가 딴생각이 나면 생각을 중단하고 들숨과 날숨으로 돌아온다. 앉아서 들숨과 날숨을 지켜보다가 다리가 저려와서 다리의 저린 감각으로 의식이 가면 그것을 내려놓고 다시 들숨과 날숨으로 돌아온다. 어떤 생각, 자극, 감각이든 마음이 거기로 가면 마음을 명상 대상으로 돌린다. 마음이 미세하게 다른 대상으로 가더라도 그것을 알아차리고 다시 명상 대상으로 돌아온다. 이런 훈련을 계속하면 마음을 하나로 모을 수 있다. 언제나 마음을 하나의 대상으로 향하게 할 수 있다. 마음이 완전히 하나로 모인 상태가 선정이다.

　　선정 상태가 되면 여러 가지 유익한 현상이 일어난다.

　　첫째, 괴로움이 없고 행복한 상태가 된다. 선정 상태가 되면 괴로움을 가져오는 불건전한 상태가 없어진다. '번뇌'라고 표현되기도 하는 다양한 불건전한 상태 가운데 대표적인 5가지 덮개〔5개(五蓋)〕, 즉 감각적 욕망, 악의, 해태와 혼침, 들뜸과 후회, 의심이 사라진다. 그 결과 자연스레 괴로움이 없어진다.

　　그리고 선정 상태에 들면 뚜렷해지는 선정 5요소가 있다. 나쁜 5가지가 사라지면서 좋은 5가지가 나타나는 것이다. 그것은 바로 일으킨 생각, 지속적 고찰, 희열, 행복 그리고 집중이다. '일으킨 생각'은 명상 대상을 향하고 그 대상에 가는 것이다. '지속적 고찰'은 명상 대상에 계속 있는 것이다. 희열은 기쁨이다. 행복은 편안한 즐거움이다. 집중은 명상 대상에 고정되어 있는 것이다. 말하자면 선정은 명상 대상에 딱 집중되어 있으면서 기쁘고 행복한 상태다.

선정에 들면 괴로움 없이 행복하게 머무를 수가 있다. 선정은 괴로움이 완전히 없는 열반으로까지 비유된다. 붓다를 모셨던 아난다 존자가 우다이 존자와의 대화에서, 붓다가 선정을 지금 여기에서의 열반이라고 말씀하셨다고 말하는 장면이 경전에 나온다.

우다이 존자가 묻는다. "도반이여, '지금 여기에서의 열반, 지금 여기에서의 열반'이라고 합니다. 도반이여, 그러면 어떤 것이 지금 여기에서의 열반이라고 세존께서는 말씀하셨습니까?" 아난다 존자가 답한다. "여기 비구는 감각적 욕망들을 완전히 떨쳐버리고 … 초선에 들어 머뭅니다. … 제2선에 들어 머뭅니다. … 제3선에 들어 머뭅니다. … 제4선에 들어 머뭅니다. 도반이여, 이것이 지금 여기에서의 열반이라고 세존께서는 방편으로 말씀하셨습니다. 다시 도반이여, 비구는 물질에 대한 인식을 완전히 초월하고 … 공무변처에 들어 머뭅니다. … 식무변처에 들어 머뭅니다. … 무소유처에 들어 머뭅니다. … 비상비비상처에 들어 머뭅니다. 도반이여, 이것이 지금 여기에서의 열반이라고 세존께서는 방편으로 말씀하셨습니다. 다시 도반이여, 비구는 일체 비상비비상처를 완전히 초월하여 상수멸에 들어 머뭅니다. 그리고 그는 통찰지로써 사성제를 본 뒤 번뇌를 남김없이 소멸합니다. 도반이여, 이것이 지금 여기에서의 열반이라고 세존께서는 방편 없이 말씀하셨습니다."(『앙굿따라 니까야』 9.51 「지금 여기 경」)

둘째, 선정에 들면 미래에 유익한 결과를 불러올 수 있는 현상이 일어난다. 이때 '미래'는 이생일 수도 있고 다음 생일 수도 있으며, 그 후의 생일 수도 있다. 선정에서는 유익한 자와나(javana, 속행)가 많이 일어난다. 자와나는 정신 인식과정의 하나인데, 뒤에서 정신에 대해 이야기할 때 자세히 이야기하겠다. 선정에 있는 유익한 자와나가 미래의 좋은 과보를 가져온다. 그래서 선정에 들어 있는 동안 미래에 일어날 좋은 일의 씨앗이 심겨진다. 이를 이해하려면 불교의 아비담마를 공부하거나 수행을 해야 한다.

셋째, 선정에 들면 지혜의 눈이 생긴다. 그래서 육안의 눈으로 볼 수 없는 것을 지혜의 눈으로 보게 된다. 지혜의 눈이 생기면 선정 인식과정의 자와나를 볼 수 있다. 육안으로 볼 수 없는 궁극 실재인 정신과 물질을 볼 수 있고, 전생도 볼 수 있다. 궁극 실재로서의 물질은 물질을 이루는 근본 물질로 더 이상 나뉘지 않고, 자체의 고유한 속성을 가졌다. 영원하지는 않아 조건에 따라 생겼다가 사라지지만, 존재하는 동안은 고유한 성질을 유지한다. 팔이나 다리와 같은 것은 우리가 관습적으로 이름을 붙인 것일 뿐 실재하지는 않는다. 팔이나 다리를 이루는 궁극 실재로서의 물질이 있을 뿐이다. 지혜의 눈이 열리면 그것을 실제로 볼 수 있다.

정신과 관련해서도 마찬가지다. 궁극 실재로서의 정신은 마음과 마음부수다. 그것을 볼 수 없으니까 마음을 덩어리로 보는 것이다. 예를 들어 화가 났을 때 화가 난 것을 모르는 사람은 없다. 그렇지만 화가 났을 때 실제로 어떤 현상이 일어나는지는 못 본다. 정신 인식과정과 그 속에 있는 마음과 마음부수를 보지 못한다. 이에 대해서는 4장에서 자세히 이야기하겠다.

나는 지혜의 눈이 생기는 것을 선정에서 가장 의미 있는 일로 본다. 붓다는 여러 경전에서 삼매를 닦으면 법(法)을 있는 그대로 볼 수 있다고 했다. 『앙굿따라 니까야』 10.1 「무슨 목적 경」에 이런 장면이 나온다. 아난다 존자가 붓다에게 묻는다. "세존이시여, 삼매의 목적은 무엇이고 이익은 무엇입니까?" 붓다가 답한다. "아난다여, 삼매의 목적은 있는 그대로 알고 봄이고, 이익도 있는 그대로 알고 봄이다." 참고로 선정은 삼매의 한 형태다.

불교 수행은 사마타와 위빠사나라고 한다. 삼매를 닦는 것이 사마타다. 사마타를 통해 지혜의 눈을 얻어 그 눈으로 궁극 실재를 보고 궁극 실재의 특성을 아는 위빠사나를 한다. 그래서 사마타를 위빠사나의 토대라고 한다.

사마타 수행은 마음을 하나로 모으는 훈련이다. 마음을 하나로 모으려면 마음이 다른 대상으로 갔을 때 집중의 대상으로 돌아와야 한다. 다른 대상을 내려놓고 돌아와야 한다. 그런 면에서 보면 사마타 수행은 내려놓는 훈련이다. 본질적인 면에서 볼 때 잡을 것은 하나도 없다. 잡으면 괴로울 뿐이다. 사마타 수행이 잘되면, 살아가면서 우리를 괴롭히는 것이 있을 때 쉽게 내려놓을 수 있다. 사마타 수행을 통해 마음이 감정이나 어리석음의 영향을 받지 않고 사물을 있는 그대로 볼 수 있다. 사람들은 정도 차는 있을지언정 모두 사물을 있는 그대로 보지 못한다. 감정에 휩싸이거나 어리석은 상태에서 사물을 보고 살아간다. 그것을 벗어나는 것이 사마타 수행의 목표다.

우리가 사물을 있는 그대로 못 보게 하는 장막이 세 개 있다. 첫째는 개인적인 장막으로, 개인이 살아오면서 겪은 일의 영향이 사물을 왜곡해서 보게 한다. 예를 들면 학력 콤플렉스가 있는 사람은 다른 사람과 세상을 볼 때 학력을 비중 있게 본다. 그 결과 학력 콤플렉스의 영향 또는 그로 인한 왜곡이 어떤 형태로든 생겨난다.

둘째는 문화적인 장막으로, 자신이 태어나서 살아온 환경의 영향을 받아 사물을 있는 그대로 보는 데 장애가 생긴다. 문화는 어떤 지역 사람들이 함께 갖고 있는 가치관이나 생활 태도다. 그 지역 사람의 성격이라고 이해해도 된다. 자연 환경이나 먼저 살고 있던 사람의 영향 속에서 시간의 흐름과 함께 생겨난 것이어서, 누구도 문화의 영향에서 자유로울 수 없다.

셋째는 인간 존재가 가진 한계다. 인간이라면 누구나 살기를 원하고 죽기를 싫어하며, 편하게 잘살기를 원한다. 자기 몸과 마음의 영향을 받는다. 이와 같이 인간이라면 누구나 갖고 있는 한계가 사물을 있는 그대로 보지 못하게 한다.

이 세 가지 장막에서 벗어날 때 비로소 사물을 있는 그대로 볼 수 있다. 그러려면 사마타 수행을 통해 지혜의 눈을 떠야 한다.

삼매를 얻는
40가지 방법

　　삼매를 닦는 것을 사마타라고 한다. 삼매에는 순간삼매, 근접삼매 그리고 본삼매가 있는데, 선정은 이 가운데 본삼매다. 그래서 본삼매를 선정삼매라 이르기도 한다.

　　붓다고사가 쓴 『청정도론』에는 사마타의 주제로 40가지가 나온다. 삼매를 닦을 수 있는 길이 40가지 있다는 뜻이다. 그것은 다음과 같다. 10가지 까시나, 10가지 깨끗하지 못함, 10가지 계속해서 생각함, 4가지 거룩한 마음가짐, 4가지 무색의 경지, 1가지 인식, 1가지 분석.

　　10가지 까시나(kasiṇa)는 땅 까시나, 물 까시나, 불 까시나, 바람 까시나, 푸른색 까시나, 노란색 까시나, 빨간색 까시나, 흰색 까시나, 빛 까시나, 허공 까시나다.

　　10가지 깨끗하지 못함은 시체가 부었고, 검푸르고, 문드러지고, 끊어지고, 뜯어 먹히고, 흩어지고, 난도질당하여 뿔뿔이 흩어지고, 피가 흐르고, 벌레가 버글거리고, 해골이 됨이다.

10가지 계속해서 생각함은 붓다를 계속해서 생각함, 법을 계속해서 생각함, 승가를 계속해서 생각함, 계를 계속해서 생각함, 관대함을 계속해서 생각함, 천신을 계속해서 생각함, 죽음을 계속해서 생각함, 몸에 대한 마음챙김, 들숨날숨에 대한 마음챙김, 고요를 계속해서 생각함이다.

4가지 거룩한 마음가짐은 자애, 연민, 함께 기뻐함, 평온이다. 4가지 무색의 경지는 공무변처, 식무변처, 무소유처, 비상비비상처다. 1가지 인식은 음식에 대해 혐오하는 인식이다. 1가지 분석은 4대를 분석하는 것이다.

이들 가운데 어떤 것은 근접삼매까지만 도달하게 해준다. 또 어떤 것은 초선정까지, 어떤 것은 삼선정까지, 어떤 것은 사선정까지, 어떤 것은 무색계 선정까지 도달하게 해준다. 이러한 차이는 사마타 주제의 성격과 관계해서 생겨난다. 예를 들어 4대에 대한 분석(4대 수행)인 경우 근접삼매까지만 도달할 수 있는데, 이는 4대 수행에서 명상 대상이 여러 가지이고 4대의 속성을 다르게 알아차려야 하기 때문이다.

몸에 대한 마음챙김과 들숨날숨에 대한 마음챙김을 제외한 8가지 계속해서 생각함과, 음식에 대해 혐오하는 인식과, 4대에 대한 분석의 10가지 명상 주제는 근접삼매를 가져오고, 나머지는 본삼매를 가져온다.

선정을 가져오는 30가지 명상 주제 가운데서 들숨날숨에 대한 마음챙김과 10가지 까시나는 4가지 선정(초선정, 이선정, 삼선정, 사선정)을 다

가져온다. 몸에 대한 마음챙김과 10가지 깨끗하지 못함은 초선정만을 가져온다. 4가지 거룩한 마음가짐 가운데 자애, 연민, 함께 기뻐함은 초선정에서 삼선정까지 가져온다. 그리고 평온은 사선정을 가져온다. 4가지 무색의 경지는 무색계 선정을 가져온다.

어떤 사람에게 어떤 명상 주제가 맞는지는 붓다만이 알 수 있다. 붓다가 안 계신 지금은 40가지 명상 주제 중에서 자신에게 맞는 것을 수행을 통해 찾아야 한다. 파욱 숲속 수행센터에서는 40가지 중 24가지 명상 주제를 수행할 수 있게 한다. 파욱 숲속 수행센터의 24가지 명상 주제는 들숨날숨에 대한 마음챙김, 몸의 32부분에 대한 마음챙김, 10가지 까시나, 4가지 무색의 경지, 4가지 거룩한 마음가짐, 깨끗하지 못함 명상, 죽음을 계속해서 생각함, 붓다를 계속해서 생각함, 4대 수행이다.

파욱 센터에서 하는 깨끗하지 못함 수행은 수행자가 살아오면서 경험한 다른 사람의 죽은 모습을 주제로 하는 수행이다. 『청정도론』에 나오는 10가지 깨끗하지 못함은 시체가 시간에 따라 변화해가는 모습이다. 요즘에는 시체가 시간에 따라 변화해가는 모습을 보기 어렵다. 그래서 파욱 센터에서는 수행자가 보았던 죽은 모습 하나로 10가지 깨끗하지 못함을 대신한다. 10가지 계속해서 생각함과 관련해서도 붓다를 계속해서 생각함, 죽음을 계속해서 생각함, 들숨날숨에 대한 마음챙김, 몸에 대한 마음챙김을 공식 명상 주제로 하고 나머지는 스스로도 할 수 있도록 했다고 볼 수 있다. 음식에 대해 혐오하는 인식이 파욱 수행의 주제에서는 빠져 있지만, 이것도 혼자서 하기에 어렵지 않다. 이렇게 보면 현재 파욱 센터에서 하는 사마타 수행은 『청정도론』에 있는 40가지 수행을 모두 아우른다고 볼 수 있다.

들숨날숨에 대한
마음챙김

　　　　　　　　파욱 센터에서는 대개 '들숨날숨에
대한 마음챙김'(아나빠나사띠)으로 사마타 수행을 시작한다. 아나빠나사
띠가 잘 안 될 때는 4대 수행으로 바꿨다가, 4대 수행이 잘되면 다시 아
나빠나사띠를 하기도 한다. 선정을 얻은 후에 다른 사마타 수행을 하
기도 하고 안 하기도 한다. 예를 들어 아나빠나사띠를 통해 사선정까지
얻은 후 10가지 까시나, 4가지 무색의 경지, 4가지 거룩한 마음가짐 수
행은 하지 않고 물질을 보는 4대 수행으로 넘어가기도 한다. 이는 수행
자의 선택 사항이다. 나는 아나빠나사띠로 시작해 24가지 사마타 수행
을 모두 했다. 그래서 먼저 아나빠나사띠를 통해 어떻게 선정을 경험하
는지 자세히 살펴보겠다.

　　아나빠나사띠는 들숨날숨에 마음을 집중하는 수행이다. 수행법은
「대념처경」이나 「아나빠나사띠경」에 나와 있다. 붓다는 "길게 숨을 들
이쉴 때는 길게 숨을 들이쉰다고 분명히 알고, 길게 숨을 내쉴 때는 길

게 숨을 내쉰다고 분명히 안다. 짧게 숨을 들이쉴 때는 짧게 숨을 들이쉰다고 분명히 알고, 짧게 숨을 내쉴 때는 짧게 숨을 내쉰다고 분명히 안다. 온몸을 알면서 숨을 들이쉬려고 노력하고, 온몸을 알면서 숨을 내쉬려고 노력한다. 몸의 작용을 미세하게 하면서 숨을 들이쉬려고 노력하고, 몸의 작용을 미세하게 하면서 숨을 내쉬려고 노력한다."라고 말씀했다.

『상윳따 니까야』 54.10 「낌빌라 경」과 『청정도론』에 의하면 여기서의 '몸'은 '호흡'을 뜻한다. 온몸은 '호흡의 모든 과정'을 의미하고, 몸의 작용을 미세하게 하는 것은 '미세한 호흡이 되게 하는 것'을 말한다. 해당 부분을 살펴보자.

아난다여, 비구는 길게 들이쉬면서 '길게 들이쉰다.'고 분명히 알고, 길게 내쉬면서는 '길게 내쉰다.'고 분명히 안다. 짧게 들이쉬면서 '짧게 들이쉰다.'고 분명히 알고, 짧게 내쉬면서는 '짧게 내쉰다.'고 분명히 안다. '온몸을 알면서 들이쉬리라.'며 노력하고, '온몸을 알면서 내쉬리라.'며 노력한다. '몸의 작용을 미세하게 하면서 들이쉬리라.'며 노력하고 '몸의 작용을 미세하게 하면서 내쉬리라.'며 노력한다.

아난다여, 이렇게 노력할 때 그 비구는 몸에서 몸을 관찰하면서 세상에 대한 욕심과 싫어하는 마음을 버리고 근면하고 분명히 알아차리고 마음챙기며 머문다.

아난다여, 이 들숨날숨이란 것은 한 종류의 몸이라고 나는 말한다.

아난다여, 그러므로 여기서 비구는 그렇게 할 때 몸에서 몸을 관찰하면서 세상에 대한 욕심과 싫어하는 마음을 버리고 근면하고 분명히 알아차리고 마음챙기며 머문다.(『상윳따 니까야』 54.10 「낌빌라 경」)

'온몸을 알면서 들이쉬리라 … 내쉬리라.'며 노력한다고 하는 것은 '온 들숨의 몸의 처음과 중간과 끝을 알면서, 분명하게 하면서 들이쉬리라고 노력한다. 온 날숨의 몸의 처음과 중간과 끝을 알면서, 분명하게 하면서 들이쉬리라고 노력한다.'는 뜻이다.(『청정도론』 「들숨날숨에 대한 마음챙김 편」)

아주 간단한 방법이며, 이대로만 하면 된다. 이것을 호흡에 집중하는 4단계라고 한다.

___ 호흡에 집중하는 4단계

첫 번째 단계는 숨이 길면 긴 대로 아는 것이다. 두 번째 단계는 숨이 짧으면 짧은 대로 아는 것이다. 세 번째 단계는 호흡의 모든 과정을 그대로 아는 것이다. 호흡을 하나도 안 놓치는 것이다. 네 번째 단계는 미세한 호흡을 경험하는 것이다.

이 가운데 첫 두 단계에는 순서가 있지 않다. 그저 어떤 숨이든지 동요되지 않고 편안히 숨을 관찰하면 된다. 숨이 길든지 짧든지 다 그럴 만한 이유가 있다. 그에 대해 감정적으로 반응할 이유가 없다. 어떤 수행자는 특정한 방식의 숨을 좋아해서, 그런 숨이 되면 수행이 잘된다고 생각하고 그렇지 않으면 수행이 잘 안된다고 생각해 동요를 보인다. 이는 아직 수행이 안정된 궤도에 오르지 못한 경우다. 어떤 숨이든지 그럴 만한 이유가 있다고 알고 어떤 숨을 쉬든지 편안한 상태에서 최선을 다하는 것이 중요하다. 이런 마음이 되면 수행이 어느 정도 안정된 궤도에 올랐다고 볼 수 있다.

몸이나 마음은 언제나 조건화된 상태 속에 있다. 현재까지의 원인에 따른 결과로서의 현재 상태가 있다. 그 상태는 고정되어 있지 않다. 앞으로는 달라질 수 있다. 숨도 마찬가지다. 언제나 같은 숨이 아니다. 그 순간까지 조건화된 숨이다. 수행을 하면서 숨을 잘 관찰해보면 수행 단계에 따라 숨이 다르다는 것을 알 수 있다. 위에서 말한 호흡의 네 번째 단계에 있는 사람은 걸어가면서도 미세한 호흡을 한다. 어떤 숨이든지 나의 현재 상태를 반영한다고 생각하고 그 상태에서 호흡에 집중하려고 하는 마음이 중요하다.

그렇게 첫 두 단계를 충실히, 자연스럽게 하다 보면 호흡의 세 번째 단계인 숨을 하나도 안 놓치는 단계에 들어간다. 이 단계가 매우 중요하다. 이 단계가 충분히 되어야 네 번째 단계로 안정적으로 들어갈 수 있다. 이 세 번째 단계를 충분히 안 거치고 네 번째 단계에 들어가면 네 번째 단계가 안정적이지 못하다.

네 번째 단계는 미세한 호흡이 나타나는 단계다. 하지만 파욱 수행에서는 미세한 호흡만을 말하지는 않는다. 2009년 말레이시아 타이핑에서 열린 3개월간의 집중수행에서 파욱 사야도는 "네 번째 미세한 호흡의 단계는 미세한 호흡부터 니밋따(nimitta. 표상), 선정까지를 포함한다."라고 말했다. 『열반에 이르는 길』이라는 방대한 저서에서, 파욱 사야도는 네 번째 미세한 호흡 단계에 대해 다음과 같이 말했다. "들숨과 날숨이 미세해지도록 수행을 해야 하는데 이것은 실로 선정을 얻기 위한 지침이다."

세 번째 단계인 호흡을 하나도 안 놓치는 상태가 안정적으로 되어 좌선을 하는 동안이나 일상생활에서 호흡을 하나도 안 놓치게 되면 자연스럽게 네 번째 단계인 미세한 호흡이 나타난다. 그러면 앉을 때마다 미세한 호흡이 되고 미세한 호흡을 보다 보면 니밋따가 생긴다.

그런데 세 번째 단계를 충분히 거치지 않고 미세한 호흡과 니밋따를 경험한 수행자에게서는 미세한 호흡과 니밋따가 항상 있지 않고 있다가 없다가 한다. 주위에서 이런 수행자를 많이 봤다. 이런 경우는 호흡을 하나도 놓치지 않도록 하는 것이 중요하다. 호흡을 하나도 놓치지 않으려면 마음이 딴 데로 가지 않아야 한다. 마음이 딴 데로 갈 때 마음의 동요 없이 다시 호흡으로 돌아와야 한다. 생각이 나면, 어떤 생각이라도 내려놓고 호흡으로 돌아오면 된다. 생각을 정리하려고 하지 않아야 한다. 정리하는 것도 생각이다. 신체 감각이나 소리로 마음이 가더라도 마찬가지로 내려놓고 호흡으로 돌아온다. 이런 노력을 계속하다 보면 마음은 호흡을 벗어나 딴 데로 가지 않게 된다. 마음이 움직이는 원리가 그렇다. 마음이 많이 가는 쪽으로 길이 나면 가만히 있어도 마음이 그 쪽으로 간다.

선정은 마음이 한 대상에 고정된 상태인데 오랫동안 마음이 한 대상으로 가는 훈련을 하면 마음이 마음의 법칙에 따라 자동적으로 한 대상에 머무른다. 그러려면 마음이 다른 대상으로 갔을 때마다 원래 대상으로 돌아오는 훈련을 해야 된다. 자동으로 집중이 될 때까지 이 훈련을 한다. 언제 선정에 드나 생각하지 말고 지금 이 순간 마음을 하나로 모으는 훈련을 한다. 그러는 동안 마음이 점점 하나로 모여가고 있다고 알고 기뻐해야 한다.

___ 니밋따

네 번째 단계인 미세한 호흡의 단계에 대해 자세히 이야기하겠다. 호흡을 하나도 놓치지 않는 상태가 지속되면 자연스럽게 미세한 호흡이 나타난다. 호흡은 하고 있는데 호흡을 감지 못하는 상태가 미세한 호흡 상태다. 세 번째 단계에서 호흡을 하나도 놓치지 않으며 눈으로 보듯이 호흡을 선명하게 알아차려왔는데, 이제는 호흡을 선명하게 알아차릴 수 없다. 호흡은 사선정에서 끊어지므로 이 단계에서는 있다. 단지 미세해져서 못 알아차릴 뿐이다. 이때 어떤 수행자는 불안을 느끼기도 하는데 전혀 불안해할 일이 아니다. 오히려 환영할 일이다. 들숨날숨을 잘 알아차렸기 때문에 자연스럽게 온 좋은 현상이다.

미세한 호흡에는 긍정적 측면과 부정적 측면이 있다. 긍정적 측면은 숨을 잘 알아차려서 하나도 놓치지 않았기 때문에 미세한 호흡에 도달했다는 것이다. 부정적 측면은 숨이 미세하긴 하지만 있는데 그것을 감지 못하고 있다는 것이다. 긍정적인 면은 살리고 부정적인 면은 보완하면 이 단계를 넘어갈 수 있다. 긍정적인 면을 살린다는 것은 동요 없이 미세한 호흡을 유지하는 것이다. 어떤 수행자는 숨을 찾기 위해 억지로 숨을 쉬기도 한다. 이것은 좋지 않다. 미세한 호흡이 된 이유와 과정이 분명히 있다. 그것을 유지해야 한다. 부정적인 면을 보완하는 것은 미세한 숨이라도 알아차릴 수 있도록 집중력을 올리는 것이다. 미세한 호흡이 코 근처에 있을 것이라고 보고 거기에 마음을 모으면 집중력이 높아지면서 호흡이 다시 감지된다.

그때 호흡과 빛이 같이 있게 된다. 숨을 들이쉬면 빛이 들어오고 숨을 내쉬면 빛이 나간다. 숨과 빛이 하나가 된다. 파욱 사야도는 이 현상을 "숨과 빛의 하나 됨"이라고 했다. 숨과 빛이 하나가 되는 상태가 되면, 이때의 빛을 니밋따라고 하고 이때부터는 빛이 명상 대상이 된다. 아무 빛이나 니밋따라고 하지 않는다. 명상 대상으로서의 빛만이 니밋따다. 집중을 하면 빛은 생긴다. 명상을 한 지 얼마 되지 않았을 때도 집중으로 인한 빛이 생긴다. 하지만 그런 빛은 명상 대상이 아니다. 그때는 호흡만이 명상 대상이다.

이 구별은 중요하다. 집중했을 때 빛이 생기는 원리는 다음과 같다. 집중을 한다는 것은 마음을 집중하는 것이다. 마음을 쓰는 것이다.

마음을 쓸 때 마음에서 생기는 물질이 생긴다. (이에 대해서는 3장에서 자세히 이야기 하겠다.) 마음에서 생기는 물질에는 색깔이 있다. 집중을 계속하면 마음에서 생긴 물질이 많이 나오는데, 그 물질은 수승한 물질이라 밝은 빛이 된다. 호흡에 집중했기 때문에 빛이 생겼으므로, 빛에 집중하면 빛이 약해지거나 사라진다. 반면에 호흡과 하나가 된 빛에 집중하는 것은 계속 한 대상에 집중하는 것이기 때문에 빛이 계속 밝아지고 강렬해진다.

아나빠나사띠를 하는 수행자는 처음에 빛에 대해 의구심을 가지기도 한다. 집중한다고 해서 과연 빛이 생길까, 어떻게 호흡이 빛으로 바뀔 수 있나, 붓다께서는 빛을 구체적으로 말씀하지 않았는데 파욱 수행에서는 빛을 너무 강조하지 않나 하고 생각한다. 나도, 선정에 들어가는 데 빛이 꼭 있어야 하는지 우 레와따 스님에게 물어본 적이 있다. 그때 스님은 "꼭 빛은 있어야 한다."라고 말했다. 지금은 나도 그렇게 알고 있다. 왜냐하면 빛은 마음에서 생긴 물질이기 때문이다.

니밋따가 생기기 전에는, 니밋따만 생기면 선정에 들어가기가 어렵지 않을 거라고 생각하는데, 사실은 그렇지 않다. 바르게 호흡에 집중해서 니밋따가 생겼듯이 니밋따에 바르게 집중해야 선정에 들어갈 수 있다.

호흡을 보는 것이든 니밋따를 보는 것이든 선정 수행에서 중요한 두 가지가 있다. 첫 번째는 번뇌가 없는 것이다. 앉아 있는 동안은 말할 것도 없고 생활하는 동안에도 번뇌가 없어야 한다. 선정 수행을 하는 사람은 번뇌가 마음속에 없도록 노력해야 한다. 특히 5가지 장애, 즉 감각적 욕망, 악의, 해태와 혼침, 들뜸과 후회 그리고 의심이 없어야 한다. 두 번째는 명상 대상에 집중을 하는 것이다. 이 둘을 요약하면 번뇌가 없는 상태에서 집중을 계속하는 것이다. 이를 잘하면 선정에 들 수 있다.

가능하다면 하루 종일 호흡에 집중해야 한다. 샤워를 할 때나 밥을 먹을 때처럼 호흡에 집중하기 어려울 때는 현재 하는 일에 집중해야 한다. 그리고 생각이 없어져야 한다. 설사 생각이 있더라도 따라가지 않아야 한다. 그래야 앉았을 때 쉽게 호흡이나 니밋따에 집중이 된다. 선정은 마음을 하나의 대상에 모으는 훈련이다. 하나로 모아지지 않으면 안 된다.

그리고 선정 수행을 하는 동안 호흡이든 니밋따든 명상 대상에 집중할 때 오로지 집중만이 있도록 해야 한다. 지금 이 순간의 집중만이 있도록 해야 한다. 자칫하면 이전의 수행과 지금의 수행을 비교하게 된다. 비교는 지금의 수행에 온전히 몰두하는 것을 방해한다. 오로지 지금 이 순간의 수행에만 최선을 다해야 한다. 좌선을 위해 앉았을 때 늘 과거의 수행이 떠오르지 않도록 해야 한다. 이를 위해 나는 좌선이 끝난 후에 수행이 어떻게 진행되었는지 돌이켜 생각하고 기록하는 것을 하지 않았다. 그렇게 하는 과정에서 자칫하면 과거 수행과 지금 수행을 비교하게 되기 때문이다. 다만 인터뷰할 때 수행했던 것을 기억해서 보고하고 그것을 기록해두어 참고로 했다.

니밋따를 보는 방법

니밋따에는 두 종류가 있다. 처음에 생기는 니밋따는 빛이긴 하나 안개나 구름 같이 뚜렷하지 않은 빛인데, 이를 '익힌 표상'(욱가하 니밋따)이라고 한다. 익힌 표상에 집중하면 점점 밝아지다가 빛나는 보석이나 새벽별처럼 아주 밝아진다. 이때의 표상을 '닮은 표상'(빠띠바가 니밋따)이라고 한다. 익힌 표상이나 닮은 표상의 형태는 수행자마다 다르다.

니밋따가 굳건히 생긴 상태라고 하더라도, 명상을 위해 막 앉았을 때는 호흡을 보는 것이 좋다. 니밋따가 있더라도 호흡이 감지되면 호흡을 보는 것으로 시작하는 것이 좋다. 편안하게 호흡을 본다. 미세한 호흡이든 그렇지 않은 호흡이든 상관없이 호흡을 볼 수 있는 데까지 보다가, 호흡을 전혀 볼 수 없고 호흡이 보이던 자리에서 밝은 빛만 보일 때는 빛을 본다. 그러다가 다시 호흡이 나타나면 호흡을 보는 것이 좋다. 이렇게 하면 호흡이든 빛이든 한 대상에 집중하는 것이 된다. 마음을 하나로 모으고 있는 것이다.

이렇게 빛을 보면 빛이 점점 강렬해진다. 마음이 다른 대상으로 흩어지지 않고 계속 한 대상에 집중하다 보면, 어느 순간 빛이 우리를 잡아당기는 것을 경험하게 된다. 그 전에는 내가 빛에 집중했다면 이제는 빛이 나를 집중하게 만든다. 이에 대해 파욱 사야도는 "당신이 니밋따를 보면 니밋따가 자석처럼 당신을 끌어당길 것이다."라고 말한다.

이 상태가 매우 중요하다. 2009년 말레이시아에서 열린 집중수행에서, 빛은 아주 밝고 집중은 한 대상에 고정된 것 같아 사야도에게 이제 된 것 아니냐는 뉘앙스로 이야기한 적이 있었다. 그랬더니 사야도는 내게 계속 집중하라고 말했다. 그렇게 수행을 계속하던 어느 날, 빛이 나를 잡아당기는 경험을 했다. 신기하고 이상하여 보고를 하니 "몰입이다."라고 하면서 "이제부터는 3시간씩 앉도록 하라."는 새로운 과제를 주었다. 몰입 현상이 있고부터는 니밋따를 보는 것이 어렵지 않았다.

어떤 현상이 있든 가장 중요한 것은 집중이다. 사야도의 지도를 받으면서 가장 많이 들었던 말이 집중이다. 사야도는 구체적인 지도를 하기보다는 내가 다른 것에 현혹되지 않고 집중하게끔 도와주었다. 예를 들어 처음 미세한 호흡이 되어 사야도에게 "미세한 호흡이 중요하지요." 하고 말했더니 사야도는 집중이 중요하다고 말했다. 나는 수행에서 거치는 모든 중요한 체험은 집중을 통해 온다는 것을 경험으로 안다. 그래서 집중이야말로 모든 보물창고를 여는 마스터키라고 생각한다. 수행은 집중으로 시작해서 집중으로 끝난다고 해도 과언이 아니다.

___ 4가지 선정

계속 호흡이나 니밋따를 보다 보면 자동으로 집중이 되는 상태가 온다. 거기에 이르면 다른 대상으로 가고 싶어도 갈 수 없고, 오로지 한 대상에 집중하는 것을 빼고 다른 의지는 가능하지 않게 된다. 팔다리가 무거워지는 느낌이 들면서 몸이 그대로 고정되고, 정신도 니밋따에 고정된다. 뭘 하려고 하는 어떤 의지도 불가능해진다. 니밋따를 향한 집중만 있다. 오로지 한 대상에 집중된 상태에서 시간이 흐른다. 이것이 선정 상태다. 이때 초선정 5요소, 즉 일으킨 생각, 지속적 고찰, 희열, 행복, 집중이 뚜렷하다. 일으킨 생각은 마음이 명상 대상으로 향하고 가 있는 것이고, 지속적 고찰은 마음이 명상 대상에 계속 있는 것이고, 희열은 기쁨이고, 행복은 차분한 행복감이고, 집중은 마음이 오로지 한 대상에 가 있는 것이다.

선정 요소 점검은 선정에서 나와 의문(意門, 마노의 문, 바왕가)에서 한다. 선정은 오로지 집중되어 있는 상태이기 때문이다. 선정 요소를 점검했을 때 초선정 5요소가 분명히 있으면 초선정에 들었던 것으로 본다. 경전에서는 초선정 상태를 이렇게 표현하고 있다. "감각적 욕망을 완전히 떨쳐버리고 해로운 법들을 떨쳐버린 뒤, 일으킨 생각과 지속적 고찰이 있고, 떨쳐버렸음에서 생겼고, 희열과 행복이 있는 초선에 들어 머문다."(『디가 니까야』 22 「대념처경」)

선정이 확실하면 선정의 5자재를 닦는다. 선정에 들어가고자 할 때 들어갈 수 있고, 선정에 머무르고 싶은 만큼 머무를 수 있고, 선정에서 나오고 싶을 때 나올 수 있고, 선정 요소에 마음을 향할 수 있고, 선정 요소를 점검하는 데 자유자재한 능력을 배양한다. 이러한 능력을 갖출 때 비로소 안정적인 선정에 들었다고 할 수 있다. 어쩌다가 한 번 선정에 들고 다시 선정에 드는 데 어려움이 있을 때는 안정적인 선정에 들었다고 하지 않는다. 선정은 정도에 따라 초선정, 이선정, 삼선정, 사선정이 있다. 5자재는 각 선정마다 모두 훈련한다. 무색계 선정도 마찬가지로 5자재를 훈련한다. 그 선정에 대한 5자재의 능력을 갖출 때 비로소 그 선정에 어려움 없이 들 수 있다.

이제 초선정에서 이선정에 어떻게 들고 이선정에서 삼선정, 삼선정에서 사선정에 어떻게 드는지 살펴보자. 초선정에 들고 초선정에 대한 5자재를 훈련하고 난 뒤 초선정에 자유롭게 들 수 있는 상태가 되면 이선정에 드는 것을 시도해볼 수 있다. 선정에 들고 5자재 훈련이 되었다는 것은 자기 마음을 잘 움직일 수 있는 상태가 되었다는 뜻이다. 이 상태에서는 마음에 의도를 내면 그것이 바로 마음에 반영된다.

사실 초선정은 선정이 아닌 상태에서 선정이 된 것이다. 마음을 하나로 모은 상태이긴 하지만 선정이 아닌 상태에 가깝고, 언제나 선정이 아닌 상태로 돌아갈 수 있다. 그러므로 이 점을 마음에 새기고 다음과 같이 숙고한다. '초선정은 5가지 장애와 가깝다. 일으킨 생각과 지속적 고찰은 거친 선정 요소다. 일으킨 생각과 지속적 고찰을 제거하고 더 고요한 이선정에 들어가 머물겠다.'

그리하여 일으킨 생각과 지속적 고찰이 사라지면 이선정 상태로 들어간다. 일으킨 생각과 지속적 고찰은 닮은 표상을 향하고 지속시키는 노력이다. 그것이 없으면 언제든지 초선정이 중단된다. 이선정에서는 그러한 노력 없이 선정이 지속된다. 이선정에 들어가면 초선정에서 일으킨 생각과 지속적 고찰이 얼마나 힘들었는지 알 수 있다. 마치 무거운 물동이를 들고 있다가 내려놓은 느낌이 든다. 일으킨 생각과 지속

〈표1〉 색계 선정 4가지와 5가지 장애

선정					5가지 장애
종류	초선정	이선정	삼선정	사선정	감각적 욕망
요소	일으킨 생각	희열	행복	평온	악의
	지속적 고찰	행복	집중	집중	해태와 혼침
	희열	집중			들뜸과 후회
	행복				의심
	집중				

적 고찰이 없는데도 빛은 더 밝고 집중은 더 잘되는 상태다. 대상에 대한 집중은 일으킨 생각과 지속적 고찰 없이 기본적인 집중으로 유지된다. 그야말로 거친 요소가 제거되고 순도 높은 요소로 선정이 유지되고 있다. 이제 선정이 유지되기 위해 니밋따를 움켜잡을 필요가 없어졌다. 니밋따에 대한 의존에서 많이 벗어났다. 모든 마음에 반드시 있는 마음부수인 집중에 의해 마음은 자연스럽게 대상에 계속 머문다.

이선정은 초선정보다 선정이 아닌 상태에서 더 멀고, 거친 선정 요소들이 더 적다. 이선정에 대해서 경전에서는 이렇게 말한다. "일으킨 생각과 지속적 고찰을 가라앉혔기 때문에, 자기 내면의 것이고, 확신이 있으며, 마음이 단일한 상태이고, 일으킨 생각과 지속적 고찰이 없고, 삼매에서 생긴 희열과 행복이 있는 제2선에 들어서 머문다."(『디가니까야』 22 「대념처경」)

이선정의 선정 요소는 희열, 행복, 집중이다. 이선정에서 나와서 선정 요소를 점검했을 때 3요소가 확실하면 이선정의 5자재를 훈련한다. 5자재를 통해 이선정이 확실히 내 것이 되면 이제 삼선정으로 들어가는 것을 시도한다.

초선정에서 이선정으로 들어갈 때와 마찬가지로, 다음과 같이 이선정의 속성에 대해 숙고하고 삼선정으로 들어갈 것에 대해 마음속 깊이 새긴다. '이선정은 초선정과 가깝고 이선정의 희열은 거친 요소다. 희열을 없애고 더 고요한 삼선정으로 들어가 머물겠다.' 그러면 마음에서 변화가 일어나 희열이 없어지고 행복과 집중만 남은 삼선정으로 들어간다.

희열이 없어지면 희열이 거친 요소였음을 알 수 있다. 그리고 희열과 행복이 분명히 다르기 때문에 희열은 없어지고 행복이 남아 있음도 알 수 있다. 희열이 없어지면서 더 차분해지고 안정되고 행복해진다. 희열은 선정의 대상인 닮은 표상에 대한 기쁨이다. 즉 삼선정에서는 명상 대상에 대한 거친 기쁨이 사라진 결과 마음이 더 안정되고 집중되어 있다. 선정에서 외부 대상에 대한 의존도와 감정적인 반응이 점점 줄고, 대상을 아는 마음의 기능에 점점 충실해지고 있다.

경전에서는 삼선정이 이렇게 표현되어 있다. "희열이 빛바랬기 때문에 평온하게 머물고, 마음챙김하고 분명하게 알아차리며 몸으로 행복을 경험한다. 이를 두고 성자들이 '평온하게 마음챙김하며 행복하게 머문다.'고 묘사하는 제3선에 들어 머문다."(『디가 니까야』 22 「대념처경」) 삼선정에 들 수 있으면 삼선정에 대한 5자재를 훈련한다. 삼선정에 대한 5자재가 되면 사선정으로 들어가는 것을 시도해볼 수 있다.

지금까지와 마찬가지 방법으로 삼선정에서 사선정으로 들어간다. 다음과 같이 숙고한다. '삼선정은 이선정과 가깝고 삼선정의 행복은 거친 요소다. 행복을 없애고 더 고요한 사선정에 들어가 머물겠다.' 그러면 마음에서 변화가 일어나 행복이 없어지고 평온이 생겨난다. 이렇게 선정에서 평온과 집중만 남은 상태가 사선정이다. 사선정은 명상 대상에 대한 감정적인 반응이 완전히 정화된 상태다. 대상을 싫어하거나 좋아하지 않고 담담히 평온하게 있는 그대로 바라본다. 오로지 대상에만 집중되어 있다.

나는 사선정에서 특이한 경험을 했다. 절에서 선정 수행을 할 때 어떤 사람에게 연락을 받고서 마음이 약간 동요되고 심장이 아주 미세하게 움직이는 것이 느껴졌다. 삼선정까지는 심장의 이 아주 미세한 움직임이 느껴졌는데 사선정에 들어가자 그 움직임이 멈췄다. 세 번 정도 사선정에 들어갈 때마다 그런 현상이 일어나는 것을 경험할 수 있었다.

초선정부터 이선정, 삼선정을 거쳐 명상 대상에 대한 거친 요소가 떨어져 나가고 오로지 순수한 집중만이 있는 사선정에 이르렀다. 이제 오로지 대상을 있는 그대로 알 수 있는 상태가 되었다. 초선정부터 삼선정까지도 좋았지만 사선정은 새로운 차원의 선정 같은 느낌이 들었다. 경전에서는 사선정을 다음과 같이 서술한다. "행복도 버리고 괴로움도 버리고, 아울러 그 이전에 이미 기쁨과 슬픔을 없앴으므로 괴롭지도 즐겁지도 않으며, 평온으로 인해 마음챙김이 청정한 제4선에 들어 머문다."(『디가 니까야』 22 「대념처경」) 사선정이 어느 정도 확실해지면 사선정에 대한 5자재를 훈련하여 사선정을 자기 것으로 만든다.

___ 선정은 번뇌 처리 시스템

수행자마다 선정의 깊이는 다르다. 단일한 기준이란 없다. 나의 체험으로는, 지혜의 눈이 확실해지면 선정에 든 것으로 보아도 된다고 생각한다.

선정이나 삼매는 마음을 다스리거나 지혜를 얻는 데 매우 중요하다. 니까야에서도 선정의 중요성이 많이 언급되며, 붓다는 늘 사마타와 위빠사나를 닦아야 한다고 말한다.(『맛지마 니까야』 149 「대육처경」) 그런데 언제부터인가 선정이 경시되거나 부정적으로 생각되는 경향이 있다. 예를 들어 선정에 들었을 때는 편안하지만 선정에서 나오면 평안이 지속되지 않는다는 인식이 있다. 물론 선정 상태와 선정에서 나온 상태는 다르다. 선정에서 나오면 마음에 번뇌가 들어올 수 있다. 하지만 그 마음이 보통의 마음 상태는 아니다.

선정 수행은 내려놓는 훈련이다. 마음을 하나의 대상에 모으기 위해서는, 마음이 다른 대상으로 갈 때마다 내려놓고 원래의 대상으로 끊임없이 돌아와야 한다. 그것을 지속적으로 훈련하는 것이 선정 수행이고 그 결과 마음을 하나로 모으는 시스템을 우리 속에 구축한 것이 선정이다. 그렇기 때문에 이런 마음 훈련이 잘되어 있으면 선정 수행을 할 때 쉽게 선정에 들 수 있고 평상시에도 마음이 내가 원치 않는 대상으로 갔을 때 쉽게 내려놓고 내가 원하는 대상으로 마음을 돌릴 수 있다. 마음을 다스리면서 생활할 수 있다. 번뇌를 처리하는 효율적인 시스템이 우리 속에 구축되어 있는 덕분이다.

●

지금까지 아나빠나사띠를 통해 선정을 어떻게 닦고 선정이 어떤 상태인지를 알아봤다. 이제 아나빠나사띠가 아닌 명상 주제로 경험하는 선정에 대해 알아보겠다. 파욱 전통 수행에서는, 파욱 센터에서 하는 모든 사마타 명상 주제를 통해 선정을 경험하고 싶다고 하면 다음의 순서대로 한다. 아나빠나사띠 다음에 우리 몸의 32부분에 대한 마음챙김, 10가지 까시나, 4가지 무색의 경지, 4가지 거룩한 마음가짐, 4보호 명상(자애, 붓다를 계속해서 생각함, 깨끗하지 못함 명상, 죽음을 계속해서 생각함). 이제 이 순서대로 살펴보자.

몸의 32부분에 대한
마음챙김

　　　　　『디가 니까야』 22 「대념처경」에서 붓다는 우리 몸이 31부분으로 되어 있다고 했다. 여기에는 뇌가 빠져 있다. 그러나 「빠띠삼비다막가(무애해도)」에는 뇌가 포함된 32부분으로 우리 몸이 되어 있다고 쓰여 있고, 주석서인 『청정도론』에도 32부분이라고 되어 있다. 몸의 32부분에 대한 마음챙김은 몸에 대한 마음챙김의 하나이다. 『맛지마 니까야』 119 「몸에 대한 마음챙김 경」에 의하면 몸에 대한 마음챙김은 들숨과 날숨에 대한 알아차림, 4가지 자세에 대한 알아차림, 행위에 대한 분명한 알아차림, 몸의 더러운 것들(32부분)에 주의를 기울이는 수행, 요소에 대한 분석, 9가지 공동묘지 명상 그리고 4가지 선정으로 구성되어 있다. 몸의 32부분에 대한 마음챙김은 이 중의 하나다.

　　32부분을 하나하나 열거하면 다음과 같다. 머리털, 몸털, 손발톱, 이빨, 살갗, 살, 힘줄, 뼈, 골수, 콩팥, 심장, 간, 근막, 비장, 폐, 창자, 장간막, 위 속의 음식, 똥, 뇌, 담즙, 점액, 고름, 피, 땀, 굳기름, 눈물, 피부의 기름기, 침, 콧물, 관절활액, 오줌이다.

아나빠나사띠로 선정을 얻고서 초선정에서 이선정, 이선정에서 삼선정, 삼선정에서 사선정으로 이동한 후, 사선정에서 나와 사선정의 선정 요소를 확인한 다음, 의문(意門)에서 지혜의 눈으로 32부분을 하나하나 식별한다. 예를 들어 머리털을 보려고 주의를 기울이면 머리털을 볼 수 있다. 심장을 보려고 주의를 기울이면 심장을 볼 수 있다. 이렇게 32부분을 하나하나 본다. 그러고 나서 32부분을 한 번에 본다.

이렇게 자신의 32부분을 잘 볼 수 있으면 다른 존재의 32부분을 보도록 한다. 곁에 있는 다른 수행자의 32부분을 보고, 생활 속에서 만나는 다른 존재의 32부분을 본다. 몸의 32부분에 대한 마음챙김을 할 때 바깥에서 사람을 보면 뼈 무더기로 보이기도 한다. TV에 나오는 사람이 32부분으로 보이기도 한다. 그럴 때 뼈나 내장이 보이고 얼굴 속 살이 보이니 아름답거나 멋있다는 생각이 드는 대신 몸이 혐오스럽다는 생각이 들기도 한다.

의대생 시절, 처음으로 사체 해부를 했을 때 굉장히 놀랐다. 첫 해부 전, 나는 몸이 하나의 덩어리로 되어 있으리라고 생각했었다. 그런데 메스로 몸통 피부를 벗겼을 때 몸통이 막으로 둘러싸여 있어 하나하나의 막을 벗겨야 내부 장기에 도달할 수 있었다. 몸의 요소 하나하나가 정교하게 결합되어 전체를 이루고 있었다. 그 정교함을 보고 나는 자동차 엔진을 떠올렸다. 그렇게 사람 몸에 대한 환상이 깨지고 인간 존재의 실제 모습이 어떠한지를 알게 되었다.

　몸의 32부분에 대한 마음챙김은, 과거 사체 해부를 통해 다른 사람의 사체를 보았을 때와는 달리 나 자신의 몸을 살아 있는 상태에서 보는 것이다. 몸의 32부분에 대한 마음챙김을 할 때 혐오감이 많이 들었다. 피부는 평소와 달리 매우 쭈글쭈글하고 거칠었으며, 보기에 흉했다. 이빨도 양치하면서 보는 것과 달리 단단한 바위 같았고, 이질감이 느껴졌다. 머리털도 피부에 깊숙이 박혀 있는 것이 아름다움과는 거리가 멀었다. 손톱, 발톱도 마찬가지였다. 근육, 뼈, 골수, 내부 장기들과 피를 비롯한 나머지 것도 생생하게 느껴졌다. '나'라고 생각되는 존재는 그런 것들로 이뤄져 있었다. 의사임에도 평소 잊고 사는 몸의 실제 모습을 수행을 통해 생생히 본 후, 몸이 어떤 것인지가 마음속 깊이 새겨졌다. 이성에 대한 성적 욕망이 강한 사람의 경우, 몸의 32부분에 대한 마음챙김은 성적 욕망을 다스리는 데 큰 도움이 된다. 이 수행을 통해 남자와 여자가 아닌 있는 그대로의 모습을 보기 때문이다.

　몸의 32부분 중 어느 하나를 깨끗하지 못한 대상으로 삼아 집중하면 초선정에 든다. 뼈를 깨끗하지 못한 대상으로 삼아 집중하여 선정 5요소가 계발되면 초선정에 들어간다. 몸의 32부분에 대한 마음챙김은 몸의 깨끗하지 못함에 대한 수행이기 때문에 몸의 깨끗하지 못함에 대한 일으킨 생각과 지속적 고찰이 필요하다. 그래서 일으킨 생각과 지속적 고찰이 없는 이선정에는 들어갈 수 없다. 몸의 32부분에 대한 마음챙김으로는 초선정에만 들 수 있다.

몸의 32부분에 대한 마음챙김은 다른 사마타 수행과 관계가 있다. 까시나 수행과도 관계가 있고 4대 수행과도 연관이 있다. 몸의 32부분의 하나인 뼈의 흰색을 흰색 까시나 수행을 할 때 이용한다. 4대 수행에서 온몸의 4대를 관찰할 때 몸의 32부분이 이용된다. 물질 수행에서 물질을 볼 때도 몸의 32부분이 이용된다. 이에 대해서는 해당 항목에서 자세히 이야기하겠다.

까시나를 통한
선정 수행

　　까시나 수행은 무색계 선정과 신통을 이루기 위해서 꼭 필요하다. 무색계 선정인 공무변처에 들기 위해서는 까시나의 확장이 필요하다. 신통을 얻기 위해서도 여러 종류의 까시나 선정에 자유롭게 들어갔다 나왔다 하는 훈련이 필요하다.

　　까시나에는 10가지가 있다. 바로 땅 까시나, 물 까시나, 불 까시나, 바람 까시나, 푸른색 까시나, 노란색 까시나, 빨간색 까시나, 흰색 까시나, 빛 까시나, 한정된 허공 까시나다. 파욱 수행 전통에서는 흰색 까시나부터 시작하여 푸른색 또는 검은색, 노란색, 빨간색 까시나까지 색깔 까시나 수행을 먼저 한다. 이때 푸른색, 노란색, 빨간색 까시나 수행은 순서가 바뀔 수 있다. 그다음에 땅 까시나, 물 까시나, 불 까시나, 바람 까시나 수행을 하고, 그 후에 빛 까시나, 허공 까시나 수행을 한다. 이 순서대로 각각의 까시나 수행을 살펴보자.

흰색 까시나

흰색 까시나 수행은 두 가지 방법으로 한다. 흰색 종이나 흰색 헝겊을 이용하거나 몸의 흰색 뼈를 이용한다. 두 가지 방법 중 흰색 종이를 이용해 흰색 까시나 수행을 하는 경우를 보겠다.

먼저 흰색 종이를 계속 본다. 그러고 난 뒤 눈을 감고 흰색을 떠올린다. 좀 전에 본 흰색이 떠올라야 한다. 아나빠나사띠와 몸의 32부분에 대한 마음챙김을 통해 선정을 닦은 후이기 때문에 집중력이 강해서 흰색이 쉽게 떠오를 수도 있지만, 그렇지 않을 수도 있다. 흰색을 볼 때 눈을 감고도 떠올릴 수 있을 정도로 흰색을 마음에 새겨야 한다. 흰색 종이를 통해 본 흰색이 언제라도 떠오를 수 있게 강렬하게 마음에 새겨야 한다.

나는 까시나 수행을 통해 집중력이 더 높아진다고 생각한다. 눈을 감고도 까시나를 떠올리려면 까시나를 잡는 힘이 강해야 한다. 아나빠나사띠하고는 좀 다른 점이 있다. 까시나 수행에서는 적극적으로 까시나를 마음에 새기는 노력이 필요하다. 그렇지 않고 자꾸 종이를 보면서 눈을 감고도 보이겠지 하고 쉽게 생각하면 까시나를 떠올리기가 어려울 수 있다.

일단 눈을 감고도 흰색이 보이면 그것에 집중해야 한다. 집중을 통해 흰색이 원반 형태를 갖추고 어느 정도 안정되어 있으면 그것을 동, 서, 남, 북, 남동, 남서, 북동, 북서, 아래, 위 10가지 방향으로 확장해야 한다. 확장을 하면 흰색 원반이 안정되기 때문이다. 처음에는 한 방향으로 조금씩, 더 이상 확장되지 않을 때까지 확장한다. 그다음에 나머지 다른 방향으로도 확장한다. 모든 방향으로 흰색이 확장되면 세상은 온통 흰색이 된다. 어느 수행자는 흰색으로 가득 찬 세상이 너무 좋다고 내게 말했는데, 어느 까시나가 인상 깊고 좋은지는 수행자마다 다를 수 있다.

흰색이 모든 방향으로 확장된 상태에서 중심에 있는 흰색에 집중한다. 흰색 까시나 수행을 하는 동안 빛이 같이 있기도 한다. 이때 빛이 있는 것은 무방하다. 다만 흰색이 같이 있으면 된다. 빛에는 신경을 쓸 필요가 없다. 흰색이 있는 것이 중요하다.

흰색 까시나에 한두 시간 계속 집중이 되고 초선정 5요소가 뚜렷해지면 초선정에 들어간 것이다. 초선정에서 나와서 선정 5요소를 점검한다. 흰색 까시나에 대한 일으킨 생각과 지속적 고찰이 있고 희열과 행복과 집중이 있어 초선정이 확실하면, 초선정에 대한 5자재를 훈련한다.

초선정에서 이선정, 삼선정, 사선정으로 들어가는 방법은 다음과 같다.

우선 초선정에서 이선정으로 넘어가기 위해서는 다음과 같이 숙고한다. '초선정은 5가지 덮개와 가깝고 흰색 까시나에 대한 일으킨 생각과 지속적 고찰은 거친 요소이니, 그것을 없애고 더 고요한 이선정에 들어가 머물겠다.' 그러면 마음에 변화가 와 이선정에 들어간다. 이선정에는 일으킨 생각과 지속적 고찰은 없고 희열, 행복, 집중만이 있다.

다시 이선정에 대한 5자재를 훈련한다.

다음으로 이선정에서 삼선정으로 들어가기 위해 다음과 같이 숙고한다. '이선정은 초선정과 가깝고 이선정의 희열은 거친 요소이니 희열을 없애고 더 고요한 삼선정에 들어가 머물겠다.' 그러면 마음에 변화가 와 삼선정에 들어간다. 삼선정에는 행복, 집중만이 있다. 다시 삼선정에 대한 5자재를 훈련한다.

그다음으로 삼선정에서 사선정에 들어가기 위해 다음과 같이 숙고한다. '삼선정은 이선정과 가깝고 삼선정의 행복은 거친 요소이니 행복을 제거하고 더 고요한 사선정에 들어가 머물겠다.' 그러면 행복이 평온으로 바뀌어 평온과 집중만 남는다. 이 상태가 사선정이다. 다시 사선정에 대한 5자재를 훈련하여 사선정을 확실히 내 것으로 한다. 다른 까시나 수행에서도 이 방법으로 초선정부터 사선정에 들어간다.

몸의 흰색 뼈를 이용하는 방법은 흰색 종이를 이용하는 방법과 소재만 다르고 나머지는 똑같다. 우선 흰색 뼈의 흰색을 취한다. 이때 자신의 뼈든 앞에 앉은 다른 수행자의 뼈든 상관이 없다. 그 뼈의 흰색을 안정적으로 유지하고 그 후에 확장한다. 선정에 들어가는 과정은 밖(흰색 종이)의 흰색을 취해서 선정에 들어가는 것과 같다.

___ 노란색 까시나

노란색 까시나 수행도 마찬가지다. 흰색과 마찬가지로 바깥의 색깔을 가지고 해도 되고 우리 몸에 있는 노란색으로 해도 된다. 노란색 종이나 노란색 헝겊으로 해도 되고, 복부 지방의 노란색으로 해도 된다. 언제라도 노란색을 떠올릴 수 있는 것이 중요하다. 노란색을 안정적으로 떠올려서 유지하고 확장한다. 노란색이 확장되면 세상이 온통 노란색으로 된다. 노란색 까시나를 보면서 선정에 드는 과정은 흰색 까시나에서와 같다.

___ 푸른색, 빨간색 까시나

푸른색이나 빨간색도 색종이나 헝겊에서 취해도 되고 우리 몸의 장기나 피 색깔에서 취해도 된다. 푸른색 대신 검은색을 이용해도 된다. 푸른색이나 검은색, 빨간색을 보고 그 색을 취해서 유지하고 확장해서 그 색의 까시나로 만든다. 푸른색이나 빨간색이 무한히 확장되면 세상은 온통 그 색으로 가득 찬다. 오로지 그 색만 있다. 그 색의 까시나를 가지고 선정에 드는 방법은 흰색 까시나나 노란색 까시나에서와 같다.

___ 땅 까시나

맨땅에 지름이 30cm쯤 되는 원을 그린다. 주위 땅과 구별되게 원을 분명하게 긋는다. 원 안의 흙을 고른다. 돌멩이나 나뭇가지 등을 골라내고 아주 고른 흙만 남겨 고르고 균일한 흙으로만 원이 되게 한다.

혹은 상자나 그릇에 흙만 고르게 담고서 거기에 원을 그린다. 이 경우에는 들고 다닐 수도 있다.

그 원을 계속 본다. 눈을 감고 그 흙으로 된 원을 떠올려본다. 떠올린 원이 안정되면 확장을 한다. 온 방향으로 원이 완전히 확장되면 세상은 온통 땅으로 가득 찬다. 땅이 끝없이 펼쳐진다. 땅을 무한히 확장한 후 땅 까시나를 가지고 선정에 드는 것은 색깔 까시나 수행에서와 같은 방법으로 한다.

___ 물 까시나

그릇에 담긴 물이나 맑은 웅덩이에 고인 물을 이용한다. 다만 물이 넉넉하고 부유물 없이 깨끗하면 좋다. 그 물을 보고 언제라도 그 물을 떠올릴 수 있으면 된다. 물이 무한히 확장되면 세상은 물로 가득 찬다. 마치 큰 바다 한가운데에 있는 것 같다. 온통 물뿐이다. 물 까시나를 가지고 선정에 드는 것은 땅 까시나 수행처럼 하면 된다.

___ 불 까시나

장작불이나 재래식 아궁이에서 활활 타오르는 불이면 좋다. 정 안 되면 촛불로도 할 수 있다. 그 불을 언제라도 떠올릴 수 있으면 된다. 그 불을 유지하고 확장하여 세상을 불로 가득 차게 한다. 세상에는 오직 불

뿐이다. 타오르는 불로 가득 차 있다. 빅뱅이 일어나거나 우주가 파괴될 때 그 광경을 목격하는 존재가 있다면, 그 존재에게 불 까시나가 펼쳐질 것이다. 엄청나게 큰 화재가 일어났을 때도 정도 차는 있지만 어느 정도 불 까시나가 전개되었다고 볼 수 있다. 어떤 까시나로 가득 찬 세계가 전혀 경험할 수 없는 세계가 아닐 수 있다. 불 까시나를 가지고 선정에 드는 것은 지금까지 말한 다른 까시나 수행법으로 하면 된다.

___ 바람 까시나

몸에 느껴지는 바람도 좋고, 바람에 의해 움직이는 것을 보고 바람의 존재를 알아도 된다. 눈을 감았을 때 아지랑이처럼 움직이는 것이 보여도 되고 바람이 있다는 것을 느껴도 된다. 이것이 확고해지면 확장하면 된다. 바람이 무한히 확장되면 세상은 부는 바람으로 가득 찬다. 바람 까시나 수행을 할 때는 바람이 계속 부는 느낌이 든다. 세상에 다른 어떤 것도 없이 바람만 있다. 바람 까시나를 가지고 선정에 드는 방법은 다른 까시나 수행과 같다.

___ 빛 까시나

수행으로 생긴 빛으로 해도 되고 자연 빛으로 해도 된다. 아나빠나 사띠나 이전의 까시나 수행으로 빛이 있기 때문에 수행으로 생긴 빛으로 하는 것은 어려운 일이 아니다. 선정 수행을 하여 선정에 들면 수행을 할 때 항상 빛이 있다. 그 빛을 가지고 빛 까시나 수행을 하면 빛이 굉장히 밝아진다. 기존의 빛을 확장하면 세상이 온통 빛으로 가득 찬다. 빛만 있는 세상이 된다. 빛 까시나가 되면 앞의 까시나와 같은 방법으로 선정에 든다.

___ 허공 까시나

여러 가지 방법으로 허공을 만들 수 있다. 구름 없이 맑게 갠 하늘 한 조각을 원 모양으로 취해도 되고, 선반에 장식으로 파인 원을 대상으로 해도 된다. 그 허공을 계속 본다. 눈을 감아도 그 허공이 떠오르면 허공을 무한히 확장한다. 그러면 아무것도 없는 허공으로 된 세계를 경험할 수 있다. 우리는 뭔가로 주위를 가득 채우고서 산다. 그것들을 다 치워버려 아무것도 없다고 한번 상상해보자. 내 주변부터 치우기 시작하여 세상 모든 것을 치운 상태를 허공 까시나가 된 상태라고 볼 수 있다. 어느 하나로 가득 찬 세계, 그것이 까시나다. 허공 까시나가 되면 다른 까시나 수행에서 말한 방법대로 선정에 들어간다.

●

세상에는 수없이 많은 것이 있지만 그 모든 것이 우리의 주목을 받는 것은 아니다. 인간의 주의는 한정되어 있어서 주의가 가 있는 대상을 뺀 다른 대상은 주목을 받지 못한다. 까시나 수행은 각각의 대상을 가지고 오로지 그 대상만 있는 세상을 만드는 것이라고도 할 수 있다. 그 대상에만 온통 주의를 기울여 기존에 경험하지 못했던 그 대상만 주목받는 새로운 가능성을 미리 경험해보는 것이다.

지금까지 열 가지 까시나 각각에 대해, 어떻게 명상 대상을 취하고 그 명상 대상을 확장하여 까시나를 만들고 선정에 드는지를 알아보았다. 초선정부터 사선정까지 선정에 들고 각각의 선정에 대해 5자재를 훈련하는 것은 아나빠나사띠에서와 같다. 그런데 까시나 수행에서는 아나빠나사띠에서와는 달리 무색계 선정으로 들어갈 수 있다. 이제 그에 대해 알아보자.

무색계
선정 수행

　　　　　　　　　무색계 선정에는 4가지가 있다. 바로
공무변처(空無邊處), 식무변처(識無邊處), 무소유처(無所有處), 비상비비
상처(非想非非想處)다. 무색계 선정의 시작인 공무변처는 까시나 사선정
에서 나와서 물질에 대한 숙고로부터 시작한다. 무색계 선정은 선정의
성격상 사선정에 해당한다. 사선정의 선정 요소가 평온과 집중 두 요소
로 구성되어 있듯이 무색계 선정도 모두 평온과 집중으로 이루어진 선
정이다. 그래서 『청정도론』에서 선정의 종류에 따라 명상 주제를 구분
할 때 4가지 무색의 경지는 네 번째 선정을 가져온다고 말한다. 그럼
무색계의 첫 번째 단계인 공무변처부터 보겠다.

___ 공무변처

　　공무변처에 들려면 아나빠나사띠 초선정, 이선정, 삼선정, 사선정

을 경험한 후 9가지 까시나 중 하나를 먼저 닦아야 한다. 무색계 선정 수행에서는 물질을 초월해서 물질이 없는 무색계로 들어가는데, 허공 까시나는 물질이 아니라서 초월을 하는 데 이용할 수 없다. 그래서 아나빠나사띠로 선정을 경험한 후 허공 까시나를 제외한 나머지 까시나를 통해 선정을 닦는다.

까시나를 통해 초선정부터 시작하여 사선정까지 든다. 사선정에서 나와 선정 요소를 확인하고 난 뒤 다음과 같이 숙고한다. '물질은 우리에게 괴로움을 가져다준다. 물질이 있으면 태어나야 하고 늙어야 하고 병들어야 하고 죽어야 하고 몸으로 겪는 온갖 고통을 피할 수 없다. 땅(다른 까시나인 경우 그 물질을 언급)도 물질이고 빛도 물질이다. 물질이 없는 공무변처에 들어가 머물겠다.' 그런 후에 '허공, 허공' 또는 '공무변처, 공무변처' 하면서 허공에 집중하면, 땅 까시나인 경우 땅으로 가득 찬 속에 허공이 조금씩 생기면서 점점 허공이 커진다. 빛도 점점 사라진다. 나중에는 땅이 완전히 사라지고 허공으로 가득 찬다.

나는 공무변처에 들었을 때 색계 사선정보다 더 고요하고 평온한 느낌을 받았다. 물질이 하나도 없는 텅 빈 하늘에 있는 느낌이었다. 무색계 선정 상태에 대해서는 주위에서 별로 들을 기회가 없었다. 불교 경전을 비롯한 책들에서도 무색계 선정은 색계 선정보다 작은 비중으로 묘사되어 있어서 크게 기대를 하지 않고 무색계 수행을 했다. 실제 경험한 공무변처는 이전까지 경험하지 못했던 새로운 상태였다. 눈앞에 광대하고 청정한 세계가 펼쳐졌다.

공무변처에서 나와 선정 요소를 점검한다. 공무변처 선정은 평온과 집중 두 요소로 되어 있다. 공무변처에 대한 5자재를 훈련한다. 다른 무색계 선정에서도 마찬가지로 각 선정마다 5자재를 훈련한다. 공무변처가 숙달되면 공무변처에서 나와 식무변처로 들어가는 시도를 한다.

___ 식무변처

공무변처에서 나와 식무변처로 들어가기 위해 다음과 같이 숙고한다. '공무변처는 사선정에 가깝다. 더 고요한 식무변처로 들어가 머물겠다.' 그러고는 '식, 식' 또는 '식무변처, 식무변처' 하면서 공무변처를 알고 있는 식(識. 마음)에 집중한다. 식을 명상 대상으로 한다. 식을 대상으로 집중하여 선정에 들어간다.

공무변처의 두 가지 선정 요소인 평온과 집중은 마음부수다. 모든 마음부수는 언제나 마음과 같이 있다. 평온과 집중이라는 마음부수와 같이 있는 마음이 식무변처의 식이다. 식무변처 수행을 하려면 궁극 실재인 마음을 볼 수 있어야 한다. 공무변처의 선정 요소를 점검할 때 평온 및 집중과 함께 있는 마음을 보고 그것에 집중한다.

식무변처에 들기 전에 숙고했던 것처럼 식무변처는 공무변처보다 더 고요하고 수승하다. 식무변처에 들면 공무변처를 아는 마음만 존재하는 느낌이 든다. 마치 내가 식무변처에 있는 존재가 된 느낌이다. 식무변처는 식으로 꽉 차 있는 상태가 아니라 공무변처를 아는 식에 오로지 집중되어 있는 상태다.

공무변처가 색계 사선정을 출발점으로 해서 생겼기 때문에 사선정에 가깝고, 공무변처에서 나와 색계 사선정으로 돌아갈 수 있지만, 식무변처는 공무변처를 출발점으로 해서 생겼기 때문에 색계 사선정하고는 멀어졌다. 더 고요하고 안정되어 있다. 다른 선정의 대상이 실재가 아닌 개념인 데 반하여 식무변처의 대상은 실재다. 궁극 실재인 마음을 대상으로 하기 때문이다. 참고로 마지막 무색계인 비상비비상처의 대상 역시 실재다.

식무변처의 5자재를 훈련하여 식무변처를 확실히 내 것으로 한 후 무소유처에 드는 노력을 기울인다.

___ 무소유처

식무변처에서 나와 무소유처로 들어가기 위해 식무변처의 결점을 보고 무소유처의 수승한 점을 본다. 그리고 다음과 같이 숙고한다. '식무변처는 공무변처에 가깝다. 더 고요한 무소유처에 들어가 머물겠다.'

무소유처에서는 공무변처도, 공무변처의 마음도 없어 더 고요하고 수승하다. 무소유처의 대상은 공무변처를 대상으로 삼고 있는 식이 없다는 것이다. '무소유처, 무소유처' 하면서 식이 없다는 것에 마음을 집중한다. 우리는 언제나 뭔가가 있다고 생각하는 습관이 있지만, 무소유처에서는 진정 없는 것에 마음을 집중한다. 이제 집중의 대상이 있는 것에서 없는 것으로 바뀌었다. 그러나 아직은 무소유처를 분명히 아는 마음은 있다. 무소유처에 대한 5자재를 훈련한 후 마지막 무색계 선정인 비상비비상처를 얻기 위해 노력한다.

___ 비상비비상처

무소유처에서 나와서 비상비비상처를 얻기 위해 다음과 같이 숙고한다. '무소유처는 식무변처에 가깝다. 더 고요하고 수승한 비상비비상처에 들어가 머물겠다.'

숙고한 내용을 마음에 새기고 '이것은 평화롭고, 이것은 수승하다.' 하면서 무소유처의 식에 집중한다. 그러면 비상비비상처에 도달하는 경험을 한다. 지금까지와는 또 다른 새로운 경험이다. 없다는 것을 분명히 아는 무소유처와 달리 비상비비상처에서는 정신 작용이 뚜렷하지 않은 상태가 된다. 비상비비상처라는 이름에서는 상(想, 인식)만을 말하지만 상뿐만 아니라 촉(觸, 접촉), 수(受, 느낌) 등의 모든 마음부수와 마음(識)이 있는 것도 아니고 없는 것도 아닌 상태가 된다. 마음과 마음부수가 있긴 하나 아주 미약하다. 즉 정신 작용이 아주 미세해진 상태다. 그런 만큼 아주 고요하고 수승하다.

비상비비상처의 대상도 식무변처의 대상처럼 개념이 아니라 실재다. 비상비비상처의 마음, 마음부수는 특별한 경우를 빼고는 위빠사나의 대상이 될 수 없고, 그 전체를 가지고서만 위빠사나를 할 수 있다. 비상비비상처에서도 마찬가지로 5자재를 닦는다.

___ 무색계 선정 수행으로 불교의 다양한 세계에 눈뜨다

불교 경전에서는 생명을 가진 존재가 존재할 수 있는 영역으로 욕계, 색계, 무색계가 있다고 말한다. 무색계 선정 수행을 통해 물질이 없는 세계를 경험했다. 그 덕분에 이전까지 당연하게 생각해오던 물질이 우리에게 준 영향을 조금이나마 느낄 수 있었다. 물질로 인한 괴로움에서 벗어나는 것이 무엇인지 알 수 있었다. 물질을 벗어난 세계에 존재할 수도 있다는 가능성을 인정하게 되었다. 무색계 선정을 경험하지 않고 과연 이런 생각을 할 수 있었을까? 무색계 선정을 경험하는 것이 불교에서 제시하는 세계를 이해하는 데 꼭 필요하다는 생각이 들었다.

무색계에는 2가지가 있다. 하나는 수행을 해서 도달하는 무색계 선정 상태고, 다른 하나는 무색계 존재가 경험하는 세계다. 실제로 무색계 선정에서 경험하는 상태로 존재하는 존재가 있다. 이처럼 다양한 형태로 있는 존재들을 이해하는 데 무색계 선정 경험이 도움이 된다.

무색계 선정 경험은 천상 세계나 천상 세계의 존재를 이해하고 그것에 익숙해지는 데도 도움이 된다. 천상 세계는 우리 육안으로는 보이지 않기 때문에 자칫 없는 것으로 생각하기 쉽다. 불교의 세계관은 우

리 육안이나 과학으로 증명된 세계에 국한되지 않는다. 붓다나 붓다의 제자들이 수준 높은 수행과 관찰을 통해 본 세계는 천상 세계를 포함한다. 무색계 선정 후에 수행하는 '4가지 거룩한 마음' 수행 때 불교에서 말하는 여러 가지 세계를 경험할 수 있다.

4가지 거룩한
마음 수행

무색계 선정을 경험한 후 '4가지 거룩한 마음'[4범주, 4무량심] 수행을 통한 선정 경험을 한다. 4범주는 우리에게 4무량심으로 잘 알려져 있다. 범천이 가지는 마음 또는 범천으로 태어나게 하는 마음이라는 의미에서 4범주라고 하며, 자애, 연민, 함께 기뻐함, 평온을 말한다.

여러 가지 명상 주제를 통한 선정 경험이 모두 의미 있고 좋았지만, 그중 4범주를 통한 선정 경험은 내게 각별했다. 4범주 수행은 자애, 연민, 함께 기뻐함, 평온을 모든 곳에 있는 모든 존재를 향해 품는 것이기 때문에, 이 수행에서는 모든 곳에 있는 모든 존재를 만나게 된다. 선정을 통해 계발된 지혜의 눈을 통해 육체의 눈으로는 볼 수 없는 존재들을 볼 수 있다. 예를 들어 자애를 천상이나 아수라, 아귀, 지옥에 있는 존재에게 보내기 위해서는 그 존재를 봐야 한다. 불교 경전에 나오는 존재들을 수행을 통해서 보는 특별한 경험을 4범주 수행에서 하는 것이다.

이전까지의 선정 수행이 나 자신의 번뇌를 다스리고 마음을 집중하면서 들어간 선정인 데 반해, 4범주 수행에서는 다른 존재를 대하는 마음을 통하여 선정을 경험한다는 점 역시 특별하다. 이 세상에서 다른 존재들과 같이 살아가는 상황에서, 나만이 아니라 다른 존재도 함께 위하면서 수행을 할 수 있었기 때문이다. 그래서인지 4범주 수행 중 자애 수행은 종교를 초월해서 많은 사람들이 하고 있으며 정신치료에서도 많이 이용되고 있다. 나 역시 자애 수행을 분노가 강한 환자에게 써서 큰 효과를 본 적이 있다.

4범주 수행을 하면서 마음이 많이 정화되었다. 자애의 마음이 많이 생겨났고 집중도 깊어졌으며 빛도 밝았다. 4범주 수행을 하는 동안 자애의 마음이 충만해져 행복을 느낄 수 있었다. 남을 사랑하고 행복하게 하려고 하는 마음이 나를 행복하게 한다. 남에게 자애를 보내려고 생각하면 내 속에 자애가 먼저 생긴다. 구글의 명상 프로그램을 개발한 차드 멍 탄도 강연에서 남에게 친절할 때 내가 행복해진다고 말했다. 이것이 세상의 법칙이다. 남을 이롭게 하려고 하면 내가 이로움을 받고 남을 해롭게 하려고 하면 나에게 해가 온다.

4범주 수행은 처음에는 네 부류의 사람을 대상으로 한다. 바로 나, 존경하거나 좋아하는 사람, 좋아하지도 싫어하지도 않는 중립적인 사람, 싫어하거나 미워하는 사람이다. 네 부류의 사람에 대해 구별 없는 마음이 되면 그다음에 모든 존재에게 그 마음을 제한 없이 보낸다. 자애, 연민, 함께 기뻐함 수행에서는 초선정, 이선정, 삼선정을 경험하고, 평온 수행에서는 사선정을 경험한다.

이제 자애, 연민, 함께 기뻐함, 평온의 순으로 4범주 수행을 어떻게 하는지 살펴보자.

___ 자애 수행

자애 수행에 들어가기 전에 먼저 지금까지 익힌 아나빠나사띠, 까시나, 무색계 수행을 통해 선정에 들어간다. 까시나는 허공을 뺀 9개 까시나를 돌아가면서 수행한다. 예를 들어 이번에 아나빠나사띠, 흰색 까시나, 무색계 선정을 했다면, 다음에는 아나빠나사띠, 노란색 까시나, 무색계 선정을 한다. 아나빠나사띠로 초선정에서부터 사선정까지, 까시나 수행으로 초선정에서 사선정까지, 그리고 4가지 무색계 선정을 차례차례 경험하고 난 뒤 자애 수행으로 들어간다. 4범주 수행에 들어가기 전에 항상 이렇게 한다.

파욱 수행 전통의 특징은 앞에서 수행한 것을 항상 뒤의 수행에서 되풀이하는 것이다. 까시나 수행을 할 때는 항상 아나빠나사띠 선정 후에 한다. 무색계 선정을 닦을 때 역시 아나빠나사띠 선정과 까시나 선정 후에 한다. 선정을 다 닦고 난 뒤에 궁극 실재인 물질과 정신을 대상으로 수행할 때도 항상 그 전에 닦은 선정을 먼저 하고 난 뒤에 한다. 연기 수행을 할 때도 선정 수행, 물질 수행, 정신 수행을 같이 한다. 위빠사나도 마찬가지다. 그렇다 보니 시간이 갈수록 선정이 점점 깊어진다. 수행을 시작하면 언제나 선정에 들고, 물질과 정신과 연기를 보고, 위빠사나를 할 수 있다. 수행 시스템이 언제나 가동된다.

아나빠나사띠 선정, 까시나 선정을 초선정부터 사선정까지 하고 난 후, 무색계 선정을 공무변처부터 비상비비상처까지 하고 난 뒤 비상비비상처에서 나와 선정 요소를 점검한다. 그 후 자애 수행을 한다.

수행 전통마다 자애 수행에서 쓰는 문구가 조금씩 다른데, 파욱 전통의 자애 수행에서는 다음의 4가지 문구를 이용한다. '위험에서 벗어나기를, 정신적 고통에서 벗어나기를, 신체적 고통에서 벗어나기를, 편안하고 행복하기를.' 이 4가지를 수행하는 순서는 바뀌어도 된다. 나는 '편안하고 행복하기를'을 제일 먼저 했다. 그렇게 했을 때 빨리 선정에 들 수 있었다.

나를 향한 자애 수행

먼저 나에게 자애를 보낸다. '내가 편안하고 행복하기를.' 이미 선정을 닦은 뒤이기 때문에 내가 그런 마음을 먹으면 마음이 편안해지고 얼굴도 행복하고 웃는 얼굴로 된다. 그다음 문구를 이용해 나에게 자애를 계속 보낸다. '내가 위험에서 벗어나기를, 내가 정신적 고통에서 벗어나기를, 내가 신체적 고통에서 벗어나기를.' 나에 대한 자애 수행으로는 선정에 들지 못한다. 나 자신에 대해 갈애, 집착이 많기 때문이다. 어느 정도 마음이 편안해지면 다음 단계로 넘어간다.

존경하는 이를 향한 자애 수행

이제 존경하는 사람을 대상으로 한다. 수행을 지도하는 스님이어도 되고 평소 존경하는 사람이어도 된다. 내가 존경하는 사람이면 누구라도 좋다. 다만 죽은 사람은 안 된다. 죽은 사람은 자애를 받을 수 없기 때문이다. 그래서 자애 수행에서는 죽은 사람에게 자애를 보내지 않는다. 이성(異性)도 자애 수행이 안정된 궤도에 올라 자애를 보내는 여러 대상에 대해 균형 있는 마음을 갖출 때까지는 제외된다. 어떤 이성이라도 감각적 욕망과 번뇌를 불러일으킬 수 있기 때문이다. 여기에는 가족도 예외가 아니다.

존경하는 사람의 모습을 떠올리고서 4가지 문구의 자애를 보낸다. 아나빠나사띠로 초선정에서부터 사선정까지, 까시나 수행으로 초선정에서 사선정까지, 그리고 4가지 무색계 선정을 차례차례 경험하고 난 뒤, 집중이 되어 있는 상태에서 자애 수행을 하기 때문에 자애를 보내는 대상에 쉽게 집중이 된다. '존경하는 이분이 편안하고 행복하기를' 하고 속으로 읊조리고 마음속 깊이 그런 마음을 가지면 존경하는 사람의 얼굴이나 모습이 생생히 떠오른다. 평온하고 행복한 얼굴과 모습이 없어지지 않고 그대로 내 앞에 고정된다. 그 편안하고 행복한 얼굴을 보고 있으면 내 마음도 같이 행복해지고, 그 상태로 마음이 고정된다. 이 상태가 지속되면, 내가 자애를 보내는 사람에 대한 일으킨 생각과 지속적 고찰, 그 대상을 보면서 느껴지는 희열과 행복, 마음이 오로지 그 대상에 가 있는 집중까지 선정 5요소가 모두 구비되어 초선정에 들어간다. 초선정 상태에서 한두 시간 있다가 나와 초선정 5요소를 의문에서 점검한다. 초선정이 확실하면 초선정의 5자재를 훈련한다.

자애 수행에서는 희열과 행복이 크다. 오로지 내가 존경하는 사람의 행복한 모습을 보면서 내가 행복한 상태 속에 있는 것이 자애 선정이다.

초선정의 5자재를 훈련하여 초선정에 숙달되면 이선정으로 들어간다. 다른 명상 주제를 통한 선정에서와 똑같이 숙고를 해서 이선정으로 들어간다. 이선정에 들면 자애의 대상에 대한 일으킨 생각과 지속적 고찰이 없이 희열과 행복과 집중만 있다. 이제 이선정에 대한 5자재 훈련 후 삼선정으로 들어간다. 삼선정에서는 자애의 대상에 대한 행복과 집중만 있다. 삼선정에 들어가면 삼선정에 대한 5자재를 훈련한다. 자애 수행으로 인한 선정은 삼선정까지 들어갈 수 있다. 사선정에서는 자애가 없어지고 평온이 있기 때문에 자애를 통해서는 사선정에 들어갈 수 없다.

이렇게 자애에 대한 첫 번째 문구를 통해 초선정에서 삼선정까지 경험하면, 이제 두 번째 문구인 '존경하는 이분이 위험에서 벗어나기를'을 가지고 자애 수행을 한다. 두 번째 문구인 '존경하는 이분이 위험에서 벗어나기를'을 진심으로 바라면 그분이 위험으로부터 안전하게 벗어나 있는 모습이 내 앞에 전개된다. 안전한 상태에 들어 있는 느낌이 들고 그렇게 있는 모습이 보인다.

나는 두 번째 문구 수행에서 재미있는 경험을 했다. 안전하게 사는 사람을 대상으로 했을 때는 평소 모습대로 안전하게 있었는데, 화가 많고 삶에서 위험 요소를 안고 있는 사람을 대상으로 했을 때는 그가 땅속 깊숙이 들어가 안전하게 있는 모습이 보였던 것이다. 심지어 대상이 처한 위험 정도에 딱 맞춰 땅 속 깊이가 정확하게 나타나기까지 했다.

위험에서 벗어나 안전하게 있는 모습이 고정되고, 그 모습에 안심이 되며, 마음이 그 모습에 집중되어 선정 5요소가 뚜렷해지면 초선정에 들어간다. 그러면 초선정의 5자재를 훈련한 후 이선정과 삼선정으로 이동해 각각의 5자재를 훈련한다.

두 번째 문구로 초선정에서 삼선정까지 경험한 다음, 세 번째 문구인 '존경하는 이분이 정신적 고통에서 벗어나기를'을 가지고 자애 수행을 한다. 그러면 그분이 정신적 고통이 없는 상태가 아주 빨리 이뤄진다. 내가 세 번째 문구로 수행을 했을 때, 대상이 환하게 웃는 모습이 항상 떠올랐다. 그 모습을 보고 있으면 나도 기분이 좋고 행복해지면서 자연스레 미소가 지어졌는데, 때로는 주체하기 어려울 만큼 웃음이 나기도 했다. 환하게 웃는 모습이 그대로 고정되면서 초선정에 들어간다. 첫 번째 문구에서와 같은 방법으로 이선정과 삼선정에 들고 각각의 선정에 대해 5자재를 훈련한다.

세 번째 문구로 3가지 선정을 경험하고 나서는, 네 번째 문구인 '존경하는 이분이 신체적 고통에서 벗어나기를'을 가지고 자애 수행을 한다. 그러면 그 사람이 가진 신체적 고통이 없어지고 몸이 편안해진 모습이 보인다. 예를 들어 허리가 아프고 구부정한 사람이었다면 허리가 딱 펴지고 아프지 않으며 기분이 좋아진 모습이 보인다. 그 모습을 보고 있으면 덩달아 기분이 좋아지고, 그 모습이 고정되면 선정에 들어간다. 숙고를 하여 이선정과 삼선정으로 들어가고 각 선정에 대해 5자재를 훈련하여 그 선정을 확실히 자기 것으로 만든다.

이렇게 존경하는 한 사람에게 자애를 보내는 수행을 한 후, 존경하거나 좋아하는 사람을 모두 열 사람 정도 떠올리며 똑같은 방법으로 자애 수행을 한다.

중립적인 이를 향한 자애 수행

이제 좋아하지도 싫어하지도 않는 중립적인 사람을 떠올리며 4가지 문구를 이용해 자애 수행을 한다. 중립적인 사람이란 대개 얼굴만 아는 사람이거나 잘 알긴 하지만 좋아하지도 싫어하지도 않는 사람이다. 주로 아파트 경비원이나 식당 주인처럼, 얼굴은 알지만 잘 모르는 사람이다.

중립적인 사람에 대해 첫 번째 문구로 자애 수행을 한다. '이 사람이 편안하고 행복하기를' 하고 마음속으로 바라면, 편안하고 행복한 얼굴이나 모습을 한 그 사람 모습이 떠오르는 게 보통이다. 자애 수행을 하기 전에는 중립적인 사람이었지만 자애 수행을 하면 더 이상 중립적인 사람이 아니다. 내가 행복을 빌어주는, 나에게 소중한 사람이 된다.

사실 4범주 수행을 할 때쯤 되면 중립적인 사람은 물론이고 싫어하고 미워하는 사람도 없어진다. 단지 수행을 위해서 과거에 내게 중립적이었거나 싫었던 기억으로 남아 있는 사람을 일부러 떠올리는 측면이 있다. 그런데 자애 수행을 하면 중립적인 사람이든 싫어하는 사람이든 모두 완전히 소중한 사람으로 바뀐다. 이것이 자애 수행이 필요한 이유다.

첫 번째 문구를 수행하여 중립적인 사람이 편안하고 행복해하는 모습으로 나에게 고정되고, 그 모습에 내 마음이 완전히 집중되어 선정 5요소가 뚜렷하면 초선정에 들어간다. 존경하거나 좋아하는 사람에 대해서 했던 것과 같은 방법으로 삼선정까지 들어가고 각각의 선정에 대해 5자재를 닦는다.

첫 번째 문구로 삼선정까지 경험하면 두 번째 문구인 '이 사람이 위험에서 벗어나기를'을 가지고 초선정부터 삼선정까지 경험한다. 내 경우에는, 존경하는 사람이든 중립적인 사람이든 '위험에서 벗어나기를'을 기원하면 그 사람이 위험에서 벗어난 모습이 그 사람의 위험 정도에 따라 다르게 나타났다. 존경하거나 좋아하는 사람의 경우와 같았다.

두 번째 문구가 끝나면 세 번째 문구인 '이 사람이 정신적 고통에서 벗어나기를'을 가지고 초선정에서 삼선정까지 경험한다. 이때도 존경하거나 좋아하는 사람에서와 마찬가지로 중립적인 사람이 환하게 웃는 모습이 되었다. 그 모습이 마치 사진처럼 고정되고, 그것을 보고 있는 내 마음도 거기에 고정되어 선정 요소가 뚜렷하면 선정에 든다. 선정에 들면 마찬가지로 각 선정에 대해 5자재를 훈련한다.

세 번째 문구가 끝나면 네 번째 문구인 '이 사람이 신체적 고통에서 벗어나기를'을 마음속으로 간절히 빈다. 온전한 신체를 가지고 편안히 있는 그 사람의 모습이 떠오르면, 그것을 보고 있는 내 마음도 편안하고 행복하다. 그 모습이 명상 대상이 된다. 그 대상을 가지고 선정에 든다. 각 선정의 5자재도 훈련한다. 이렇게 열 사람 정도의 중립적인 사람을 대상으로 자애 수행을 한다.

미워하는 이를 향한 자애 수행

중립적인 사람에 대한 자애 수행이 끝나면 마지막으로 싫어하거나 미워하는 사람을 대상으로 자애 수행을 한다. 싫어하거나 미워하는 사람은 다섯 사람 정도를 떠올리며 수행을 한다. 과거에 미워하던 사람이어도 되고, 미워하지는 않으나 약간의 앙금이 있는 사람이어도 된다.

첫 번째 문구인 '이 사람이 편안하고 행복하기를'을 미워하는 사람을 대상으로 마음속으로 빈다. 편안하고 행복해진 그 사람의 모습이 별 어려움 없이 내 앞에 나타난다. 그 모습을 보고 있으면 나도 기분이 좋고 행복해진다. 그 모습이 고정되고 내 마음이 오로지 그 대상에 집중되면 선정에 들어간다. 초선정부터 삼선정까지 들어가고 각 선정에 대해 5자재를 훈련한다.

첫 문구가 끝나면 두 번째 문구인 '이 사람이 위험에서 벗어나기를'을 가지고 삼선정까지 닦는다. 각 선정의 5자재도 닦는다. 두 번째 문구에 이어 세 번째 문구인 '이 사람이 정신적 고통에서 벗어나기를'을 가지고 삼선정까지 닦고, 각 선정의 5자재도 닦는다. 네 번째 문구인 '이 사람이 신체적 고통에서 벗어나기를'을 가지고 삼선정까지 닦고 각 선정의 5자재도 닦는다. 한 사람에 대한 자애 수행이 끝나면 나머지 다른 싫어하거나 미워하는 사람에 대해서도 마찬가지 방법으로 자애 수행을 한다.

균형을 이룬 상태

이와 같이 하여 네 부류의 사람에 대해 4가지 문구로 자애를 닦아 그 네 부류의 사람에 대한 자애가 똑같아지면 자애의 마음이 균형을 이룬 것이다. 네 부류 중 어떤 한 사람에게 더 자애가 가지 않고 네 부류의 사람을 향한 자애가 똑같아진 이 상태를 우 실라 스님은 "균형을 이룬 상태"라고 표현했다. 이 균형을 이룬 상태에 대해『청정도론』에서는 다음과 같이 표현하고 있다.

"거듭거듭 자애를 닦으면서 자기 자신과 좋아하는 사람과 중립적인 사람과 미워하는 사람이라는 이 네 사람에 대해 평등한 마음을 성취하면서 한계를 부수어야 한다. 만약 이 사람이 좋아하는 사람, 중립적인 사람, 미워하는 사람과 함께 넷이서 한자리에 앉아 있을 때 강도가 와서 '존자시여, 한 명의 비구를 저희들에게 주시오.'라고 말한다. 그 이유를 물은즉 '그 사람을 죽여 목의 피를 뽑아서 제사 지내고자 하오.'라고 대답한다. 그때 이 비구가 아무개나 아무개를 잡아 가기를 하고 생각한다면 한계를 부수지 못했다. 만약 이 세 사람은 잡아 가지 말고 나를 잡아 가기를 하고 생각한다 해도 한계를 부수진 못했다. 왜 그런

가? 잡혀 가기를 바란 사람에겐 해로움을 원하고 나머지 세 사람의 이로움만을 원했기 때문이다. 그러나 네 사람 가운데 어느 한 사람도 강도에게 줄 수 없다고 보고, 자기와 그 세 사람에 대해서 평등한 마음을 일으킬 때 한계를 부순 것이다."[01]

모든 존재를 향한 자애 수행

파욱 전통의 자애 수행에서는 이렇게 균형을 이룬 상태가 되면 모든 존재를 향해서 자애를 보낸다. 균형을 이룬 상태에 도달하기 위해 먼저 나, 좋아하는 사람, 중립적인 사람, 싫어하는 사람 각각에 대해 4가지 문구를 가지고 초선정부터 삼선정까지 선정에 든다.

그 후 균형이 이뤄졌다고 판단되면 자기가 있는 지역에 있는 12종류의 존재를 하나씩 떠올려가며 그 존재들에게 자애를 보낸다. 1종류의 존재에 대한 자애 수행이 끝나면 다른 종류의 존재에 대한 자애 수행을 하는 식으로 12종류의 존재 모두에 대해서 자애 수행을 한다. 그런 다음 지역을 넓힌다. 예를 들어 나는 강원도 어느 절에서 자애 수행을 할 때 처음에는 그 마을의 12종류 존재를 대상으로 했고, 그다음에 군 단위, 강원도, 우리나라, 지구, 우주로 차례차례 범위를 넓혀가며 그 안의 12종류의 존재를 대상으로 자애 수행을 했다. 이와 달리 동, 서,

---

01 ——— 붓다고사 지음, 대림 스님 번역, 『청정도론』, 초기불전연구원, 2권 159쪽.

남, 북, 동남, 동북, 서북, 서남, 아래, 위의 10방향으로 넓혀가며 자애 수행을 하기도 한다.

12종류의 존재는 다음과 같다. 중생, 생명, 존재, 개인(puggala), 몸을 가진 자, 여자, 남자, 성자, 범부, 천신, 인간(manussa), 악도에 떨어진 자. 중생은 생명 가진 모든 존재를 말하고, 생명은 숨 쉬는 존재, 존재는 태어난 존재이며, 몸을 가진 자는 몸을 가지고 있어 쉽게 볼 수 있는 존재이고, 악도에 떨어진 자는 4악처에 떨어진 존재를 말한다. 중생과 생명과 존재는 구별이 잘 안 될 수 있다. 자애 수행을 할 때 그런 존재를 마음속으로 떠올리면서 그 존재에게 자애를 보낸다.

자애의 마음이 균형을 이룬 다음에 모든 존재를 대상으로 하는 자애 수행은 다음과 같이 한다. 처음에는 자기가 자리한 마을에 있는 12종류의 존재에게 하나씩 하나씩 주의를 기울인다. 그 존재에게 4가지 문구로 자애를 보내며, 각 문구로 초선정부터 삼선정까지 든다. 마을에 있는 존재에게 주의를 기울이면 해당되는 존재가 저절로 눈에 들어온다. '이 마을의 모든 인간이' 하면 마을에 사는 사람들이 떠오른다. '악처에 떨어진 자' 하면 아귀가 나타난다. '천신' 하면 마을에 있거나 마을 위에 있는 천상의 존재들이 보인다. 마치 두더지 게임에서 한 두더지가 나왔다 들어가면 다른 두더지가 나오고 그다음에 또 다른 두더지가 나오듯이 그렇게 계속 해당 존재가 나에게 나타난다. 그렇게 나타나는 존재마다 자애를 보낸다.

내 경우, 마을에 있는 12종류의 존재에게 자애를 보낼 때 그 존재들이 보였다. 눈을 감고 수행을 하는데 나무 위에 있는 목신이 선명하게 보였다. 나무 위에 걸터앉은 목신이 나무마다 있었다. 우리가 그렇게 있었다면 분명 떨어졌을 텐데 목신은 나무에 붙은 것처럼 편안하게 잘 있었다. 사람보다 큰 목신은 팔다리가 길었고 옷과 모자를 걸치고 있었다. 그렇게 목신을 보고 난 뒤에는, 좌선이 끝나고 나무를 보면 목신이 눈에 보이듯 생생하게 느껴졌다. 눈에 보이는지 마음으로 보고 있는지는 불분명했다.

목신뿐이 아니었다. 나머지 12종류의 존재도 주의를 기울이면 보였다. 아이 정도 몸집에 슈렉(만화영화에 나오는 캐릭터) 비슷한 형상을 한 아귀도 보였다. 마을에서 멀지 않은 하늘에 앉아 있는 존재도 있었는데 덩치가 엄청 컸다. 하늘에는 천신이 많이 있었다. 천신들은 옷도 용모도 모두 달랐다. 수행하는 천신도 있었고, 그렇지 않은 천신도 있었다. 천신도 천신이 된 배경이 달라 보였다. 현명하게 생긴 천신도 있었고, 덜 현명해 보이는 천신도 있었다. 제석천이라는 느낌이 드는 천신도 있었다. 천녀도 보았다. 지상의 여자와는 달리 천녀에게는 어떤 모자람이나 부조화, 흠이 없었다. 지옥의 중생은 가끔씩만 보였지만 그 존재는 확실히 느껴졌다.

이 경험을 한 후 그런 존재를 부인하지 않게 되었다. 나만 이런 경험을 하는 것이 아니었다. 파욱 전통 수행을 하는 한 도반도 자애 수행에서 모든 존재를 보는 경험을 했다고 말했다.

천신의 존재에 대한 언급은 니까야에도 있다. 『맛지마 니까야』143

「아나타삔디까를 교계한 경」을 보면, 기원정사를 보시한 아나타삔디까(급고독장자)가 죽은 후 천신이 되어 붓다를 방문하는 장면이 나온다. 그 다음 날 붓다는 비구들에게 지난밤 어느 천신이 방문하여 이야기를 하고 갔다고 말한다. 이에 아난다가 "그 천신은 아나타삔디까 천신일 것입니다." 하니 붓다는 그렇다고 답한다.

『앙굿따라 니까야』 8.64 「가야 경」에서도 붓다는 8가지 과정을 통해 천신들을 아는 과정을 언급하면서 천신의 모습, 천신의 소속, 천신으로 태어나게 된 업, 천신의 음식, 천신의 즐거움, 천신의 괴로움, 천신의 수명, 자신이 과거 생에 그 천신들과 같이 살았는지 여부 등에 대해 완전히 알고 난 뒤에 비로소 위없는 바른 깨달음을 이루었음을 세상에 선언했다고 말하는 장면이 나온다.

무색계 선정을 경험하고서 존재의 영역이 지금 우리가 경험하는 것보다 다양할 수 있음을 생각했듯이, 자애 수행과 4범주 수행에서의 경험을 통해 나는 불교에서 말하는 6도윤회의 존재 가능성을 생각해보게 되었다. 그런 세계는 무턱대고 부정할 성질의 것이 아니었다.

이렇게 마을에 있는 12종류의 존재에게 자애를 보내는 수행을 모두 한 다음에는 마을보다 큰 군과 도 단위를 거쳐 나라 단위까지 지역을 확대하며 똑같은 방법으로 자애 수행을 한다. 내 경우, 우리나라로 지역을 확대했더니 서울에 있는 가족과 고향집에 계신 어머니, 집에서 키우는 개가 보였다. 그것을 보려고 의도하지 않고 단지 주의를 기울였을 뿐이지만 그 많은 존재들이 보였다. 그렇게 보이는 존재에게 자애를 보낸 다음 지역을 지구로 확대했더니 여러 나라의 존재들이 보였다. 그러다가 우주로 확대했는데, 마치 우주에서 지구를 보듯이 지구가 점점 멀어져서 작게 보였다. 하늘로 올라가면 올라갈수록 지구는 까마득히 멀어져 나중에는 점처럼 작게 보였다. 하늘에는 많은 천신이 있었다. 하늘은 지구보다 훨씬 넓었고, 거기에는 천상의 존재들이 많았다. 12종류 중에 성자가 있는데, 성자에게 주의를 기울였더니 성자 대부분이 하늘에 있는 게 보였다. 지구에는 많지 않았다. 하늘에는 많은 성자가 있었고, 성자 천신은 현명한 느낌을 주는 용모를 하고 있었다. 성자에게 자애를 보낼 때는 지구에도 갔다가 하늘에도 갔다가 했는데, 이처럼 어떤 존재에게 자애를 보낼 때 그 존재가 있는 곳으로 이동했다.

심리적 투사를 멈추기

보이는 모든 존재에게 자애를 보냈더니, 내가 자애로 가득 차 있다는 느낌이 들었다. 누가 나를 때려도 그 사람에게 자애를 보낼 것만 같았다. 누군가 내게 자애 수행을 할 때 여러 존재를 보면 무섭지 않느냐고 물은 적이 있다. 나는 수행을 하면 실상을 그대로 보게 되기 때문에 두려움이 없어진다고 대답했다. 어떤 존재이든 인과의 법칙에 따라 그런 존재가 되었고, 고통을 받는 존재이고, 우리가 자애를 보내야 하는 대상이다. 그렇게 보면 두려움이 없어진다.

사실 두려움은 어리석음에서 생긴다. 그렇게 생긴 두려움이 바깥 대상에 투사된다. 투사는 우리 속에 있는 것을 바깥 대상에 보내어 바깥 대상이 그런 것을 가지고 있는 것으로 보는 심리 방어기제다. 예를 들어 미니스커트를 입은 여자가 자기를 유혹한다고 말하는, 성적 욕망이 많은 남자가 있다고 치자. 이때 미니스커트를 입은 여자에게 그 남자를 유혹할 생각이나 의도가 없다면, 그 남자가 느끼는 건 그 여자에게 투사된 자신의 성적 욕망이다. 우리가 일으키는 생각이나 감정은 투사인 경우가 많다. 그래서 자신에게 어떤 반응이 생기면 항상 먼저 자기 마음을 살펴볼 필요가 있다. 마음을 보고 마음을 바꾸면 바깥 대상이 다르게 보이는 경우가 있다. 투사가 멈추고 대상을 있는 그대로 보기 때문이다. 그래서 불교 공부를 많이 한 어떤 정신과 의사는 불교의 핵심이 '불취외상 자심반조'(不取外相 自心返照)라고 말했다. 바깥 대상을 그냥 그대로 받아들이지 않고 자신의 마음을 돌아보고서, 바깥 대상에 자신의 욕망이나 생각을 투사하는 것을 중단한 후 사물을 있는 그대로 보는 것이 불교의 핵심이라는 뜻이다. 상당히 중요한 지적이다.

자애가 모든 존재에 대해 균형을 이루고 난 뒤 모든 방향의 12존재에 대해 자애를 보내는 수행이 능숙해지면, 네 부류의 사람 중 한 부류의 사람만 골라 4가지 문구를 통해 자애 수행을 하여 초선정부터 삼선정까지 도달한 후, 모든 방향의 12존재에게 자애를 보낸다. 모든 방향의 모든 존재에게 자애를 보내는 수행을 하면 그 존재들이 점점 더 뚜렷해진다.

출발점이 되는 곳에 있는 12종류 존재에 대한 4가지 문구를 통한 자애 수행으로 얻어지는 선정과, 그 후의 10가지 방향으로 12종류의 존재에게 4가지 문구를 통해서 자애를 보내면서 얻는 선정은 모두 합하면 528가지의 선정이 된다. 각각의 선정을 초선정, 이선정, 삼선정으로 나누면 선정의 수는 훨씬 많아진다. 이렇게 자애 수행을 하면 마음은 선정과 자애로 가득 찬다. 이렇게 자애 수행을 충분히 한 다음 연민 수행으로 넘어간다.

___ 연민 수행

연민 수행 역시 네 부류의 사람을 대상으로 하지만 문구는 하나다. '이 존재가 고통으로부터 자유롭기를.' 처음에는 '내가 고통으로부터 자유롭기를' 하고 바란다. 이를 통해 나에 대해 어느 정도 연민하는 마음이 되면 존경하거나 좋아하는 사람으로 넘어간다. 나에 대해서는 갈애와 집착이 있기 때문에 연민으로 인한 선정에 들어갈 수 없다. 나머지 세 부류의 사람은 각각 열 명 정도씩 대상으로 삼는다.

연민 수행을 하기 위해서는 연민을 보내는 사람이 가진 고통을 알아야 한다. 고통 없는 사람은 없다. 고통이 없을 거라고 여겨지는 사람도, 가만 얘기하다 보면 자기 고통을 말한다. 주위 상황이 아무리 좋게 돌아가도 몸과 마음에 조금의 불편한 점은 있다. 설사 그 사람에게는 그런 힘듦이 조금도 없다 하더라도 가족이나 주위 사람들은 무언가로 힘들어하기 마련이고, 그 때문에 그 사람도 힘들어할 수 있다. 그러니

곰곰 살펴보면 연민을 보내는 대상의 고통을 찾을 수 있다.

존경하거나 좋아하는 사람의 고통을 찾아 '이분이 고통으로부터 자유롭기를' 하고 그 고통이 사라지기를 바라면, 그 사람이 그 고통에서 벗어나 편안한 모습이 된 것을 볼 수 있다. 내가 좋아하는 사람이 고통에서 벗어나 편안히 있는 모습을 보고 있으면 나도 마음이 편안해진다. 내가 좋아하는 사람도 편안한 상태로 있고 나도 편안한 상태로 그 모습을 보고 있는 상태가 완전히 지속될 때 선정에 들어간다. 고통에서 벗어나 편안한 모습이 된 것에 고정이 되고 그것을 명상 대상으로 하여 일으킨 생각, 지속적 고찰, 희열, 행복, 집중의 선정 5요소가 뚜렷하면 초선정에 들어간다. 선정에서 나와 의문에서 선정 5요소를 확인한다. 그런 다음 초선정에 대한 5자재를 닦는다. 이선정과 삼선정도 지금까지 이야기한 방법대로 들어간 다음 각 선정의 5자재를 닦는다.

존경하거나 좋아하는 사람에 대한 연민 수행이 끝나면 중립적인 사람을 대상으로 연민 수행을 한다. 방법은 앞에서와 마찬가지다. 중립적인 사람을 대상으로 한 연민 수행이 끝나면 싫어하거나 미워하는 사람을 대상으로 연민 수행을 한다. 네 부류의 사람에 대한 연민 수행이 충분해져서 네 부류의 사람에 대한 연민의 마음이 어느 하나에도 치우치지 않고 균형을 이루면 모든 존재에 대한 연민 수행을 한다.

내가 자리한 마을에 있는 12종류의 존재가 모두 '고통으로부터 자유롭기를' 하고 바란다. 그때 나타나는 모든 존재에게 연민의 마음을 보낸다. 그것이 충분하면 범위를 점점 넓혀 전 지구까지 대상으로 하고, 그 뒤에는 전 우주로 대상을 확대한다. 그러는 과정에서 만나는 모든 존재에게 연민을 보낸다. 연민의 대상에는 제한이 없다. 모든 존재가 연민의 대상이다. 이렇게 모든 존재에게 연민을 보내는 과정에서 모든 존재를 만난다. 사람이나 동물만 대상으로 하는 우리의 삶을 넘어서 모든 존재를 대상으로 하는 삶으로 바뀐다. 연민 수행이 무르익으면 마음은 선정과 연민으로 가득 채워진다.

출발점이 되는 곳에 있는 12종류 존재에 대한 한 가지 문구를 통한 연민 수행으로 얻어지는 선정과 그 후의 10가지 방향으로 12종류의 존재에게 한 가지 문구를 통해서 연민을 보내면서 얻는 선정은 모두 합하면 132가지의 선정이 된다. 각각의 선정을 초선정, 이선정, 삼선정으로 나누면 선정의 수는 훨씬 많아진다. 연민 수행이 끝나면 '함께 기뻐함' 수행을 한다.

___ 함께 기뻐함 수행

함께 기뻐함 수행도 연민 수행처럼 문구가 한 가지다. '이 존재가 얻은 것을 잃지 않기를.' 이 문구로 네 부류의 사람을 대상으로 함께 기뻐함 수행을 한다.

함께 기뻐함 수행을 하려면 그 사람이 가지고 있는 좋은 것을 봐야 한다. 그래야 그 사람이 그것을 잃지 않기를 바랄 수 있다. 그 사람이 무엇을 소중하게 생각하는지, 무엇을 얻었다고 생각하는지, 어떤 것에

뿌듯해하는지, 무엇을 기뻐하는지 알아야 한다. 그러려면 그 사람을 유심히 살펴야 한다. 때로는 마음속에 들은 것을 알려고 노력해야 한다. 어떤 사람에게도 그런 것이 있다. 그것을 가지고 함께 기뻐함 수행을 한다.

그런데 정말 찾기 어려운 경우도 있다. 지옥에 있는 존재를 대상으로 할 때다. 지옥에 있는 존재에게는 괴로움밖에 없다고 하는데 무엇을 그들이 얻었다고 봐야 할까? 이에 대해 우 실라 스님에게 물었더니 지옥 존재에게도 그런 것이 있다고 했다. 한 번씩 지옥문이 열릴 때가 있는데 그것이 지옥 존재가 얻은 것이라고 봐야 한다고 했다. 그 말씀을 듣고, 이것 외에도 뭔가가 있을 수 있다는 생각이 들었다.

함께 기뻐함 수행은 마음을 다스리는 데 큰 도움이 된다. 많은 사람들이 남이 잘되는 것을 보고 괴로워한다. 잘된 사람과 자신을 비교하며, 그 사람을 미워하고 자신을 질책한다. 어디서든 나보다 잘하는 사람이 있고, 나보다 잘된 사람이 있으며, 나보다 여건이 좋은 사람이 있기 마련이다. 이 마음이 다스려지지 않으면 살아가기 힘들다. 수행처에서도 다른 수행자가 수행에 진전이 있으면 축하하기보다는 시기하며 자신과 비교를 하기 쉽다. 이것은 수행에 큰 장애가 되는 번뇌다. 함께 기뻐함 수행을 통해 이런 마음을 다스릴 수 있다.

사실 함께 기뻐하는 것은 나를 위하는 최선의 길이자 순리다. 잘된 사람이 옆에 있는 것은 실제로 나에게 참 좋은 일인데, 우리는 그것을 몰라 감정적인 반응을 일으킨다. 그렇게 살아온 것을 함께 기뻐함 수행으로 멈출 수 있다. 수행은 순리대로 사는 길을 닦는 것이다. 그동안 잘못 산 것은 멈추고 순리대로 사는 것을 계속 훈련하여 그 쪽으로 길을 내는 작업이다. 지금까지 말한 선정 수행, 자애 수행, 연민 수행도 다 마찬가지다. 수행은 우리에게 구축된 잘못된 시스템을 리셋(reset)하는 것이며, 선정 수행은 강력한 리셋이다.

함께 기뻐함 수행에서는 먼저 나를 대상으로 '내가 얻은 것을 잃지 않기를' 하고 바란다. 나를 대상으로 함께 기뻐함 수행이 어느 정도 되면 존경하거나 좋아하는 사람, 중립적인 사람, 싫어하거나 미워하는 사람을 각각 열 명 정도씩 떠올리며 함께 기뻐함 수행을 한다. 그 사람들이 이미 얻은 것에 만족하는 모습이 없어지지 않고 고정되며, 그것을 대상으로 선정 5요소가 분명히 생기면 초선정에 들어간다. 이선정, 삼선정도 경험하고 각 선정의 5자재도 훈련한다.

함께 기뻐함 수행이 충분히 되어 함께 기뻐하는 마음이 네 부류의 사람에 대해 차별이나 구분 없이 균형을 이루면, 모든 존재를 대상으로 하는 함께 기뻐함 수행을 한다. 자애나 연민 수행처럼 내가 있는 마을에서 시작하여 우주로 범위를 확대한다. 이때 만나는 12종류의 존재 모두에게 함께 기뻐하는 마음을 보낸다. 그러면 함께 기뻐하는 마음으로 가득 차고 모든 존재를 향해서 그런 마음이 된다. 그리고 쉽게 선정에 든다.

출발점이 되는 곳에 있는 12종류의 존재를 대상으로 한 가지 문구를 통한 함께 기뻐함 수행으로 얻어지는 선정과, 그 후의 10가지 방향으로 12종류의 존재에게 한 가지 문구를 통해서 함께 기뻐하는 마음을 보내면서 얻는 선정은 모두 합하면 132가지의 선정이 된다.

자애 수행, 연민 수행, 함께 기뻐함 수행을 통해 모든 존재를 사랑하는 마음이 마음속을 가득 채운다. 이기적인 마음, 남보다 앞서고자 하는 마음, 인색한 마음, 남의 고통을 즐기는 마음이 사라진다. 나만을 아는, 나를 중심으로 생각하는 좁은 마음에서 남과 같이하는 넓은 마음으로 바뀐다.

2006년 일본 가나자와 시의 음악당에서 달라이 라마를 처음 봤을 때, 달라이 라마는 두 손에 합장하고 음악당에 있는 사람을 하나하나 바라보았다. 그때 나는 '이분은 진정으로 다른 사람이 잘되기를 바라는구나!' 하고 느꼈다. 좁은 마음은 우리에게 고통을 준다. 좁은 마음으로 세상을 살아갈 때는 부딪치는 것이 많다. 반면 달라이 라마처럼 넓은 마음으로 살아가면 부딪치는 것이 하나도 없다. 넓은 마음은 나와 남에게 이롭다. 우리에게는 넓은 마음이 필요하다. 4범주 수행은 넓은 마음을 닦는 수행이다. 4범주 수행이 되면 걸리는 것이 없어진다.

『앙굿따라 니까야』 3.63 「웨나가뿌라의 경」에서 바라문 장자들은 아주 값지고 화려한 침대의 종류를 열거하면서 붓다에게 "그러한 침대를 어렵지 않게 얻을 수 있지요?" 하고 묻는다. 붓다처럼 유명한 사람은 그럴 거라고 생각하고 그렇게 말한 것이다. 붓다는 "그런 침대가 있는 것은 안다. 그러나 그런 침대는 얻기에 어렵고 설사 얻을 수 있다 하더라도 사용하지 않는다."라고 하면서 "나에게는 3가지의 높고 넓은 침대가 있다. 나는 지금 바로 그것을 원하기만 하면 얻을 수 있고, 어려움 없이 얻을 수 있고, 많이 얻을 수 있다."라고 답했다. 3가지 침대 중 하나가 범천의 침대인데, 어디서든 4범주의 마음으로 누우면 천신 중의 최상의 천신인 범천이 이용하는 침대에 눕는 것이 된다고 했다. 아무리 좋은 침대에 누워도 마음이 편치 못하면 가시방석에 누운 것과 같다. 자애 수행, 연민 수행, 함께 기뻐함 수행은 우리를 어느 것에도 걸리지 않는 사람으로 만든다. 함께 기뻐함 수행이 끝나면 평온 수행을 한다.

___ 평온 수행

4범주 수행의 마지막인 평온 수행에는 특별한 점이 있다. 자애, 연민, 함께 기뻐함 수행이 다른 존재가 잘되기를 바라는 것인 데 비해, 평온 수행은 자애, 연민, 함께 기뻐함의 바탕 위에서 평온한 마음으로 다른 존재를 보는 것이다. 그래서 평온 수행을 하면 바로 사선정에 들어간다.

4범주의 평온 수행을 통해 얻는 사선정의 선정 요소는 다른 명상 주제로 얻는 사선정의 선정 요소와 마찬가지로 평온과 집중이다. 다른 명상 주제로 얻는 사선정의 평온은 삼선정의 행복이 사라진 상태다. 그래서 4범주의 평온 수행으로 사선정을 얻기 전에 우 실라 스님에게 사선정의 평온은 행복이 사라지기만 하면 되는지, 아니면 평온의 요소가 따로 있어야 하는지 물었다. 스님은 진정한 평온은 4범주에서 경험할 수 있다고 했다. 실제 평온 수행으로 사선정을 경험했을 때 우 실라 스님이 왜 그런 말을 했는지 이해되었다. '아, 이런 것이 평온이구나!' 하고 느낄 수 있었다. 4범주의 평온이 특별한 것은 다른 명상 주제로 얻는 사선정의 평온과 달리 괴로움뿐만 아니라 자애, 연민, 함께 기뻐함이 사라지고, 모든 존재에 대해 치우치지 않은 균형 있는 마음만이 있기 때문이다.

4범주의 평온 수행은 반드시 자애 수행, 연민 수행, 함께 기뻐함 수행의 바탕 위에서 한다. 자애, 연민, 함께 기뻐하는 마음이 있지만 그것을 초월하여 평온을 가진다. 그래서 먼저 중립적인 사람을 대상으로 네 가지 문구를 가지고 자애를 보내 초선정, 이선정, 삼선정을 경험한다. 그다음 그 사람에게 한 가지 문구에 의한 연민을 보내어 초선정, 이선정, 삼선정을 경험한다. 그 후 역시 그 사람에 대해 한 가지 문구에 의한 함께 기뻐하는 마음을 보내어 초선정, 이선정, 삼선정에 든다. 여기까지 모두 마친 후 그 사람을 대상으로 다음과 같이 숙고한다. '이 사람에게 업이 주인이다. 이 사람은 업으로 살아야 한다.' 그러면 바로 평온이 있는 사선정에 들어간다. 이때의 평온은 말로 표현하기 어려울 정도로 대단한 느낌이다.

그런 다음 중립적인 사람 열 명 정도를 떠올리며 마찬가지 방식으로 평온 수행을 한다. 그 뒤에 나, 존경하거나 좋아하는 사람, 싫어하는 사람에 대해서 평온 수행을 한다. 그래서 평온의 마음이 네 부류의 사람 어느 누구에게도 치우치지 않고 구별이 없어지면 모든 존재를 대상으로 평온 수행을 한다. 내가 있는 지역부터 시작하여 전 우주까지 확장하면서 12종류의 모든 존재를 대상으로 평온 수행을 한다.

출발점이 되는 곳에 있는 12종류 존재에 대한 한 가지 문구를 통한 평온 수행으로 얻어지는 선정과 그 후의 10가지 방향으로 12종류의 존재에게 한 가지 문구를 통해서 평온을 보내면서 얻는 선정은 모두 합하면 132가지의 선정이 된다.

●

이렇게 자애, 연민, 함께 기뻐함, 평온의 4범주 수행을 한다. 4범주 수행을 통해 마음이 많이 정화되고 집중력이 높아졌다. 이제 4보호 명상을 할 차례다.

4 보호 명상

　　4보호 명상을 하면 수행자가 여러 가지 위험으로부터 보호를 받는다. 그래서 위빠사나 수행에 들어가기 전에 이 명상을 한다. 4보호 명상에는 네 종류가 있다. 자애 수행(4범주 수행 가운데 하나), 붓다를 계속해서 생각함, 깨끗하지 못함 명상, 죽음을 계속해서 생각함이다. 자애 수행은 4범주 수행에서 설명했기 때문에 생략하고 붓다를 계속해서 생각함부터 살펴보겠다.

＿ 붓다를 계속해서 생각함

　　이 수행도 아나빠나사띠, 까시나, 무색계 선정 후에 한다. 비상비비상처에서 나와 선정 요소를 확인한 후에 붓다가 가진 덕성을 계속해서 떠올린다. 붓다의 덕성은 우리에게 여래 10호로 알려진 붓다의 칭호 속에 있다. 붓다를 지칭하는 10가지 명칭은 다음과 같다. 아라한[응공(應供)], 바르게 깨달으신 분[정등각(正等覺)], 영지와 실천을 구족하신 분〔명행족(明行足)〕, 피안으로 잘 가신 분〔선서(善逝)〕, 세상을 잘 아시는 분〔세간해(世間解)〕, 가장 높으신 분〔무상사(無上士)〕, 사람을 잘 길들이시는 분〔조어장부(調御丈夫)〕, 신과 인간의 스승〔천인사(天人師)〕, 붓다〔불(佛)〕, 세존(世尊)이다. 미얀마에서는 여래 9호라고 하는데, 이때는 '가장 높으신 분'과 '사람을 잘 길들이시는 분'을 합하여 하나로 한다.

이들 10가지 중 하나를 떠올리면 된다. 아라한에는 번뇌가 없다는 뜻도 있다. 그래서 붓다는 번뇌가 없다고 생각하고 번뇌가 없는 붓다의 모습을 떠올려도 된다. 또는 자신이 좋아하는 붓다의 상을 떠올리면서 번뇌가 없다고 생각해도 된다. 10가지가 아닌 붓다의 다른 덕성을 떠올려도 된다. 예를 들면 '붓다는 평온이 많은 분이다.'라고 해도 되고, 붓다는 선정이 깊다고 생각하고 선정에 깊이 든 붓다의 모습을 떠올려도 된다. 또는 자비심이 많은 것을 떠올려도 된다. 붓다를 떠올려도 되고 불상을 떠올려도 된다. 붓다의 덕성을 떠올릴 때 그 덕성을 가진 붓다의 모습에 집중이 되고 희열이 많이 생긴다. 붓다가 내 속에 있다. 이 세상 누구보다도 지혜롭고 자비로운 존재와 내가 만난다. 붓다는 어떤 명상 대상보다도 고귀하고 청정하다.

이 명상으로는 선정에 들어가지 못하고 근접삼매에 들어간다. "부처님의 덕은 심오하기 때문에, 혹은 갖가지 부처님의 덕을 계속해서 생각함에 전념하기 때문에 이 선은 본삼매에 이르지 못하고 근접에만 이른다."[02]

---

02 ___ 붓다고사 지음, 대림 스님 번역, 『청정도론』, 초기불전연구원, 2권 517쪽.

___ 깨끗하지 못함 명상

깨끗하지 못함 명상도 '붓다를 계속해서 생각함' 수행과 같이 아나빠나사띠, 까시나, 무색계 선정을 먼저 닦은 후 비상비비상처에서 나와 선정 요소를 점검한 후에 한다. 깨끗하지 못함 명상의 대상은 살아오면서 직접 봤던 죽은 사람이다. 단 이성의 죽은 모습으로는, 설사 그 대상이 가족 가운데 한 사람이더라도 하지 않는다.

시체는 보통 혐오의 대상이다. 그래서 깨끗하지 못함 명상의 대상으로 삼는 것이다. 죽은 사람을 명상 대상으로 삼아 집중하면 처음에는 무섭기도 하고 깨끗하지 않다는 생각이 들기도 한다. 하지만 얼마 지나지 않아 그 대상이 고정되면서 빛이 나고 편안해 보인다. 전혀 혐오스럽지 않고, 고요히 영면한 것처럼 보이며 보기 좋은 대상이 된다. 이 대상으로 선정에 들어간다. 선정 5요소가 확실하면 초선정에 든다. 이 명상으로는 초선정에만 들 수 있다. "마치 강이 급류와 함께 물결이 휘몰아칠 때 오직 키의 힘으로 배가 머물 수 있고 키 없이는 머물 수 없듯이, 더러운 것에서는 대상의 힘이 약하기 때문에 오직 일으킨 생각의 힘을 통해서만 마음이 하나가 되어 머물 수 있으며 일으킨 생각 없이는 머물 수 없다. 그러므로 여기서는 오직 초선만이 있고 제2선 등은 존재하지 않는다."[03]

---

03 ___ 붓다고사 지음, 대림 스님 번역, 『청정도론』, 초기불전연구원, 2권 469쪽.

그동안 마주친 죽은 사람을 대상으로 이 수행을 하면 죽은 모습에 대한 인식이 바뀐다. 나 역시 그랬다. 정신과 전공의 시절 밤에 당직을 서다가, 교통사고로 처참하게 죽은 사람의 모습을 응급실에서 본 적이 있다. 당직실로 돌아와 잠자리에 들었는데 그 모습이 떠올라 잠을 이루지 못했었다. 그런데 내가 마주쳤던 모든 죽은 사람을 명상 대상으로 깨끗하지 못함 명상을 하자 내 속에 있던 죽은 사람에 대한 인식이 많이 바뀌었다. 명상 대상에서 거부감을 전혀 느끼지 못했고, 어떤 때는 깨끗하지 못함 명상 대상인데 좋게 보여서 이래도 되는지 의아할 정도였다. 우 실라 스님에게 이런 이야기를 했더니, 스님은 괜찮다고 했다.

깨끗하지 못함 명상을 하면, 존재라면 본능적으로 꺼리는 죽음과 죽은 사람에 대한 인식이 달라지며 그것들을 받아들이게 된다. 사실 우리는 모두 언젠가 죽어, 죽은 몸을 남기게 된다. 그것을 더럽게 볼 이유가 없다. 명상은 우리 속에 있는 편견을 버리고 사물을 있는 그대로 받아들이게 한다.

___ 죽음을 계속해서 생각함

다른 보호 명상과 같이 죽음을 계속해서 생각함도 아나빠나사띠, 까시나, 무색계 선정을 한 후에 한다. 비상비비상처에서 나와 선정 요소를 확인한 후에 다음과 같이 숙고한다. '나도 죽을 것이다.' 그러면 지혜의 눈에 의해 지금 이 순간에서 점점 임종 때로 이동한다. 시간이 가면서 내가 늙는 모습이 보이고, 나중에는 내가 죽은 모습이 보인다. 임종 시의 상황이 보이고 그때 내 나이도 알 수 있다. 죽음은 여러 형태로 전개된다. 일상적인 형태의 죽음으로 나타나기도 하고, 의문에 빛이 없어지면서 어두워지는 것으로 나타나기도 하고, 업, 마음, 음식에서 생긴 물질이 없어지는 형태로 나타나기도 한다. 이 수행으로는 근접 삼매까지 얻을 수 있다.

내가 죽는 모습을 보는 것은 나도 언젠가 죽는다는 것을 머릿속이 아닌 존재의 차원에서 받아들이게끔 했다. 색다른 경험이었다. 죽음을 계속해서 생각함은 요즘 운영되고 있는 죽음 체험 프로그램과 성격이 비슷하다. 삼매에서 본 것은 마음에 생생히 남아 작용한다. 수행을 하면서 삼매 상태에서 경험한 것은 언제나 생생히 떠오르고 마음에 작용한다. 죽음을 계속해서 생각함도 마찬가지였다. 정신분석의 견지에서 말하면 무의식에 아주 큰 영향을 준 것 같다. 살아 있는 존재는 죽음을 향해 다가가고 있다. 중요한 건 어떤 상태에서 죽음을 맞이하느냐다. 그리고 죽음은 또 다른 출발이다. 그 출발을 어떻게 하느냐가 중요하다.

●

지금까지 선정 수행을 살펴보았다. 선정을 닦는 것은 번뇌를 제거하여 마음을 깨끗하게 하고, 물질과 정신, 연기, 위빠사나 수행을 하기 위해서다. 선정을 닦았을 때 생기는 지혜의 눈으로 물질, 정신, 연기, 위빠사나 수행을 할 수 있기 때문이다. 이제 선정 수행을 마치고 물질 수행으로 들어가보자.

마음을 하나로 모으면 힘이 생겨난다

사마타 수행은 두 가지 면에서 마음을 훈련하는 길이다. 하나는 내려놓는 훈련이다. 사마타 수행은 마음을 한 대상에 모으는 것이기 때문에 마음이 사마타 수행의 대상이 아닌 다른 것에 가 있으면 사마타 수행의 대상으로 돌려놓아야 한다. 그러기 위해서는 다른 대상으로 가 있는 마음이 그 대상을 내려놓아야 한다. 사마타 수행에서 이 과정을 끊임없이 반복하면서 내려놓는 훈련이 자연스럽게 이뤄진다.

이 훈련이 잘되어 있으면, 내게 해로운 대상이나 내가 원치 않는 대상에 마음이 가 있을 때 쉽게 내려놓고 돌아올 수 있다. 그 영향에서 쉽게 벗어날 수 있다. 그리하여 세상 어떤 것도 나를 괴롭힐 수 없다. 괴로움은 마음이 어떤 대상에 가서 그 대상의 영향을 받아 일어나는데, 바로 그 대상으로부터 언제라도 마음을 거두어들일 수 있기 때문에 괴로움이 발을 붙일 수 없다. 따라서 사마타 수행을 하면 괴로움 없이 살 수 있다.

또 하나는 집중하는 훈련이다. 마음이 한 대상에 집중되면 굉장한 힘이 생겨난다. 창문을 통해 들어오는 햇빛으로는 종이를 태울 수 없지만 볼록렌즈를 통해 한 점으로 모인 햇빛은 종이를 태울 수 있듯이, 하나로 모인 마음은 굉장한 힘을 발휘한다. 선정이나 강한 집중 상태에서 경험한 것은 기억에 남아서 마음에 깊은 영향을 준다. 최면도 이러한 원리로 이루어진다.

레이저가 강철을 뚫듯이, 하나로 모여 강력해진 마음은 무엇을 보든 그것의 본질을 꿰뚫을 수 있다. 사람들은 대개 무언가를 볼 때 과거의 경험이나 감정의 영향을 받아서 그것을 있는 그대로 보지 못한다. 그래서 대상의 본질을 파악하지 못할뿐더러 잠시만 시간이 지나도 봤던 것을 잊는다. 이렇게 살면 인생에서 강력한 힘을 발휘하지 못한다. 번개와 같은 통찰이 있어야만 사람을 움직이고 시대를 이끄는 변화를 이뤄낼 수 있다. 애플을 세계 최고의 회사로 만든 스티브 잡스는 이를 잘 알고 있었다. 그래서 그는 마음이 하나로 집중되면 태산도 움직일 수 있다고 했다.

사마타 수행을 통해 과거의 경험이나 감정, 선입관의 영향을 받지 않으면 마음을 자신이 원하는 대로 움직이기 쉽다. 말하자면 마음의 움직임을 방해하는 번뇌가 적다. 그래서 좋은 마음을 내면 그 마음대로 된다. 사마타 수행을 통해 닦인 마음에는 강력한 힘이 있다. 그 힘으로 자신이 바라는 쪽으로 마음이 향하게 할 수 있다.

이렇듯 사마타 수행은 수행에만 필요한 것이 아니다. 세상을 덜 힘들게 살아가기 위해서도 필요하다. 몸에 운동이 필요하듯이 마음이나 정신에는 사마타 수행이 필요하다.

3장

물질 수행

4대 수행

　　　　물질 수행을 하기 위해 4대 수행이라는 사마타 수행을 해야 한다. 4대 수행은 물질을 보는 수행인 동시에 근접삼매를 얻을 수 있는 사마타 수행이다. 그래서 『청정도론』에 언급된 40가지 명상 주제에 4대 수행이 들어 있다. 4대 수행을 통해 근접삼매를 얻는 과정과 삼매를 통해 궁극 실재인 물질을 보는 것을 자세히 살펴보자.

　　4대 수행으로 들어가는 길에는 두 가지가 있다. 선정을 먼저 닦고 난 뒤 하는 것과, 선정을 닦지 않고 하는 것이다. 아나빠나사띠로 선정을 먼저 경험하고 난 뒤에 하면 4대 수행이 별로 어렵지 않다. 하지만 4대 수행을 통해 처음으로 삼매를 닦는 경우에는, 사람마다 차이는 있겠지만 시간이 많이 걸리고 쉽지 않아 보였다. 하지만 선정을 얻고 난 뒤에 하는 것이나 선정 경험 없이 하는 경우나 4대 수행을 하는 방법은 같다.

　　나는 아나빠나사띠, 몸의 32부분에 대한 마음챙김, 까시나 수행을 한 후에 4대 수행을 했기 때문에 4대 수행을 시작하기 전에 항상 아나빠나사띠와 까시나 수행을 통한 초선정, 이선정, 삼선정, 사선정을 차례차례 했다. 까시나 수행을 통한 사선정에서 나와 선정 요소를 점검한 후에 몸의 32부분에 대한 마음챙김을 하면서 4대 수행에 들어갔다. 몸의 32부분에서 4대를 식별하는 식으로 4대 수행을 했다.

처음에는 4대를 식별하는 훈련을 한다. 4대는 지(地, 땅), 수(水, 물), 화(火, 불), 풍(風, 바람)이다. 지, 수, 화, 풍이라고 하여 물질이긴 하나, 엄밀히 말하면 물질의 성질이나 속성, 즉 에너지를 가지고 있는 상태를 말한다. 물론 성질이 모이면 형태를 취할 수 있다. 현대 물리학에서 에너지가 질량을 갖고 있다고 말하는 것과 같은 원리다. 보통 땅 하면 딱딱한 형태를 갖춘 것을 떠올리기 쉽지만, 4대로서의 땅은 본질적으로 땅의 속성을 가진 것을 말한다. 땅의 속성을 가진 것은 어디 있든, 크든 작든 다 땅이다. 물, 불, 바람도 마찬가지다. 궁극 물질인 4대를 식별하려면 4대의 속성을 알아야 한다. 그래서 4대 수행은 4대의 속성을 아는 것으로부터 시작한다.

___ 4대의 12가지 속성

땅의 속성으로는 6가지가 있으며, 이 속성은 두 그룹으로 나뉜다. 단단함, 거침, 무거움이 한 그룹이고 부드러움, 매끄러움, 가벼움이 다른 한 그룹이다. 단단함과 부드러움은 같이 있을 수 없다. 거침과 매끄러움도 그렇다. 무거움과 가벼움 역시 마찬가지다. 이와 달리 서로 짝이 되지 않는 속성들은 같이 있을 수 있다.

물은 흐름과 응집이라는 두 가지 속성을 가지고 있다. 불은 따뜻함과 차가움이라는 속성을 가지고 있다. 바람은 맒과 지탱이라는 두 가지 속성을 가지고 있다.

지, 수, 화, 풍의 속성은 이렇게 모두 12가지다. 이 12가지 속성으로 4대를 식별할 수 있다. 이러한 구분법은 기본 원소만 해도 1백여 가지가 되는 현대 자연과학에서의 물질 분류와는 많이 다르다. 하지만 자연과학에서의 기본 원소는 아주 작긴 해도 모두 형태가 있다. 붓다가 이 기본 원소들을 본다면 아마 각 기본 원소가 더 이상 나뉠 수 없는 기본 물질이 아니라 4대가 함께 들어 있는 복합물이라고 말할 것이다. 기본 원소가 더 작게 나뉠 수 있다는 뜻이다.

지, 수, 화, 풍의 속성 12가지로 4대를 식별할 수 있다. 12가지가 있으면 4대가 있는 것이다. 나는 처음에 4대의 12가지 속성에 대해 이해되지 않는 것이 있었다. 땅에 대해서는 별 어려움이 없었는데, 물에 응집 속성이 있는 것이 이해되지 않았다. 응집 상태로 있는 것은 왜 다 물일까? 물질이 응집 상태로 있으면 거기에는 물이 있다는 뜻인데, 예를 들어 고정된 상태로 있는 안경에도 물이 있다는 뜻일까? 나는 이것을 내 나름대로 이해했다. '응집하는 속성이 물의 속성이고 응집이 있으면 물이 있는 것이다. 응집이 되려면 응집을 시키는 것이 필요하다. 응집을 시키는 것이 없으면 물질은 따로따로 존재할 수밖에 없다. 밀가루가 물

없이는 밀가루 덩어리로 뭉칠 수 없듯이 어떤 물질도 물의 요소 없이는 뭉쳐지지 않는다. 이렇게 응집시키는 '힘'을 붓다는 물로 봤다. 뭉쳐 있는 뭔가가 있으면 거기에는 물이 있다고 봤다. 그리고 흐르는 것도 물로 봤다. 물질이 있으면 흐름이나 응집이 항상 있다. 물질 속의 물의 요소에 의해 그렇게 된다.'

불의 속성으로 따뜻함이 있는 것은 이해가 됐지만 차가움을 불의 속성으로 보는 것은 이해가 안 되었다. 따뜻함이 없는데 왜 불이 있다고 봤을까? 이것도 내 나름대로 이해했다. '세상에 존재하는 것에는 항상 따뜻함과 차가움이 있다. 불의 요소가 있을 때는 따뜻함이 있고 그것이 다른 곳으로 이동하면 차가워진다. 그래서 따뜻하고 차가운 것은 불로 인한 현상이다. 따뜻함과 차가움은 물질이 있는 한 언제나 있다. 그것을 붓다는 불의 요소로 설명했다.'

바람의 경우에도 옮은 이해가 되는데 지탱을 바람의 속성에 넣은 것은 이해가 되지 않았다. 지탱은 물질이 어떤 상태를 지속할 때 일어난다. 어떤 자세로 계속 있는 것이 지탱이다. 그것을 왜 붓다는 지탱에 넣었을까? 지탱에도 힘이 필요하다. 지탱이 될 때는 지탱을 가져오는 여러 가지 힘이 작용한다. 예를 들어 힘이 없는 환자는 가만히 앉아 있을 수 없다. 어떤 방향으로 작용하는 힘과 반대되는 힘이 같이 작용해야 어떤 자세를 유지할 수 있다. 그때 여러 방향으로 옮이 일어난다고 볼 수 있다. 그래서 지탱은 다양한 옮의 결과로 볼 수 있다. 그래서 옮이 바람의 속성이듯이 지탱도 바람의 속성이다.

이렇게 보면 4대는 물질 현상을 잘 설명한다. 4대를 가지고 설명이 안 되는 물질 현상이 없다.

___ 몸의 32부분에서 4대를 식별하기

이제 몸의 32부분에서 4대 수행을 하는 방법을 살펴보자. 몸의 32부분에서 4대의 속성 12가지를 하나하나 식별하는 것이다.

먼저 땅의 속성 6가지를 식별한다. 단단함, 거침, 무거움, 부드러움, 매끄러움, 가벼움의 순서로 하나하나 분명하게 식별한다. 선정을 닦으면 지혜의 눈이 열려서, 보고자 하는 것으로 마음을 기울이면 자연스럽게 식별된다. 예를 들어 단단함을 찾으려고 하면 32부분 중 뼈나 이처럼 단단함이 있는 쪽으로 의식이 간다. 처음에는 참 신기했다. 지혜의 눈이 제대로 가르쳐주는 것인지 지켜봤는데 틀림이 없었다. 그래서 나중에는 지혜의 눈을 신뢰하게 되었다. '거침' 하면 표면이 거친 곳이 식별되었다. 거친 곳이 있으면 어디든지 식별이 되었다. 무거움을 찾으려 하면 장기가 아래로 향하는 곳처럼 무거움이 있는 쪽으로 의식이 갔고, 가벼움을 찾으려 하면 머리카락이나 몸의 털처럼 위로 향하는 것으로 의식이 향했다. '매끄러움' 하면 표면이 매끄러운 것이 감지되고, '부드러움' 하면 내장 기관이나 지방덩어리 같은 것이 감지되었다.

땅의 속성 6가지를 식별하고 나면 물의 속성인 흐름과 응집을 식별한다. 흐름으로 마음을 기울이면 혈관이나 림프처럼 흐름이 있는 곳이 감지된다. 응집을 찾으려 하면 몸 전체에서 응집이 식별된다.

물의 속성을 식별하고 나면 불의 속성인 따뜻함과 차가움을 식별한다. 따뜻함을 식별하려고 하면 몸의 내부와 겨드랑이 같은 곳으로 의식이 향하고, 그곳에서 따뜻함이 느껴진다. 반면 차가움을 느끼려고 하면 손끝이나 발끝과 같이 외부로 노출된 곳으로 의식이 가고, 그곳에서 차가움이 느껴진다.

그다음에는 바람의 속성인 밂과 지탱을 식별한다. 밂을 식별하려 하면 몸 내부에서 공기가 이동하는 여러 곳으로 의식이 간다. 지탱을 식별하려 하면 몸이 취하고 있는 자세로 의식이 가서 지탱이 감지된다.

몸의 32부분을 대상으로 4대의 12가지 속성을 식별하다 보면 32부분이 사라지면서 빛 덩어리로 바뀐다. 빛 덩어리로 바뀌어도 4대의 12가지 속성을 식별하는 데는 문제가 없다. 나는 이틀 정도 이 수행을 하니 32부분이 사라지면서 빛 덩어리로 바뀌었다. 그런데 내가 만일 몸의 32부분을 보면서 '저건 뼈니까 단단함이다.' 하고 4대를 찾았다면, 32부분이 사라지고 빛만 남았을 때 단단함을 찾지 못했을 것이다. 지혜의 눈을 통해 단단함을 찾았기 때문에 빛만 있어도 빛 속의 단단함을 식별할 수 있었다. 지혜의 눈을 믿었으므로 전혀 의심이 없었다.

빛 속에서 4대의 12가지 속성을 분명하면서도 빨리 식별한다. 그러기 위해서는 12가지 속성의 첫 글자만 따서 하면 좋다. 예를 들면 단단함, 거침, 무거움 대신에 '단거무'라고 하는 식이다. 다른 속성도 마찬가지 방법을 적용한다. 이렇게 해서 나는 1분에 12가지 속성을 2.5

회 정도 식별했다.

이를 통해 몸을 뼈, 피부, 피로 보는 것이 아니라 4대로 보게 된다. 좌선을 할 때만 그런 게 아니라, 밥을 먹거나 걸어가거나 누워 있을 때도 4대로서 일어나는 현상을 지켜본다. 예를 들어 걸어가면 밂 현상이 있다. 내가 걸어간다기보다 '바람의 밂 현상이 있구나.' 하고 안다. 이렇게 나와 남, 세상의 사물을 보는 눈이 달라진다. 지금까지 손, 팔, 나무처럼 덩어리로 보았던 것을 4대라는 근본 물질로 본다.

4대 수행이 깊어지면서, 12가지 속성을 찾으면 몸에서 그 속성이 생생히 느껴졌다. 예를 들어 '부드러움' 하면 온몸의 부드러움이 생생히 느껴지면서 기분이 굉장히 좋았다. '단단함' 하면 온몸의 단단함이 생생히 느껴졌다.

4대 수행에는 깔라빠(kalāpa)를 보는 단계가 있다. 깔라빠는 물질이 존재할 수 있는 최소 단위의 덩어리다. 4대는 따로따로 존재할 수 없다. 깔라빠로 존재한다. 깔라빠를 보는 단계에서는 덩어리지어 있는 깔라빠가 개개의 깔라빠로 떨어져야 한다.

빛 속에서 4대의 속성이 생생히 식별되었을 때가 깔라빠를 볼 수 있는 적기라고 생각해서인지, 우 실라 스님은 빛 덩어리 속에서 '공간, 공간' 하면서 공간을 찾아보라고 했다. 처음에는 그렇게 해도 별 변화가 없었는데, 다음 좌선 때 '공간, 공간' 하면서 공간을 찾았더니 공간이 보이면서 환한 빛을 발하는 깔라빠가 모습을 드러냈다. 빛 덩어리가 개별 깔라빠로 바뀌는 신비한 경험이었다. 하루 정도는 공간을 찾을 때만 빛 덩어리가 깔라빠로 바뀌었는데, 그 이후에는 항상 깔라빠가 있었다. 이렇게 되면 깔라빠에서 물질을 식별할 수 있다. 깔라빠의 물질을 볼 수 있으면 순간삼매 상태다. 4대 수행을 통해 근접삼매를 얻을 수 있다. 이때부터 물질을 보는 물질 수행이 본격적으로 시작된다.

물질 수행

세상에 존재하는 모든 것은 두 가지 측면, 즉 관습 실재와 궁극 실재의 형태로 존재한다. 관습 실재란, 우리의 감각기관을 통해 감지된 형태에 우리가 약속을 통해 어떤 이름을 붙인 것이다. 예를 들어 한국인은 누구나 손을 보고 손이라 하고, 발을 보고 발이라 하며, 돌을 보고 돌이라 하는데, 이것이 관습 실재다. 인간이 만든 개념도 관습 실재에 속한다.

이에 반해 궁극 실재는 더 이상 분해할 수 없는 자기 고유의 성질을 가지고 있다. 그래서 궁극 실재는 최소 단위가 된다. 고유한 성질을 가지고 있기 때문에 변하지 않는다. 관습 실재인 손이 날씨가 추워지면 색깔이 변하고 크기가 변하는 것과는 다르다. 물론 이는 존재해 있는 동안 성질이 변하지 않는다는 뜻이지, 궁극 실재가 영원하다는 뜻은 아니다. 궁극 실재도 조건에 따라 생겨나고 사라진다. 궁극 실재에는 4가지가 있다. 물질, 마음, 마음부수, 열반이다. 물질 수행은 이 가운데 물질을 보는 수행이다. 마음과 마음부수는 정신 수행에서 본다. 열반은

<표2> 물질의 종류

구체물질 18가지	추상물질 10가지
지, 수, 화, 풍, 색깔(형태), 냄새, 맛, 영양소, 소리, 눈 감성물질, 귀 감성물질, 코 감성물질, 혀 감성물질, 몸 감성물질, 심장토대, 남성 물질, 여성 물질, 생명기능	허공의 요소, 몸 암시, 말 암시, 물질의 가벼움, 물질의 부드러움, 물질의 적합함, 생성, 상속, 쇠퇴, 무상함

위빠사나 지혜가 무르익었을 때 경험할 수 있다.

　물질 수행은 물질이 존재할 수 있는 최소 단위인 깔라빠 속에서 깔라빠를 구성하고 있는 물질을 하나하나 식별하는 것이다. 이를 통해 물질이 어떤 것인지 아는 것이다. 물질에는 모두 28가지가 있으며, 이는 다시 구체물질과 추상물질로 나뉜다. 구체물질은 실제로 존재하는 물질로 18가지가 있고, 추상물질은 구체물질이 일으키는 물질적 현상으로 10가지가 있다. 물질 수행에서는 구체물질과 추상물질을 실제로 본다.

　구체물질 18가지는 다음과 같다. 지, 수, 화, 풍, 색깔(형태), 냄새, 맛, 영양소, 소리, 눈 감성물질, 귀 감성물질, 코 감성물질, 혀 감성물질, 몸 감성물질, 심장토대, 남성 물질, 여성 물질, 생명기능이다. 추상물질 10가지는 허공의 요소, 몸 암시, 말 암시, 물질의 가벼움, 물질의 부드러움, 물질의 적합함, 생성, 상속, 쇠퇴, 무상함이다.

　물질 수행에서는 구체물질 18가지를 먼저 식별한다. 깔라빠에서 구체물질을 식별한다. 깔라빠는 물질이 존재하는 최소 형태라고 말했다. 깔라빠의 크기에 대해, 미얀마의 화학자 멤틴몬(Mehm Tin Mon) 박사는 『체계적으로 배우는 붓다 아비담마』(The Essence of Buddha Abhidhamma)라는 책에서 원자의 10의 5승분의 1, 또는 양성자, 중성자, 전자의 크기와 같다고 했다.

깔라빠에는 세 종류가 있다. 물질 8가지가 모여서 된 것과 9가지가 모여서 된 것, 그리고 10가지가 모여서 된 것이다. 그러니까 최소한 8가지 물질은 같이 모여 있다. 그 8가지 물질은 지, 수, 화, 풍, 색깔, 냄새, 맛, 영양소다. 어떤 깔라빠가 있든지 이 8가지 물질은 있다. 9가지 물질로 된 깔라빠는 8가지 기본 물질에 생명기능이 추가되어 있다. 10가지 물질로 된 깔라빠는 9가지에 눈 감성물질이나 귀 감성물질, 코 감성물질, 혀 감성물질, 몸 감성물질, 심장토대, 남성 물질, 여성 물질 중의 하나가 같이 있다.

___ 8가지 기본 물질

깔라빠 속의 물질을 하나하나 식별한다. 기본 8가지 물질은 어느 깔라빠에든지 있으니까 지, 수, 화, 풍, 색깔, 냄새, 맛, 영양소는 모든 깔라빠에서 식별할 수 있다. 어떤 깔라빠에서 땅 물질을 식별하면, 그 깔라빠에 땅의 속성이 있는 것이다. 깔라빠가 워낙 빨리 일어났다가 사라지는 탓에 처음에는 식별하기 쉽지 않지만, 조금 훈련하면 깔라빠에서 단단함, 거침, 무거움, 부드러움, 매끄러움, 가벼움을 식별할 수 있다. 그러면 깔라빠에 땅 물질이 있는 것이다. 없으면 식별이 안 된다. 땅 물질 식별하기가 숙달되면 물 물질의 흐름과 응집을 감지한다. 4대 수행을 통해 4대의 12가지 속성을 빠르게 식별하는 훈련이 되어 있어 어렵지 않다. 그런 다음 불 물질의 따뜻함과 차가움을 식별하고, 바람 물질의 밂과 지탱을 식별한다. 18가지 구체물질이 있지만, 모든 물질은 4대와 4대에서 파생된 것이다. 다시 말해 색깔을 비롯한 14가지 물질은 4대에서 파생된 것이다.

4대 다음으로 색깔을 식별한다. 깔라빠에서 색깔을 식별한다. 눈에 있는 깔라빠에서부터 시작하여 귀, 코, 혀, 몸, 심장에 있는 깔라빠에서 색깔을 식별한다. 위치에 따라 색깔이 다르다. 내 경우, 처음에 깔라빠에서 색깔을 식별할 때 눈에서는 흰색, 귀에서는 검은색, 코에서는 녹색과 붉은색, 혀에서는 녹색, 몸에서는 노란색이 보였고, 심장에서는 흰색과 붉은색이 감지되었다. 나중에는 위치에 따라 다양한 색깔이 감지되었다. 깔라빠에서 색깔을 보려고 하면 직감적으로 무슨 색깔인지 알 수 있다. 지혜의 눈을 통해 바로 보인다.

냄새 식별은 코에서 시작하여 눈, 귀, 혀, 몸, 심장에서 모두 한다. 코에서 먼저 하는 것은 냄새 식별이 코에서 뚜렷하게 일어나기 때문이다. 내가 처음 냄새를 식별할 때는 코에 있는 깔라빠에서 화장품 냄새가 났다. 수행을 하기 전에는 냄새를 전혀 의식하지 못했던 화장품 냄새가 분명히 났다. 눈에서는 눈곱 냄새나 물 냄새 같은 것이 났고, 귀에서는 구린내, 혀에서는 역겨운 냄새, 몸에서는 약한 땀 냄새, 심장에서는 피 냄새가 났다.

맛도 눈, 귀, 코, 혀, 몸, 심장에서 식별했다. 눈은 약간 짭짤하거나 그냥 물맛이었다. 귀와 코는 약간 짭짤했다. 혀는 침 맛이었고, 몸은 짭짤한 맛이었다. 심장은 피 맛이었다. 각 깔라빠에 맛이 있었다.

영양소는 모양으로 보였다. 동그란 것들이 쌓여 있는 모습이었다. 우 실라 스님에게 내가 본 대로 그려서 보였더니, 그것을 본 스님은 영양소는 달걀노른자를 반으로 자른 모습이라고 답을 했다.

___ 생명기능 물질

이렇게 기본 8가지 물질을 보고 난 뒤 생명기능 물질을 식별한다. 깔라빠 중에는 생명기능이 있는 깔라빠도 있고 생명기능이 없는 깔라빠도 있다. 또 깔라빠에는 투명한 것도 있고 불투명한 것도 있다. 투명 깔라빠는 반짝반짝하며 반사하고, 불투명 깔라빠는 반짝반짝하지 않고 반사하지 않는다. 눈, 귀, 코, 혀, 몸의 감성물질은 투명 깔라빠다. 감성물질이 있는 깔라빠만 투명 깔라빠고 감성물질이 없는 깔라빠는 불투명 깔라빠다.

생명기능 물질은 모든 투명 깔라빠에는 다 있으나, 불투명 깔라빠에는 있기도 하고 없기도 하다. 그래서 처음에 투명 깔라빠에서 생명기능 물질을 식별한다. 생명기능 물질은 다른 물질을 유지하는 기능을 하는 물질인데, 깔라빠 속에 다른 물질을 유지하는 물질이 있다는 느낌이 있으면 생명기능 물질이 있는 것이다. 그런 느낌이 안 들면 생명기능 물질이 없는 것이다. 투명 깔라빠에는 생명기능 물질이 다 있기 때문에 생명기능 물질이 있는 것이 분명히 감지된다. 그런 다음 불투명 깔라빠에서 생명기능 물질을 찾아본다. 생명기능 물질이 식별되는 깔라빠도 있고 안 되는 깔라빠도 있다. 이렇게 생명기능 물질을 식별하고 나면 남성 물질과 여성 물질을 식별한다.

___ 성 물질

남자에게는 남성 물질이 있고 여자에게는 여성 물질이 있다. 남성 물질과 여성 물질이 있는 깔라빠는 불투명 깔라빠다. 성 물질이 있는 깔라빠는 기본 8가지 물질과 생명기능 물질이 있는 깔라빠다. 그러므로 성 물질은 생명기능 물질이 있는 불투명 깔라빠에서 찾으면 된다.

남자인 나는 남성 물질을 식별했다. 남성 물질은 남성다움, 용맹함, 씩씩함, 거침 등과 같이 소위 남성성으로 분류되는 것으로 느껴진다. 그게 느껴지면 남성 물질이 있는 것이다. 여성 물질도 그렇게 찾을 것이다.

___ 5가지 감성물질과 심장토대

다음으로 눈 감성물질을 식별한다. 눈 감성물질을 식별하려고 마음을 먹으면 지혜의 눈이 주의를 눈 감성물질이 있는 데로 옮겨준다.

거기서 눈 감성물질을 찾으면 된다. 투명 깔라빠 가운데 색깔이 부딪치는 것이 있으면, 그것이 눈 감성물질이다.

그런데 눈에는 눈 감성물질도 있지만 몸 감성물질도 있다. (귀, 코, 혀, 심장에도 역시 각각의 감성물질과 몸 감성물질이 있다.) 투명 깔라빠 가운데서 색깔이 비치는 것만 눈 감성물질임을 명심해야 한다. 눈 감성물질에서는 가까운 색깔보다는 멀리 떨어진 색깔이 비치는 것이 분명하게 감지된다.

눈 감성물질을 식별하고 나면 귀 감성물질을 식별한다. 귀 감성물질을 식별하려고 마음을 기울이면 역시 귀 감성물질이 있는 데로 주의가 이동한다. 소리가 귀 감성물질에 부딪치는 것을 보면 된다. 이때 두 종류의 소리가 식별된다. 귀에서 깔라빠들이 부딪칠 때 나는 소리와, 몸의 안과 밖에서 나는 소리다. 어떤 소리든지 상관없다. 투명 깔라빠 가운데 소리가 부딪치는 것이 있으면, 그것이 귀 감성물질이다.

코 감성물질을 식별할 때는, 모든 깔라빠에 있는 냄새나 외부의 냄새가 코에 있는 코 감성물질에 부딪치는 것을 보면 된다. 혀 감성물질을 식별할 때는 혀에 있는 깔라빠에 있는 맛이나 외부의 맛이 혀 감성물질에 부딪치는 것을 보면 된다. 몸 감성물질은 땅의 속성인 단단함이 몸 감성물질에 부딪치는 것을 보고 식별한다.

마지막으로 심장토대는 의문의 바로 아래에 있는 불투명 깔라빠에서 식별되는, 의지처가 되는 느낌이 있는 물질이다. 이렇게 해서 구체물질 18가지를 식별한다.

10가지 추상물질

추상물질 10가지는 구체물질이 일으키는 현상이라서 적절한 때에 식별한다. 추상물질을 식별하기 전에 먼저 마음에서 생긴 물질을 관찰한다. 나는 우 실라 스님이 "사선정에서 나와 의문을 보고자 하는 마음을 일으켰을 때 어떤 현상이 있는지 보라."고 하여 그렇게 해봤다. 그랬더니 놀라운 일이 벌어졌다. 의문을 보고자 하는 마음으로 인해 물질이 생기는 것이었다. 하얀 연기처럼 깔라빠가 생겨 사방으로 퍼져나갔다. 그때 '마음으로 생긴 물질이 이런 것이구나!' 하고 생각했다.

그다음에 우 실라 스님은 손을 움직이려고 할 때 어떤 현상이 있는지 보라고 했다. 그래서 지켜봤더니 손을 움직이려고 하는 마음에 의해 생긴 물질이 의문에서 손으로 이동하여 손에 닿자 손이 움직여졌다. 손을 움직이고자 하는 마음에서 생긴 깔라빠의 바람의 밂이 중심이 되어 손을 움직이게 한다.

추상물질 가운데 몸 암시가 있다. 몸 암시는 몸의 움직임이다. 몸이 움직일 때 어떻게 해서 움직이는지를 보고 몸 암시가 물질 현상인 것을 알았다. 전에 아비담마를 배울 때 몸을 움직이는 몸 암시를 왜 물질이라고 하는지 이해가 되지 않았었는데, 마음에서 만든 물질이 몸의 움직임을 만드니 물질이라고 할 수밖에 없는 것이었다. 아비담마에서 지식으로 배운 것을 실제 수행을 통해 직접 보니 이해가 되었다. 아비담마에 나오는 것은 수행을 해서 경험한 것인데 수행 없이 이해하려니 이해가 어려웠던 것이다.

추상물질인 말 암시도 마찬가지다. 말을 하려는 마음이 있으면 마음에서 생긴 물질이 성대를 포함하여 온몸으로 퍼진다. 그렇게 마음에서 생긴 깔라빠의 땅 물질과 성대에 있는 업에서 만든 깔라빠의 땅 물질이 부딪쳐 소리가 난다. 그래서 말소리도 물질 현상이다. 수행으로 이를 경험할 수 있는데, 작은 소리로 천천히 하면 잘 알 수 있다.

이렇게 마음을 먹었을 때 물질이 생성되고, 움직이려는 생각을 했을 때 물질이 나와서 이동하는 것을 본 이후로는 무슨 행동을 하든지 그때 물질이 나와 이동하는 것이 보였다. 자연스레 현재에 집중이 되었고, 어떤 정신 작용에서도 물질이 생성되는 것이 보였다.

마음을 먹었을 때 몸이 움직이는 것을 보는 경험은 이전에도 비슷하게 한 적이 있다. 2003년에 미얀마에서 몸과 마음을 관찰하는 수행을 할 때 나를 지도했던 우 자나카 스님이 "손을 움직이려는 생각을 해 보라."고 했을 때 손이 저절로 움직여 굉장히 신기했다. 그 경험으로 의도가 몸을 움직인다는 것을 알게 되었고, 그 뒤로 절을 하려고 마음을 먹으면 저절로 몸이 움직여 절이 되고, 걸으려고 마음을 먹으면 저절로 몸이 움직여 걸음이 되었다. 최면에서 "당신의 손이 가벼워져 이제 손이 풍선처럼 뜰 것입니다." 하면 손이 올라가는 것도 바로 이 원리에 따른 것임이 이해되었다. 그런데 이번에 의도가 있을 때 마음에서 만든 물질이 나와 그렇게 된다는 것을 알았다. 몸과 마음 사이의 관계가 이전보다 더 명확해졌다.

___ 물질의 분열

여기서 물질의 분열에 대해 좀 더 알아보자. 물질은 4가지로부터 생긴다. 바로 업, 마음, 온도, 음식이다. 업에서 생긴 물질은 10가지 물질로 이루어져 있으며, 눈, 귀, 코, 혀, 몸의 감성물질과 심장토대, 남성 물질, 여성 물질, 생명기능 물질이다. 앞에서 마음에서 생긴 물질은 설명했다. 온도에서 생긴 물질은 온도의 분열에 의해서 생긴 물질이고, 음식에서 생긴 물질은 음식으로부터 생긴 물질이다.

물질 중에 분열하는 것이 있고 분열하지 않는 것이 있다. 분열하는 것은 깔라빠 내의 온도(불 물질)와 영양소이다. 온도가 분열하여 온도에서 생긴 깔라빠가 생긴다. 다시 그 속에 있는 온도가 분열하여 온도에서 생긴 깔라빠가 생긴다. 음식에서 생긴 영양소는 소화 열의 도움을 받아 분열한다. (소화 열에는 업에서 생긴 물질인 생명기능 물질이 있다.) 분열되어 음식에서 생긴 깔라빠가 생긴다. 분열된 물질이 온몸에 퍼진다. 그에 비해 업, 마음, 온도에서 생긴 깔라빠의 영양소는 음식에서 생긴 영양소와 소화 열의 도움을 받아 분열하여 깔라빠가 생긴다.

한 깔라빠 내의 온도와 영양소가 분열한다. 온도는 그냥 분열하고 영양소는 음식에서 생긴 영양소의 도움을 받아 소화 열에 의해 분열한다. 온도에서 생긴 깔라빠 내의 온도와 영양소가 분열하고, 영양소로 생긴 깔라빠 내의 온도와 영양소도 분열하니 기하급수적으로 분열한다. 이렇게 해서 엄청나게 많이 분열한다. 분열한 물질들이 온몸으로 퍼져나간다. 물질 수행을 할 때는 걸어가든지, 앉아 있든지, 누워 있든지, 음식을 먹든지 간에 뭘 하든 물질을 관찰한다. 음식을 먹을 때 음식에서 생긴 영양소를 입속에서 관찰해보면 음식으로부터 생긴 물질이 엄청 많은 것을 볼 수 있다.

분열하는 정도는 여러 가지 요인에 따라 다르다. 예를 들어 업이나 마음, 온도의 힘이나 음식의 질에 따라 분열하는 횟수가 다르다.

눈, 귀, 코, 혀, 몸의 5문에서 생긴 마음인 안식, 이식, 비식, 설식, 신식으로는 마음에서 생긴 물질이 생기지 않는다. 의문에 있는 마음에 의해서만 마음에서 생긴 물질이 생긴다. 마음, 온도, 음식에서 생긴 물질은 8가지 물질로 구성되어 있다. 마음에서 생긴 물질을 볼 때는 마음이 활동할 때 의문에서 생긴 물질을 보면 된다. 온도나 음식에서 생긴 물질을 보려면 업이나 마음, 온도, 음식으로 생긴 깔라빠 내의 온도나 음식의 분열로 생긴 물질을 보면 된다. 그 물질들을 볼 때 얼마나 분열하는지 본다. 그러면 물질에 따라 분열의 정도가 다르다는 것을 알 수 있다.

업, 마음, 온도, 음식에서 생긴 물질

먼저 6문에서 업, 마음, 온도, 음식에서 생긴 물질을 식별한다. 그 다음에 몸의 32부분에서 업, 마음, 온도, 음식에서 생긴 물질을 식별한다. 32부분의 처음 20가지는 땅의 요소가 두드러진 몸의 부분이다. 이 20가지는 머리털, 몸털, 손발톱, 이빨, 피부, 근육, 인대, 뼈, 골수, 콩팥, 심장, 간, 근막, 비장, 폐, 창자, 장간막, 위 속의 음식, 똥, 뇌다. 그 다음 12가지는 물의 요소가 두드러진 몸의 부분이다. 이 12가지는 담즙, 점액, 고름, 피, 땀, 지방, 눈물, 피부의 기름기, 침, 콧물, 관절활액, 오줌이다. 32부분의 물질 식별이 끝나면 32부분에 포함되어 있지 않는 몸의 불의 요소 4부분과 바람의 요소 6부분을 식별한다. 그래서 몸은 모두 합하여 42부분이 된다. 이 42부분은 『맛지마 니까야』 62 「라훌라를 교계한 긴 경」에 자세히 나와 있다.

먼저 땅의 요소가 두드러진 몸의 20부분에서 업, 마음, 온도, 음식에서 생긴 물질을 식별한다. 20부분 각각에 있는 깔라빠에서 물질을 식별한다. 똥에는 온도에서 생긴 물질만 있다. 위장의 음식에도 온도에서 생긴 물질만 있다. 몸을 이제 머리털, 몸털, 손톱, 발톱, 이빨 등으로가 아니고 업, 마음, 온도, 음식에서 생긴 물질로 본다. 궁극 물질로 본다. 눈이 아니라 눈 감성물질, 몸 감성물질, 지, 수, 화, 풍, 색깔, 냄새, 맛, 영양소, 생명기능 물질로 본다. 물질의 일어나고 사라짐으로 본다.

땅의 요소가 두드러진 몸의 20부분에서 물질을 식별하는 것이 끝나면 물의 요소가 두드러진 몸의 12부분에서 업, 마음, 온도, 음식에서 생긴 물질을 본다. 담즙의 업, 마음, 온도, 마음에서 생긴 물질을 식별한다. 담즙도 몸이니까 몸 감성물질이 있다. 그리고 성 물질이 있다. 몸 감성물질과 성 물질이 업에서 생긴 물질이다. 마음에서 생긴 물질이 분열하여 담즙에 도달했다면, 그것은 마음에서 생긴 물질이다. 담즙에 있는 깔라빠 내의 온도나 영양소가 분열하여 생긴 물질은 온도나 영양소에서 생긴 물질이다. 이것을 보면 된다. 다른 11가지 물의 요소가 두드러진 몸의 부분에서도 이와 같이 식별한다.

그다음으로 불의 요소가 두드러진 4부분에서 물질을 식별한다. 불의 요소가 두드러진 4부분은 다음의 4가지다. 몸을 따뜻하게 하는 열, 성숙과 노화를 일으키는 열, 몸에 열이 있을 때 나는 열, 소화 열. 몸에 있는 이 4가지 불의 요소에서 물질을 식별한다. 소화 열을 제외한 다른 열은 불의 요소가 두드러지고 업, 온도, 음식으로부터 생긴 깔라빠로 구성되어 있다. 소화 열은 생명 기능을 포함하는 9가지 물질로 구성된 업에서 생긴 깔라빠로만 이루어져 있다. 몸을 따뜻하게 하는 열은 언제나 우리와 함께 있다. 우리 몸을 따뜻하게 하고 불의 요소가 두드러진 깔라빠를 식별하면 된다. 성숙과 노화를 일으키는 열은 매일매일 나이 드는 과정을 보면서 불의 요소가 두드러진 깔라빠를 찾으면 된다. 몸에 열이 있을 때 나는 열은, 지금 열이 있으면 그 열에서 식별하면 된다. 지금 열이 없다면 열이 났을 때를 떠올려 그때 몸에서 난 열에서 불의 요소가 두드러진 깔라빠를 식별하면 된다. 소화 열은 생명기능 물질이 들어 있는 깔라빠다.

그다음으로 바람의 요소가 두드러진 6부분에서 물질을 식별한다. 6부분은 올라가는 바람, 내려가는 바람, 복강에 있는 바람, 창자에 있는 바람, 온몸에 있는 바람, 들숨과 날숨이다. 이들 바람 속에 있는 깔라빠 내에서 물질을 식별한다. 이 가운데 들숨과 날숨을 제외한 5부분에는 바람의 요소가 두드러진, 업, 온도, 음식, 마음에서 생긴 깔라빠로 이루어져 있다. 이와 달리 들숨과 날숨에는 소리를 포함해 9가지 물질로 이루어진, 마음에서 생긴 깔라빠만 있다.

___ 10가지 추상물질

이렇게 하여 몸의 42상에서 물질을 식별했다. 이제 구체물질 식별에 이어 구체물질이 일으키는 현상인 10가지 추상물질을 식별한다. 몸 암시와 말 암시를 식별하는 것에 대해서는 앞에서 이미 언급했으니, 나머지 8가지 추상물질을 식별하는 것에 대해 알아보겠다.

먼저 허공의 요소라는 물질은 깔라빠를 식별할 때 이미 식별했다. 깔라빠가 덩어리져 있다가 공간을 식별하면서 개개의 깔라빠가 모습을 드러낼 때 본 공간이 추상물질이다.

그다음 추상물질 3가지는 물질의 가벼움, 물질의 부드러움, 물질의 적합함이다. 일상생활 중이나 수행 중에 몸의 가벼움을 느낄 때가 있는데 그것이 물질의 가벼움이다. 예를 들어 집중이 잘 될 때 특별한 가벼움을 느낀다. 건강할 때는 우리가 원하는 것은 뭐든지 할 수 있다. 걷고 싶은 대로 걷고, 앉고 싶은 대로 앉고, 쉽게 계단을 오르내린다. 이는 적합함이 있기 때문에 가능한 것이며, 우리가 뭔가를 편안하게 할 수 있다면 거기에는 가벼움과 부드러움이 있다. 가벼움과 부드러움이 있으면 무엇을 하기에 적합한 상태가 된다. 적합한 상태가 물질의 적합함이다. 가벼움과 부드러움이 있어 적합한 상태를 식별하면 그것이 물질의 적합함을 식별한 것이다.

나머지 추상물질은 생성, 상속, 쇠퇴, 무상함이다. 생성은 재생연결 때 물질이 처음 생기는 것을 말한다. 재생연결 때 생기는 물질은 업에서 생긴 물질 3가지다. 심장토대가 있는 깔라빠, 몸 감성물질이 있는 깔라빠, 성 물질이 있는 깔라빠다. 그래서 생성은 12연기 수행 때 관찰할 수 있다. 상속은 생성 뒤에 물질 등이 생기는 것이다. 쇠퇴는 물질이 머무는 것을 말한다. 무상은 물질이 사라지는 것이다. 이렇게 추상물질 10가지를 식별함으로써 모든 물질을 식별한다.

___ 구체물질과 추상물질이 같이 있는 현상

마지막으로 구체물질과 추상물질이 같이 있는 현상을 식별한다.

예를 들어, 편안하게 행동할 때 일어나는 물질을 식별한다. 이때는 기본 8가지 물질인 지, 수, 화, 풍, 색깔, 냄새, 맛, 영양소와 몸 암시 물질, 물질의 가벼움, 물질의 부드러움, 물질의 적합함의 12가지 물질이 있는데 이것을 식별하면 된다. 편안하게 말할 때는 편안하게 행동할 때에서 몸 암시 물질 대신에 말 암시로 바꾸면 된다. 수행에서 행복감을 느낄 때 물질을 식별해보면 기본 8가지 물질 외에 물질의 가벼움, 물질의 부드러움, 물질의 적합함이 있다. 말할 때 물질을 식별하면 기본 8가지 물질 외에 말 암시와 소리가 있다. 날씨가 좋을 때 기분 좋게 느끼면 기본 8가지 물질과 물질의 가벼움, 물질의 부드러움, 물질의 적합함이 있다. 좋은 음식을 기분 좋게 먹을 때 물질을 식별해보면 기본 8가지 물질과 물질의 가벼움, 물질의 부드러움, 물질의 적합함이 있다. 이렇게 어떤 상태에서든 물질이 있고 그것을 식별할 수 있다.

자아에서 벗어난다는 것

물질 수행을 통해 몸은 궁극 물질로 이루어져 있는 것을 확연히 안다. 그 전까지 봐왔던 손, 눈, 귀, 코, 발, 다리로 보지 않고 이제는 궁극 물질인 18가지 구체물질과 구체물질이 일으키는 현상으로 본다. 그것을 실제로 본다. 그 궁극 물질이 일어났다가 사라지는 것을 본다.

이렇게 궁극 물질로 보면 우리의 몸이 계속되고 있다는 생각이 사라지고, 궁극 물질들이 일어났다가 사라지는 것으로 보게 된다. 손이 그대로 계속된다는 생각을 하지 않게 된다. 그와 함께 손이라는 덩어리로 보지 않고 그 속에 든 물질로 본다.

그리고 물질들 각각의 기능도 안다. 움직이는 것은 물질 가운데 바람의 밂에 의해 일어난다는 것을 안다. 자기의 생각으로 보는 것이 없어지고 실제 있는 그대로 본다. 그러면서 내 몸이라는 생각이 없어진다. 항상 궁극 물질이 있고 그것이 자체의 법칙에 따라 일어나고 있다는 것을 안다.

물질 수행에 이어 정신 수행을 하여 정신의 실재를 보게 되면 몸과 마음에 대해 있는 그대로 알게 되고 그러면 '나'라는 생각이 떨어진다. 내가 있다고 생각하는 '유신견'(有身見)이 사라진다. 유신견은 우리를 윤회에 묶어두는 10가지 족쇄 가운데 하나다. 10가지 족쇄를 풀면 윤회에서 벗어날 수 있다. 그러면 존재를 취하지 않게 된다. 그래서 존재함으로써 겪는 갖가지 고통에서 벗어난다. 자기 마음대로 자기 자신을 통제하지 못하고 원인과 결과의 법칙에 따라 존재하며 고통받는 데서 벗어난다.

　　이것이 붓다가 우리에게 주는 메시지다. 지혜로워지면 이것을 알게 된다. 알게 되면 그에 맞게 산다. 이제 물질 수행을 끝내고 정신 수행으로 들어가보자.

4장

정신 수행

정신을 있는
그대로 본다는 것

　　　　　　　　　　물질을 궁극 물질로 보지 못하면 덩
어리로 보게 되고 물질의 실제 모습을 보는 대신 우리 마음대로 생각하
듯이, 궁극 실재로서의 정신을 보지 못하면 정신 현상을 덩어리로 보게
되고 정신 현상이 일어날 때 실제로 무슨 일이 벌어지는지 모른다.

　이렇게 우리 마음대로 생각하면 고통과 해로움을 피할 수 없다. 예
를 들어 화가 났을 때 실제 정신에서 어떤 현상이 일어나는지 모르면
화내는 것이 도움이 된다고 생각할 수 있다. 화가 났을 때 어떤 인식과
정이 일어나고 각 인식과정의 마음과 마음부수에 어떤 것이 있는지 모
르면 화내는 것에 대해 자기 마음대로 생각할 수 있다.

　이와 달리 정신 수행을 하면, 화가 났을 때의 인식과정과 그때 일
어나는 마음, 마음부수를 보고 그 영향이 엄청나다는 것을 알게 된다.
그러면 다시는 화를 내지 않으려고 한다. 욕심이나 어리석음에 대해서
도 마찬가지다. 정신 수행을 하면 욕심이나 어리석음이 실제로 어떤 영

향을 끼치는지를 보고 지혜롭게 살아야 하는 이유를 알게 된다. 화나 욕심, 어리석음이 있을 때 어떤 마음, 마음부수가 있으며 그것이 어떤 영향을 끼치는지에 대해서는 뒤에서 구체적으로 이야기하겠다.

궁극 실재로서의 정신을 식별하는 정신 수행은 정신의 인식과정과 인식과정에 있는 마음과 마음부수를 식별하는 것이다. 일반적으로 우리는 정신이 마음으로 이루어져 있다고 생각한다. 하지만 사실은 그렇지 않다. 주된 마음이 있고 마음을 도와서 작용하는 마음부수로 이루어져 있다. 정신 현상을 마음과 마음부수의 합으로 보는 것이 있는 그대로 보는 것이다. 이는 붓다의 가르침인 아비담마에 잘 나와 있으며 수행을 통해 확인된다.

선정
인식과정

　　　　　　　　　마음과 마음부수를 식별하려면 정신
이 일어나는 인식과정을 먼저 식별해야 한다. 인식과정은 크게 3가지
로 나눌 수 있다. 첫째는 눈, 귀, 코, 혀, 몸에서 일어나는 인식과정에서
시작하여 의문 인식과정까지 계속되는 인식과정이다. 둘째는 의문에
서만 일어나는 의문 인식과정이다. 셋째는 의문 인식과정의 일종이긴
하지만 독특한 성격을 띠어 따로 분류하는 선정 인식과정이다.

　　이 가운데 선정 인식과정을 인식하는 것으로 정신 수행을 시작하
는 것이 좋다. 이유는 선정 인식과정이 인식하기 쉬워서인데, 이는 다
음 두 가지 때문이다. 첫째, 수행을 시작한 지 얼마 안 되었을 때는 마
음과 마음부수를 식별하는 것이 쉽지 않다. 그런데 선정 인식과정에서
는 자와나(javana, 속행)가 많이 일어나므로, 자와나 속에 있는 마음과 마
음부수를 식별할 기회가 많다. 둘째, 선정을 경험하는 과정에서 선정
요소를 식별하는데 초선정에서는 선정 5요소를 식별한다. 이 5요소는

선정 상태의 인식과정에 있는 마음부수를 말한다. 선정 요소를 식별하면서 이미 정신을 궁극 정신으로 식별한 것이다. 선정에는 선정 상태의 필수 마음부수인 선정 요소 외에도 다른 마음부수들이 있는데, 정신 수행에서는 선정 상태의 인식과정에 존재하는 마음과 마음부수를 모두 식별한다.

선정 상태의 인식과정은 의문전향, 준비, 근접, 수순, 종성, 자와나로 이루어져 있다. 인식과정을 보기 위해서는 훈련이 필요하다. 그래서 준비, 근접, 수순, 종성은 어느 정도 훈련이 되었을 때 식별하고, 우선은 자와나만 식별한다. 선정 인식과정의 자와나는 일상적인 인식과정의 자와나보다 많이 일어난다. 자와나가 일어났다 사라지는 것을 볼 수 있으면 순간삼매 상태다.

먼저 자와나 전에 있는 의문전향을 간단히 식별한다. 의문전향이라는 인식과정에 있는 마음, 마음부수는 자와나에 있는 마음, 마음부수를 식별하는 것에 숙달한 후 식별한다. 수행은 단계적으로 하는 것이 중요하다. 그래야 힘들지 않게 할 수 있다. 선정 인식과정의 자와나를 식별하기 전에 선정 인식과정의 자와나의 마음, 마음부수를 먼저 공부한다. 초선정 인식과정의 자와나의 마음, 마음부수는 34가지다. 34가지나 될뿐더러 자와나가 아주 빨리 일어나기 때문에 순간순간 떠올릴 수 있도록 미리 외워두지 않으면 식별하기 어렵다.

___ 마음과 마음부수

34가지 마음, 마음부수를 보기 전에 먼저 마음과 마음부수에 대해 살펴보자. 정신은 마음과 마음부수로 이루어져 있다. 마음과 마음부수는 떨어질 수 없는 관계에 있다. 마음 없는 마음부수가 없고 마음부수 없는 마음도 없다. 항상 같이 있다. 같이 일어났다가 같이 사라진다. 그리고 정신에는 항상 대상이 있다. 대상에 가 있지 않은 정신은 없다. 또한 정신은 항상 물질적 토대를 가진다. 그래서 항상 생각해야 하는 것이 정신과 정신의 토대로서의 물질, 그리고 정신이 향하고 있는 대상이다. 이 셋을 식별할 수 있어야 한다.

마음과 마음부수의 대상은 같다. 예를 들어 선정에서는 마음과 마음부수의 대상이 '닮은 표상'이다. 마음과 마음부수에서, 마음이 왕이라면 마음부수는 신하와 같다. 마음은 하나고 마음부수의 수는 모두 52가지다. 인식과정이 있을 때 항상 마음과 마음부수가 있다. 마음의 종류에 따라 마음부수가 달라진다.

어떤 마음이든 다음의 7가지 마음부수는 언제나 같이 있다. 접촉(phassa), 느낌(vedanā), 인식(saññā), 의도(cetanā), 집중(ekaggatā), 생명기능(jīvitindriya), 주의(manasikāra)다. 마음과 이 7가지 마음부수의 기능은 다음과 같다. 마음은 대상을 아는 것이다. 접촉은 대상과 접촉하는 것이다. 느낌은 대상에 대한 느낌인데 즐거움, 괴로움, 즐겁지도 괴롭지도 않은 것이다. 인식은 이미 알고 있던 것을 보고 '저것이 무엇이다'라고 아는 것이거나, 모르는 것을 보고 '저것은 이런 것이다'라고 표시를 해서 다음에 볼 때 그것이라고 아는 것이다. 의도는 우리가 뭘 할 때 가장 앞서는 지도자 같은 것이라고 보면 된다. 집중은 대상에 집중하는 것이다. 그리고 같이 있는 마음부수들을 하나로 모으는 것이다. 생명기능은 같이 있는 마음, 마음부수들을 유지시킨다. 주의는 대상으로 향하는 것이다. 이들 7가지 마음부수에는 '모든 마음에 공통되는 것들'이라는 이름이 있다.

다음의 6가지 마음부수는 마음이 일어날 때 때때로 같이 있다. 그래서 이름이 '때때로 있는 것들'이다. 바로 일으킨 생각(vitakka), 지속적 고찰(vicāra), 결정(adhimokkha), 정진(vīriya), 희열(pīti), 열의(chanda)다. 일으킨 생각은 대상으로 향하는 것이다. 지속적 고찰은 대상에 계속해서 가는 것이다. 결정은 대상이 뭐라고 결정하는 것이다. 정진은 하고 있는 것에 대한 노력을 계속하는 것이다. 희열은 기쁨이다. 열의는 하고자 하는 의욕이다.

모든 마음에 공통되는 것들과 때때로 있는 것들은 '다른 것과 같아지는 마음부수'라고 불린다. 이들은 유익한 마음과도 결합할 수 있고 해로운 마음과도 결합할 수 있다.

여기서 마음부수 52가지를 모두 설명하면 복잡해서 이해가 안 될 수 있으니까 일단 초선정의 마음, 마음부수 34가지를 먼저 설명하고 나머지는 해당 항목에서 말하겠다. 초선정의 마음, 마음부수에는 마음과 '모든 마음에 공통되는 것들' 7가지, '때때로 있는 것들' 6가지가 다 있다. 여기에 아름다운 마음부수 가운데 20가지가 동반된다.

〈표3〉 마음부수 52가지

다른 것과 같아지는 마음부수 13가지	마음에 공통되는 것들 7가지	접촉, 느낌, 인식, 의도, 집중, 생명기능, 주의
	때때로 있는 것들 6가지	일으킨 생각, 지속적 고찰, 결정, 정진, 희열, 열의
아름다운 마음부수 25가지	아름다운 마음에 공통되는 것들 19가지	믿음, 마음챙김, 부끄러움, 두려움, 탐욕 없음, 성냄 없음, 중립, 몸의 고요함, 마음의 고요함, 몸의 가벼움, 마음의 가벼움, 몸의 부드러움, 마음의 부드러움, 몸의 적합함, 마음의 적합함, 몸의 능숙함, 마음의 능숙함, 몸의 올곧음, 마음의 올곧음
	절제	바른 말, 바른 행위, 바른 생계
	무량	연민, 함께 기뻐함
	지혜	지혜
해로운 마음부수 14가지	해로운 마음에 공통되는 것들 4가지	어리석음, 부끄러움 없음, 두려움 없음, 들뜸
	해로운 마음에 때때로 있는 것들 10가지	탐욕, 사견, 자만, 성냄, 질투, 인색, 후회, 해태, 혼침, 의심

이 20가지 아름다운 마음부수는 '아름다운 마음에 공통되는 것들' 19가지, 즉 믿음(saddhā), 마음챙김(sati), 부끄러움(hirī), 두려움(ottappa), 탐욕 없음(alobha), 성냄 없음(adosa), 중립(tatramajjhattatā), 몸의 고요함(kāya-passaddhi), 마음의 고요함(citta-passaddhi), 몸의 가벼움(kāya-lahutā), 마음의 가벼움(citta-lahutā), 몸의 부드러움(kāya-mudutā), 마음

의 부드러움(citta-mudutā), 몸의 적합함(kāya-kammaññatā), 마음의 적합함(citta-kammaññatā), 몸의 능숙함(kāya-pāguññatā), 마음의 능숙함(citta-pāguññatā), 몸의 올곧음(kāya-ujukatā), 마음의 올곧음(citta-ujukatā)과, 지혜이다.

'아름다운 마음에 공통되는 것들' 19가지와 지혜를 간단히 살펴보자. 믿음은 초선정에서 보고 있는 '빠띠바가 니밋따'(닦은 표상)를 보는 데에 대한 믿음이다. 자신이 정확하게 빠띠바가 니밋따를 보고 있다는 믿음이다. 마음챙김은 니밋따에 마음이 가 있는 상태다. 부끄러움은 니밋따를 볼 때 나쁜 것을 하는 것을 부끄럽게 여기는 것이다. 두려움은 니밋따를 볼 때 나쁜 것을 하는 것에 대해 두려움을 느끼는 것이다. 탐욕 없음은 니밋따를 볼 때 탐욕이 없는 것이다. 성냄 없음은 니밋따를 볼 때 성냄이 없는 것이다. 중립은 니밋따를 평온하게 보는 것이다. 몸의 고요함은 니밋따를 볼 때 모든 마음부수들이 고요한 상태다. 이때 몸이란 모든 마음부수를 의미한다. 마음의 고요함은 니밋따를 볼 때 마음이 고요한 상태다. 몸의 가벼움은 모든 마음부수가 가벼운 것을 말한다. 마음의 가벼움은 마음이 가벼운 것이다. 몸의 부드러움은 모든 마음부수가 부드러운 것이다. 마음의 부드러움은 마음이 부드러운 것이다. 몸의 적합함은 모든 마음부수가 기능을 하기에 적합한 상태다. 마음의 적합함은 마음이 적합한 상태다. 몸의 능숙함은 모든 마음부수가 기능을 능숙하게 하는 상태다. 마음의 능숙함은 마음이 능숙한 상태다. 몸의 올곧음은 모든 마음부수가 바른 상태다. 마음의 올곧음은 마음이 바른 상태다. 지혜는 니밋따를 지혜로 보는 것이다. 있는 그대로 바로 보는 것이다.

___ 의문전향과 자와나

이렇게 초선정 인식과정 자와나에서 식별해야 할 마음, 마음부수 34가지에 완전히 숙달한 후 선정 인식과정 자와나가 시작되기 전에 일어나는 의문전향이라는 인식과정을 먼저 식별한다. 아나빠나사띠 초선정에서 나와 의문에서 선정 5요소를 점검하고 나서 빠띠바가 니밋따에 대해 '이것이 아나빠나사띠 빠띠바가 니밋따.' 하고 결정하는 것이 의문전향이다. 의문전향이 있고 난 뒤에 자와나가 일어난다.

내가 수행할 때 우 실라 스님이 '이것이 아나빠나사띠 빠띠바가 니밋따.'라고 결정하는 의문전향이 있고 난 뒤 어떤 현상이 일어나는지 보라고 했다. 그래서 관찰했더니 의문전향이 있고 난 뒤 마음이 연속해서 '탁탁탁' 하고 일어났다. 그것이 계속되었다. 그래서 인터뷰 시간에 보고했더니 그것이 자와나라고 말씀했다. 처음에는 순식간에 일어난 일이라 '자와나가 이런 것이구나!' 하고 아는 정도였다. 마음이 연속적으로 계속 일어난다는 정도만 알았지만 굉장히 놀랍고 신기했다.

자와나를 분명히 식별하고 난 뒤 자와나의 마음, 마음부수를 하나하나 식별하기 시작했다. 자와나도 하나의 마음이다. 하나의 자와나가 일어났다가 사라지고 또 다른 자와나가 일어난다는 것은 하나의 마음이 일어났다가 사라지고 다른 마음이 또 일어나는 것이다. 각 자와나에 마음과 마음부수가 있다. 각 자와나마다 있는 마음과 마음부수를 식별하는 것이 정신 수행이다.

아나빠나사띠 선정에서 나와 의문에서 선정 요소를 점검하고 난 뒤 '이것이 아나빠나사띠 빠띠바가 니밋따.'라고 결정을 하는 의문전향 후 일어나는 자와나 각각에서 마음부터 지혜까지 34가지 마음과 마음부수를 식별할 때, 처음에는 각 자와나에 있는 마음만 식별한다. 한 번 선정에 들었다가 나와서 선정 인식과정의 자와나가 계속되는 동안 마음이든 마음부수든 하나만 식별한다. 그리고 다음에 또 선정에 들었다가 나와 또 선정 인식과정의 자와나에서 그다음 마음부수만 식별한다. 이런 식으로 초선정의 경우 34가지 마음, 마음부수를 분명히 식별한다.

선정의 정도에 따라 자와나의 숫자가 다르다. 선정의 힘이 강하면 자와나가 굉장히 많이 일어나고 힘이 상대적으로 덜 강하면 자와나가 그보다는 적게 일어난다. 사실 자와나는 선정에만 있는 것이 아니다. 5문 인식과정에서의 결정 후에도 일어나고 의문전향 후에도 일어난다. 선정이 아닌 경우에는 자와나가 7번 일어난다. 선정 상태에서 선정 인식과정의 자와나를 관찰하지 않고 선정에서 나와서 식별하는 것은, 선정은 집중된 상태라 마음과 마음부수를 식별하는 것이 어렵기 때문이다. 선정에서 워낙 자와나가 강력하기 때문에 선정에서 나와도 그 여진이 계속되어 자와나가 지속된다. 선정 인식과정 자와나가 지속되고 있으니 선정 인식과정이 일어나고 있다고 볼 수 있다. 실제 선정에서는 자와나가 훨씬 더 일어나고 있다고 보면 된다.

초선정의 마음, 마음부수 34가지를 완전히 식별할 수 있으면 이선정의 마음, 마음부수를 식별한다. 마음과 마음부수를 하나하나 정확히 식별하는 것이 중요하다. 이어 삼선정, 사선정의 마음, 마음부수를 식별한다. 이선정의 경우는 일으킨 생각과 지속적 고찰이 빠지기 때문에 32가지가 된다. 삼선정은 희열도 빠지기 때문에 31가지가 된다. 사선정은 행복은 빠지지만 평온이 새로 생겨 31가지가 된다. 마음, 마음부수를 정확히 하나하나 식별할 수 있으면 마음과 마음부수를 함께 식별하기도 한다.

아나빠나사띠, 까시나, 무색계, 4가지 거룩한 마음가짐, 4보호 명상의 선정 인식과정을 하나하나 인식한다. 각 선정의 초선정, 이선정, 삼선정, 사선정 인식과정의 마음, 마음부수를 인식한다.

의문 인식과정—
욕계 유익한 마음

　　　　　　　이렇게 선정 인식과정을 충분히 식별
하고 나면 다음 단계로 법(法)을 대상으로 의문 인식과정만 일어나는
인식과정을 식별한다.

　눈, 귀, 코, 혀, 몸의 문에서 일어나는 5문 인식과정과 5문 인식과
정 후에 일어나는 의문 인식과정을 식별하는 것은 좀 복잡하다. 5문 인
식과정에는 일어나는 마음의 종류가 많다. 인식과정 하나하나가 마음
이 일어나는 것이다. 예를 들어 안문(眼門) 인식과정에는 안문전향, 안
식, 받아들임, 조사, 결정, 자와나가 있다. 그래서 법(法)을 대상으로 일
어나는 의문 인식과정을 식별하는 수행을 하여 인식과정을 식별하는 데
숙달되면 5문 인식과정을 식별한다. 법은 마음의 대상이기 때문에 법을
인식하는 과정은 5문에서 일어나지 않고 오직 의문에서만 일어난다.

　의문 인식과정만을 일으키는 법에는 크게 6가지 종류가 있다. 감
성물질(눈, 귀, 코, 혀, 몸의 감성물질), 미세한 물질(16가지), 마음, 마음부수,

열반, 개념이다. 여기서 미세한 물질은 물의 요소, 영양소, 심장토대, 여성 물질, 남성 물질, 생명기능, 허공의 요소, 몸 암시, 말 암시, 물질의 가벼움, 물질의 부드러움, 물질의 적합함, 생성, 상속, 쇠퇴, 무상함이다.

법을 대상으로 일어나는 의문 인식과정 중에서도 자와나에서 일어나는 욕계의 유익한 마음을 먼저 인식한다. 욕계의 유익한 마음이란 선정의 마음은 아니지만 유익한 상태의 마음이다. 유익한 마음은 욕심이 없는 마음, 성냄이 없는 마음, 어리석음이 없는 마음 가운데 2~3가지 마음이 같이 있는 것이다.

욕계의 유익한 마음은 기쁨과 지혜와 자극 여부에 따라 8가지로 나뉜다. 8가지를 나열하면 다음과 같다. 기쁨이 함께하고 지혜가 있고 자극 받지 않은 마음, 기쁨이 함께하고 지혜가 있고 자극 받은 마음, 기쁨이 함께하고 지혜가 없고 자극 받지 않은 마음, 기쁨이 함께하고 지혜가 없고 자극 받은 마음, 평온이 함께하고 지혜가 있고 자극 받지 않은 마음, 평온이 함께하고 지혜가 있고 자극 받은 마음, 평온이 함께하고 지혜가 없고 자극 받지 않은 마음, 평온이 함께 하고 지혜가 없고 자극 받은 마음. 여기서 자극을 받았느냐 받지 않았느냐 하는 것은 외부 요인이 있느냐 없느냐를 뜻한다. 예를 들어 부모의 권유로 보시를 했다면 자극을 받은 마음이고, 자기 스스로 보시를 하고 싶은 마음이 들었다면 자극을 받지 않은 마음이다.

욕계의 유익한 마음에도 '아름다운 마음에 공통되는 것들' 19가지가 있다. 그래서 욕계의 유익한 마음은 기쁨과 지혜가 있으면 마음, 마음부수가 34가지다. 지혜는 없고 기쁨만 있으면 33가지고, 기쁨이 없고 지혜만 있어도 33가지다. 기쁨도 없고 지혜도 없으면 32가지다.

그러면 어떨 때 욕계의 유익한 마음이 일어나는가. 앞서 말했듯이 유익한 마음은 욕심이나 성냄, 어리석음이 없는 마음이 둘이나 셋이 같이 있는 마음이다. 또는 현명한 주의가 있는 마음이다. 현명한 주의는 눈, 귀, 코, 혀, 몸, 정신으로 대상을 접할 때 그것을 궁극 실재인 정신이나 물질로 보거나 그것의 속성인 무상, 고, 무아, 깨끗하지 못함으로 보는 것이다. 붓다의 가르침을 모르는 사람이 현명한 주의를 갖기는 쉽지 않다. 나 역시 정신 수행을 하기 전에 나름대로 지혜롭게 살려고 노력했고 그렇게 살고 있다고 생각했었다. 하지만 정신 수행을 하면서 유익한 마음이 어떨 때 일어나고 현명한 주의가 어떤 것인지 알고 나서는, 내가 지금까지 유익한 마음이 아니라 해로운 마음으로 많이 살아왔음을 알았다. 진리에 입각해서 살지 않으면 자칫 어리석은 주의를 가지게 되고 그 결과 해로운 마음이 있는 인식회로가 돌게 된다. 그러면 그 결과가 나에게 생긴다.

어떤 사물이나 현상에 붙는 형용사나 수식어는 어리석은 주의의 결과라고 보면 된다. 예를 들어 우리는 '아름다운 꽃'이라고 하지만, 사실 그것의 본질은 물질이다. 맛있는 음식이 있는 것이 아니라 영양소가 있는 것이다. 우 실라 스님의 생신 때, 지도받던 사람들이 생신 축하 음식 공양을 올렸다. 그때 우리가 음식의 이름을 거명하면서 많이 드시라고 하니 우 실라 스님이 "오늘 여러분은 영양소를 보시한 것"이라고 말했다. 우리는 살아가면서 수식어를 많이 쓴다. 오늘 내가 잘했다, 잘못했다, 잘해야지 한다. 그런데 모든 일은 인과의 법칙에 따라 한 치의 어긋남도 없이 전개될 뿐이다. 그것을 못 보니 평가를 하는 것이다. 수행을 많이 해서 지혜가 늘면 살아가면서 수식어가 떨어져나간다.

욕계 유익한 마음을 처음 관찰할 때는, 그때까지 한 수행과 연결해서 한다. 예를 들어 '죽음을 계속해서 생각함' 명상을 통해 자신이 죽는 순간으로 이동하여 자신의 죽음이나 궁극 정신이 사라지는 것을 보고 나서, '나도 언젠가 죽을 것이다.' 하고 결정을 하면 이것이 의문전향이 된다. 의문전향 후 욕계 유익한 마음의 자와나가 7번 일어난다. 이때 기쁨이 있고 지혜가 있으면 마음, 마음부수 34가지를 식별할 수 있다. 또는 선정이 없는 자애의 마음을 가지려고 결정을 하면 의문전향이 일어나고 그 후 욕계 유익한 마음의 자와나가 7번 일어난다. 그때 기쁨과 지혜의 여부에 따라 마음, 마음부수가 32~34가지 있다.

'붓다를 계속해서 생각함' 명상 후 '부처님은 번뇌가 없다.' 하고 결정을 하면 의문전향이 일어나고 욕계 유익한 마음의 자와나가 7번 일어난다. 욕계 유익한 마음의 자와나 후 등록(tadārammaṇa)이 2번 일어날 수도 있고 안 일어날 수도 있다. 등록도 자와나 후에 일어나는 인식과정의 하나이고 마음이다. 등록의 마음, 마음부수는 자와나와 같다. 실재를 볼 때 등록이 일어난다. 개념으로 보는 것은 등록이 일어나지 않는다. 예를 들어 눈의 감성물질을 보고 난 후 '이것은 물질이다.' 하고 결정을 하면 욕계 유익한 마음의 자와나가 7번 일어나고 난 뒤 등록이 2번 일어난다.

여기에 익숙해지면, 평소 생활에서 일어나는 욕계 유익한 마음의 자와나를 관찰한다. 걷는 가운데 붓다를 떠올리면서 '부처님은 번뇌가 없다.' 하고 결정을 하면 그것이 의문전향이 되고 의문전향 후 욕계 유익한 마음의 자와나가 7번 일어나는 것을 볼 수 있다. 길거리에서 개를 봤을 때 '저 개가 위험에서 벗어나기를' 하고 결정을 하면 욕계 유익한 마음의 자와나가 7번 일어난다.

잠시 아름다운 마음부수를 설명하고 넘어가겠다. 아름다운 마음부수는 모두 25가지인데, '아름다운 마음에 공통되는 것들' 19가지와 나머지 6가지다. 나머지 6가지 중 하나인 지혜의 기능은 선정 인식과정의 마음, 마음부수에서 설명했다. 나머지 5가지는 바른 말, 바른 행위, 바른 생계라는 3가지 절제의 마음부수와 연민, 함께 기뻐함이라는 2가지 무량의 마음부수이다. 바른 말은 거짓말, 이간질하는 말, 욕설, 잡담을 하지 않는 것을 말한다. 바른 행위는 살아 있는 생명을 죽이는 것, 훔치는 것, 성적으로 잘못된 행위를 하지 않는 것이다. 바른 생계에는 2가지 뜻이 있다. 하나는 남을 해치는 일에 종사하지 않는 것이다. 예를 들면 인신매매나 도축을 하거나 무기를 밀거래하거나 테러집단 등에 가담하지 않는 것이다. 또 하나는 생계 활동을 하면서 바른 말과 바른 행위를 하는 것이다. 연민은 다른 사람의 고통이 없기를 바라는 것이다. 함께 기뻐함은 다른 사람이 성취한 것을 같이 기뻐하는 것이다.

예를 들어 설명하면, 바른 말의 마음부수는 잘못된 말을 자제할 때 일어난다. 거짓말을 안 하겠다고 결정을 할 때 그것이 의문전향이 되고 이어 욕계 유익한 마음의 자와나가 7번 일어난다. 이때 마음, 마음부수의 숫자는 기쁨이 있고 지혜가 있으면 35가지가 된다. 기쁨과 지혜가 있는 욕계 유익한 마음의 마음, 마음부수 34가지에 바른 말 마음부수를 합쳐 35가지다. 바른 행위와 바른 생계도 이와 같이 일어나며 이와 같이 계산한다.

눈, 귀, 코, 혀, 몸의 감성물질과 심장토대, 성 물질, 생명기능 물질, 물의 요소를 보고 이것들을 물질이라고 결정하면 욕계 유익한 마음이 일어난다. 또한 '이것들은 무상이다, 고다, 무아다.'라고 결정을 해도 욕계 유익한 마음이 일어난다. 욕계 유익한 마음은 다양한 경우에 일어나지만 욕심, 화, 어리석음이 없거나 현명한 주의가 있을 때만 그러하다.

이제 의문전향의 마음, 마음부수를 식별한다. 의문전향의 마음, 마음부수는 모두 12가지다. 마음과, '모든 마음에 공통되는 것들' 7가지와, '때때로 있는 것들' 6가지 가운데 4가지(일으킨 생각, 지속적 고찰, 결정, 정진)까지 하여 모두 12가지다. 의문전향이 일어날 때 이 12가지 마음, 마음부수를 식별한다. '모든 마음에 공통되는 것들' 7가지와 '때때로 있는 것들' 6가지는 순서대로 외우는 것이 좋다. 5문 인식과정 가운데 안식의 마음, 마음부수가 8가지라고 하면 마음부터 차례대로 세어서

8까지가 그 마음, 마음부수다. 받아들임의 경우 11가지인데 마음부터 세어서 11번째까지의 마음부수가 받아들임의 마음, 마음부수가 된다.

이렇게 정신 인식과정을 식별하는 것이 능숙해지면 그다음으로 넘어간다. 지금까지 경험한 선정에서 다시 나와 근접삼매의 인식과정을 포함한 선정 인식과정의 마음, 마음부수를 식별한다. 나는 선정 인식과정에서 식별하지 않았던 근접삼매의 마음을 식별했다. 아나빠나사띠 선정에서 나와 선정 요소를 점검하고 나서 '이것이 아나빠나사띠 빠띠바가 니밋따다.'라고 결정을 하는 의문전향이 있고 나면 준비, 근접, 수순, 종성의 마음이 일어나고 그 후 선정 인식과정의 자와나가 일어난다. 준비, 근접, 수순, 종성의 4가지 인식과정을 식별한다. 이들 4가지 인식과정은 자와나다. 이들 자와나의 마음, 마음부수는 초선정, 이선정, 삼선정의 근접삼매에서는 모두 34가지다. 다만 사선정의 근접삼매에서는 희열이 없어 33가지다. 무색계 선정의 근접삼매도 희열이 없어 33가지다.

욕계 유익한 마음의 마음, 마음부수를 식별하는 정신 수행을 할 때도 언제나 그동안 익힌 아나빠나사띠, 까시나, 무색계 선정을 차례로 닦고 난 뒤 비상비비상처에서 나와서 선정 요소를 점검하고 난 뒤에 한다. 이렇게 하는 것은, 선정에 항상 들 수 있게끔 훈련하는 것이 중요하기도 하고, 또 선정에 들었다 나오면 지혜의 눈이 생겨 마음과 마음부수를 볼 수 있기 때문이기도 하다.

5문 인식과정

이렇게 사마타 수행 후에 생기는 욕계 유익한 마음이나 일상에서 일어나는 욕계 유익한 마음을 식별하는 것이 숙달된 다음에는 5문 인식과정과 5문 인식과정에 이어서 일어나는 의문 인식과정을 식별한다.

5문 인식과정은 눈, 귀, 코, 혀, 몸의 문에서 형상, 소리, 냄새, 맛, 감촉을 대상으로 일어나는 인식과정이다. 5문 인식과정은 대개 의문 인식과정으로 이어지지만 대상이 약하거나 마음의 힘이 약하면 5문 인식과정으로 끝나기도 한다.

먼저 눈에서 형상을 대상으로 안문 인식과정이 일어나는 것을 보겠다. 눈 감성물질에 형상이 비치고 (그 형상을 보겠다는) 대상에 대한 주의가 생기면 안문전향이 일어난다. 그러나 단순히 눈 감성물질에 형상이 비친다고 해서 안문전향이 일어나지는 않는다. 형상을 보겠다는 주의가 있어야 안문전향이 일어난다. 나는 수행에서, 나무를 보기만 했을 때 안문 인식과정이 일어나지 않고 나무를 보겠다는 주의가 있을 때 안문 인식과정이 시작되는 것을 경험하고 놀란 적이 있다. 이 주의가 바로 안문전향이다. 안문전향은 의문전향처럼 결정을 할 수는 없다. 안문전향의 마음, 마음부수는 11가지다. 마음, 접촉, 느낌, 인식, 의도, 집중, 생명기능, 주의, 일으킨 생각, 지속적 고찰, 결정이다. 안문전향이 있을 때 이들 마음과 마음부수가 형상이라는 대상에 작용한다. 마음과 마음부수는 각각의 기능을 한다.

다음으로 안문전향의 마음이 사라지고 안식이 생긴다. 안식의 마음, 마음부수는 8가지다. 마음부터 주의까지의 마음, 마음부수가 있다. 안식이 사라지면 받아들임이 생긴다. 받아들임의 마음, 마음부수는 11가지다. 안문전향의 마음, 마음부수 숫자와 같다. 받아들임이 사라지면 조사가 일어난다. 조사의 마음, 마음부수는 대상을 좋아하는 희열이 있으면 12가지이고, 희열이 없이 평온한 마음이면 11가지다. 조사가 사라지면 결정이 일어난다. 결정의 마음, 마음부수는 12가지다. 조사를 제외한 안문전향, 안식, 받아들임, 결정은 모두 평온이다.

5문 인식과정의 결정은 의문전향의 결정처럼 정확하게 결정할 수 없다. 5문 인식과정의 결정은 형상을 형상으로만 결정할 수 있지만, 의문전향의 결정은 형상의 종류와 그 형상의 무상, 고, 무아를 결정할 수 있다. 결정이 사라지면 자와나가 7번 일어난다. 자와나는 어떤 마음이냐에 따라 마음, 마음부수가 다르다. 유익한 마음이면 기쁨과 지혜의 여부에 따라 32~34가지 마음, 마음부수가 있다. 해로운 마음이면 해로운 마음의 종류에 따라 마음, 마음부수가 다르다. 해로운 마음부수에 대해서는 조금 있다가 자세히 이야기하겠다. 자와나 후에 등록이 2번 일어날 수도 있고 일어나지 않을 수도 있다. 등록은 궁극 실재를 대상으로 하고, 5문의 감성물질에 비친 대상의 영향이 강할 때 일어난다. 개념을 대상으로 하는 등록은 일어나지 않는다.

이상을 정리하면 다음과 같다. 눈에서 형상을 대상으로 일어나는 안문 인식과정은 안문전향, 안식, 받아들임, 조사, 결정, 자와나, 등록으로 이루어져 있다. 등록은 일어날 수도 있고 일어나지 않을 수도 있다. 안문 인식과정 후 의문 인식과정이 일어난다면 바왕가(bhavaṅga, 생명연속심), 의문전향, 자와나, 등록의 인식과정이 일어난다. 마찬가지로 등록은 일어날 수도 있고 일어나지 않을 수도 있다. 바왕가에 대해서는 생각할 필요가 없다. 정신 수행이 끝나고 연기 수행을 할 때 알 수 있다. 그래서 정신 인식과정을 할 때는 바왕가를 식별하지 않는다.

귀, 코, 혀, 몸의 경우에는 각각에 해당하는 전향과 식이 있고, 나머지는 안문 인식과정과 같다. 귀의 경우에는 이문전향, 이식이고, 코의 경우에는 비문전향, 비식이며, 혀의 경우에는 설문전향, 설식이고, 몸의 경우에는 신문전향, 신식이 된다.

___ 해로운 마음부수 14가지

잠시 해로운 마음부수에 대해 설명하겠다. 해로운 마음부수는 해로운 마음에 따라오는 마음부수다. 해로운 마음은 탐욕, 성냄, 어리석음의 세 가지 중 어느 하나가 있는 마음이다. 해로운 마음부수는 모두 14가지다. 이 가운데 4가지는 모든 해로운 마음에 공통으로 있는 마음부수다. 욕심이 있는 마음이든 화가 있는 마음이든 어리석음이 있는 마음이든 이 4가지 마음부수는 반드시 있다. 그래서 '모든 해로운 마음에 공통되는 것들'이다. 이들 4가지는 어리석음, 부끄러움 없음, 두려움 없음, 들뜸이다.

어리석음은 지혜가 없는 상태다. 대상을 바로 알지 못한다. 부끄러움 없음은 잘못된 행위에 대해 부끄러워하지 않는 것이다. 두려움 없음은 잘못된 행위에 대해 두려워하지 않는 것이다. 부끄러움 없음과 두려움 없음에 대해서는 공주와 시녀의 비유로 설명하면 이해가 쉽다. 공주는 자신이 잘못된 행위를 했을 때 부끄러워하는 반면, 시녀는 잘못된 행위에 대해 두려움을 느낀다. 들뜸은 마음이 안정되어 있지 않은 것이다. 대상에 확고히 가 있지 못하고 동요하는 상태다.

나머지 10가지는 해로운 마음의 종류에 따라 있기도 하고 없기도 하는 마음부수다. 그래서 이름을 '해로운 마음에 때때로 있는 것들'이라고 붙인다. 10가지는 탐욕, 사견, 자만, 성냄, 질투, 인색, 후회, 해태, 혼침, 의심이다. 이중 탐욕, 사견, 자만은 탐욕과 관계된 마음부수이고, 성냄, 질투, 인색, 후회는 성냄과 관계된 마음부수이고, 해태와 혼침은 해태와 관계된 것이고, 의심은 어리석음과 관계된 것이다. 해태와 혼침은 자극 받은 마음이 있을 때 생기는 마음부수다. 유익한 마음에서는 자극 받은 마음과 자극 받지 않은 마음이 마음부수가 같지만 해로운 마음에서는 자극 받은 마음이 되면 마음부수로 해태와 혼침이 추가된다. 외부로부터 자극을 받을 때는 자극을 받을 만한 상태에 있다고 보는데, 해태와 혼침이 그러한 상태다. 불건전한 5가지 덮개 가운데 있는 해태와 혼침과는 좀 다르다. 여기서 해태와 혼침이 있다는 것은 마음이 확고하지 않고 분명히 깨어 있지 않아서 외부 자극의 영향을 받는다는 것이다.

각각의 해로운 마음부수를 간략히 살펴보자. 탐욕은 탐하는 마음이다. 탐욕은 끈끈이처럼 대상을 거머쥐는 특징을 가지고 있다. 사견은 잘못된 견해를 말한다. 이치에 어긋나는 고집을 특징으로 한다. '내가 있다는 견해'(유신견)가 불교에서 말하는 잘못된 견해의 표본이다. 모든 잘못된 것이 유신견에서 비롯된다. 자만은 자신을 높게 생각하는 것이다. 성냄은 화가 나는 것이다. 질투는 남이 잘된 것을 시샘하는 것이다. 인색은 자신이 가진 것을 남과 나누는 것을 싫어하는 것이다. 재물이든 정신적인 것이든 자신의 것을 남과 나누는 것을 싫어한다. 후회는 이미 지난 일에 대해 뉘우치거나 안달복달하는 것인데, 2가지 형태가 있다. 과거에 행한 나쁜 일에 대해 나쁜 일을 했다고 후회하거나, 했어야 되는데 하지 않은 일에 대해 하지 않았다고 후회하는 것이다. 해태는 나태함이나 게으름이고, 혼침은 마음이 둔하고 무기력한 것이다. 의심은 분명하게 결정을 못하고 회의를 하며 잘 몰라 혼란스럽게 이리저리 생각하는 것이다.

___ 해로운 마음의 종류

지금까지 모든 마음부수에 대해 알아보았다. 5문 인식과정의 자와 나에 유익한 마음이 있으면 그에 해당되는 마음부수가 있고 해로운 마음이 있으면 그에 상응하는 마음부수가 있다. 그것을 식별하면 된다.

5문 인식과정의 마음, 마음부수를 식별하는 정신 수행을 할 때도 언제나 그동안 익힌 아나빠나사띠, 까시나, 무색계 선정을 차례로 닦고 난 뒤 비상비비상처에서 나와서 선정 요소를 점검하고 난 뒤에 한다.

유익한 마음과 해로운 마음이 5문 인식과정과 의문 인식과정에서 일어나는 것을 본다. 훈련을 위해 한 번은 유익한 마음으로 5문 인식과정을 시작하고 다음번에는 해로운 마음으로 5문 인식과정을 시작한다.

예를 들어 유익한 마음으로 이문 인식과정을 시작하기 위해 새 소리를 들을 때 '이것은 소리다.' 하고 결정한다. 그러면 이문 인식과정의 자와나와 의문 인식과정의 자와나에 유익한 마음에 상응하는 마음, 마음부수가 일어난다. 이때 일어나는 인식과정을 열거하면 다음과 같다. 바왕가, 이문전향, 이식, 받아들임, 조사, 결정, 자와나(유익한 마음) 7번, 등록 2번, 바왕가, 의문전향, 자와나(유익한 마음) 7번, 등록 2번.

해로운 마음으로 이문 인식과정을 시작하기 위해서는 새 소리를 들을 때 '저것은 아름다운 새 소리로 또 듣고 싶다.'는 탐욕의 마음으로 새 소리를 듣는다. 그러면 이문 인식과정과 의문 인식과정의 자와나에 해로운 마음에 해당하는 마음, 마음부수가 일어난다. 이때 일어나는 인식과정을 열거하면 다음과 같다. 바왕가, 이문전향, 이식, 받아들임,

조사, 결정, 자와나(해로운 마음) 7번, 바왕가, 의문전향, 자와나(해로운 마음) 7번.

5문 인식과정과 이어서 일어나는 의문 인식과정의 마음, 마음부수를 식별하는 수행을 할 때 유익한 마음과 해로운 마음을 번갈아서 한다. 눈, 귀, 코, 혀, 몸의 5문에서 이와 같이 한다.

욕계 유익한 마음인 경우는 앞서 말한 대로 기쁨, 지혜, 자극 여부에 따라 8가지 경우로 한다. 해로운 마음의 경우는 탐욕, 성냄, 어리석음에 따라 달라진다.

탐욕의 마음의 경우 해로운 마음부수 중 공통된 것 4가지와 탐욕, 사견, 자만의 마음부수가 있는데 사견과 자만은 같이 일어날 수 없다. 탐욕과 사견이 같이 일어나고, 탐욕과 자만이 같이 일어난다. 그리고 두 가지 변수가 있다. 하나는 희열이 있느냐 아니면 평온이 있느냐 하는 것이고, 다른 하나는 자극을 받았느냐 아니냐는 것이다.

그래서 탐욕의 마음은 다음의 8가지 마음으로 분류될 수 있다. 탐욕과 사견이 있으면서 기쁨이 있고 자극 받은 마음, 탐욕과 사견이 있으면서 기쁨이 있고 자극 받지 않은 마음, 탐욕과 사견이 있으면서 평온이 있고 자극 받은 마음, 탐욕과 사견이 있으면서 평온이 있고 자극 받지 않은 마음, 탐욕이 있고 사견은 없으면서 기쁨이 있고 자극 받은 마음, 탐욕이 있고 사견은 없으면서 기쁨이 있고 자극 받지 않은 마음, 탐욕이 있고 사견은 없으면서 평온이 있고 자극 받은 마음, 탐욕이 있고 사견은 없으면서 평온이 있고 자극 받지 않은 마음이다.

이 가운데 탐욕과 사견이 있으면서 기쁨이 있고 자극 받은 마음에 어떤 마음, 마음부수가 있는지 보겠다. 마음과 모든 마음에 공통되는 마음부수인 접촉, 느낌, 인식, 의도, 집중, 생명기능, 주의의 7가지와, 때때로 있는 마음부수인 일으킨 생각, 지속적 고찰, 결정, 정진, 희열, 열의의 6가지와, 해로운 마음에 공통적으로 있는 마음부수인 어리석음, 부끄러움 없음, 두려움 없음, 들뜸의 4가지와, 탐욕, 사견의 2가지와, 자극 받은 마음으로 인한 마음부수인 해태와 혼침 2가지가 있어 모두 22가지 마음, 마음부수가 있다. 나머지 7가지 마음도 이와 같이 계산하면 된다. 자극 받지 않은 마음에는 자극 받은 마음부수인 해태와 혼침이 없다. 이것을 유의하면 된다.

성냄의 마음의 경우 해로운 마음부수 중 공통된 것 4가지와 성냄, 질투, 인색, 후회의 마음부수가 있다. 이때 질투, 인색, 후회 없이 성냄만 일어날 수 있다. 질투, 인색, 후회는 같이 일어날 수 없다. 대상이 다 다르기 때문이다. 그래서 성냄과 질투가 같이 일어나고, 성냄과 인색이 같이 일어나고, 성냄과 후회가 같이 일어난다. 성냄이 자극을 받아 일어나는 경우와 자극을 받지 않고 일어나는 경우가 있다.

그래서 성냄의 마음은 다음의 8가지 마음으로 분류될 수 있다. 성냄이 있으면서 자극 받은 마음, 성냄이 있으면서 자극 받지 않은 마음, 성냄과 질투가 있으면서 자극 받은 마음, 성냄과 질투가 있으면서 자극 받지 않은 마음, 성냄과 인색이 있으면서 자극 받은 마음, 성냄과 인색이 있으면서 자극 받지 않은 마음, 성냄과 후회가 있으면서 자극 받은 마음, 성냄과 후회가 있으면서 자극 받지 않은 마음이다.

이 중 성냄이 있으면서 자극 받은 마음에 어떤 마음, 마음부수가 있는지 보겠다. 마음과, 모든 마음에 공통되는 마음부수인 접촉, 느낌, 인식, 의도, 집중, 생명기능, 주의의 7가지와, 때때로 있는 마음부수인 일으킨 생각, 지속적 고찰, 결정, 정진, 열의의 5가지와, 해로운 마음에 공통적으로 있는 마음부수인 어리석음, 부끄러움 없음, 두려움 없음, 들뜸의 4가지와, 성냄과, 자극 받은 마음으로 인한 마음부수인 해태와 혼침의 2가지가 있어 모두 20가지 마음, 마음부수가 있다. 성냄의 마음에는 때때로 있는 마음부수 중 희열이 없다. 성내는 마음에는 희열이 있을 수 없다. 자극 받지 않은 마음에는 자극 받은 마음부수인 해태와 혼침이 없다. 이것을 유의하면 된다. 나머지 7가지 성냄의 마음도 이와 같이 계산하면 된다.

어리석음의 마음의 경우 모든 해로운 마음에 공통되는 4가지와 의심의 마음부수가 있다. 어리석음의 마음부수로는 들뜸과 의심이 있는데 들뜸은 해로운 마음부수 중 공통된 것에 포함되어 있다. 어리석음은 자극을 받고 일어나지 않는다. 그래서 어리석음의 마음은 다음의 2가지 마음으로 분류될 수 있다. 바로 어리석음과 들뜸이 있는 마음, 어리석음과 의심이 있는 마음이다.

이 가운데 먼저 어리석음과 들뜸이 있는 마음에 어떤 마음, 마음부수가 있는지 보겠다. 마음과, 모든 마음에 공통되는 마음부수인 접촉, 느낌, 인식, 의도, 집중, 생명기능, 주의의 7가지와, 때때로 있는 마음부수인 일으킨 생각, 지속적 고찰, 결정, 정진의 4가지와, 해로운 마음에 공통되는 마음부수인 어리석음, 부끄러움 없음, 두려움 없음, 들뜸의 4가지가 있다. 모두 16가지의 마음, 마음부수다. 들뜸의 마음에는 희열과 열의가 없다.

어리석음과 의심이 있는 마음에는 마음과, 모든 마음에 공통되는 마음부수인 접촉, 느낌, 인식, 의도, 집중, 생명기능, 주의의 7가지와, 때때로 있는 마음부수인 일으킨 생각, 지속적 고찰, 정진의 3가지와, 해로운 마음에 공통되는 마음부수인 어리석음, 부끄러움 없음, 두려움 없음, 들뜸의 4가지와, 의심이 있다. 모두 16가지의 마음, 마음부수이다. 의심의 마음에는 결정과 희열과 열의가 없다.

이렇게 해로운 마음의 종류와 그때 있는 마음과 마음부수를 알아보았다. 5문 인식과정과 의문 인식과정에서 해로운 마음의 자와나가 있을 때 일어나는 마음, 마음부수를 이와 같이 식별하면 된다. 예를 들어 과거에 맛있게 먹었던 적이 있는 케이크가 앞에 있을 때, 과거에 맛있게 먹은 기억이 떠오르면서 다시 먹고 싶은 마음으로 그 케이크를 보면 안문 인식과정이 시작된다. 안문전향이 일어나면서 마음, 마음부수 11가지가 일어난다. 안문전향이 사라지면서 안식이 일어난다. 이때 마음, 마음부수 8가지가 일어난다. 안식이 사라지고 받아들임이 일어나면서 마음, 마음부수 11가지가 일어난다. 받아들임이 사라지면서 조사가 일어나는데 이 경우 희열이 있기 때문에 마음, 마음부수는 12가지가 된다. 조사가 사라지면서 결정이 일어난다. 마음, 마음부수는 12

가지다. 결정이 사라지면서 자와나가 7번 일어난다. 이때 자와나는 탐욕과 사견과 희열이 있어 마음, 마음부수가 20가지가 된다. 등록은 일어나지 않고 바왕가가 있고 바왕가가 사라지고 난 뒤 의문전향이 있다. 의문전향의 마음, 마음부수는 12가지다. 의문전향이 사라지고 자와나가 일어난다. 5문 인식과정의 자와나와 같은 마음, 마음부수로 일어난다. 자와나 후에 등록은 일어나지 않고 바왕가가 일어난다. 5문 인식과정과 5문 인식과정에 이어 일어나는 의문 인식과정은 이렇게 일어난다.

___ 유익한 마음과 해로운 마음의 갈림길

유익한 마음과 해로운 마음은 결정에 의해 일어난다. 결정을 할 때 현명한 주의에 의해서 하느냐 아니면 어리석은 주의에 의해서 하느냐에 따라 유익한 마음과 해로운 마음으로 갈린다. 유익한 마음이 되면 유익한 마음의 인식과정이 일어나고, 해로운 마음이 되면 해로운 마음의 인식과정이 일어난다. 그래서 눈, 귀, 코, 혀, 몸, 정신으로 대상을 대할 때 현명한 주의가 아주 중요하다.

유익한 마음의 자와나의 마음, 마음부수는 우리를 편안하게 한다. 유익한 마음, 마음부수 하나하나가 그런 기능을 한다. 건강에도 좋다. 좋은 상태가 축적되면 건강한 몸과 마음이 된다. 이에 반해 해로운 마음의 마음, 마음부수는 우리를 힘들게 한다. 건강에도 안 좋다. 안 좋은 상태가 축적되면 몸과 마음에 병을 초래한다.

이뿐만 아니다. 『청정도론』에서는 7번의 자와나 중 첫 번째 자와나는 이생에 과보를 가져오고, 두 번째부터 여섯 번째 자와나는 다다음 생부터 그 후의 미래 생에 과보를 가져오고, 일곱 번째 자와나는 바로 다음 생에 과보를 가져온다고 했다. 그리고 5문 인식과정과 의문 인식과정은 한 번만 일어나는 것이 아니라 짧은 시간에 무수히 일어난다. 그 결과 자와나도 무수히 일어난다. 그래서 그 일이 벌어진 때도 많은 영향을 주고, 이생의 미래에도 영향을 주고, 다음 생에도 영향을 준다. 이러한 사실을 알면 마음을 먹을 때 아주 조심스러워진다.

사실, 선정을 닦고 유익한 마음과 해로운 마음의 인식과정을 보고 그 영향을 알고 나면 해로운 마음은 거의 안 먹게 된다. 단지 수행을 위해 일부러 해로운 마음을 가져서 해로운 마음의 인식과정이 일어나게 할 뿐이다. 해로운 마음이 있을 때 일어나는 마음부수는 나를 힘들게 했다. 그래서 해로운 마음을 갖기 싫었지만 수행을 위해서 어쩔 수 없이 했다. 그에 비해 선정이나 유익한 마음이 있을 때 마음부수는 참으로 좋았다. 수행을 하면 어떤 면에서는 민감해진다. 산속 공기 좋은 곳에 살던 사람이 공기가 오염된 도시에 가면 달라진 공기를 민감하게 알아채듯이, 정신 수행을 통해서 유익한 마음과 해로운 마음의 마음부수를 분명히 식별하면 해로운 마음의 마음부수를 힘들어하여 멀리 하게 된다.

귀에서 일어나는 인식과정도 눈에서와 같이 훈련한다. 앉아서 들

<표4> 유익한 마음과 해로운 마음

유익한 마음 8가지		○ 기쁨이 함께하고 지혜가 있고 자극 받지 않은 마음, 기쁨이 함께하고 지혜가 있고 자극 받은 마음 ○ 기쁨이 함께하고 지혜가 없고 자극 받지 않은 마음, 기쁨이 함께하고 지혜가 없고 자극 받은 마음 ○ 평온이 함께하고 지혜가 있고 자극 받지 않은 마음, 평온이 함께하고 지혜가 있고 자극 받은 마음 ○ 평온이 함께하고 지혜가 없고 자극 받지 않은 마음, 평온이 함께하고 지혜가 없고 자극 받은 마음
해로운 마음 18가지	탐욕의 마음 8가지	○ 탐욕과 사견이 있으면서 기쁨이 있고 자극 받은 마음, 탐욕과 사견이 있으면서 기쁨이 있고 자극 받지 않은 마음 ○ 탐욕과 사견이 있으면서 평온이 있고 자극 받은 마음, 탐욕과 사견이 있으면서 평온이 있고 자극 받지 않은 마음 ○ 탐욕이 있고 사견은 없으면서 기쁨이 있고 자극 받은 마음, 탐욕이 있고 사견은 없으면서 기쁨이 있고 자극 받지 않은 마음 ○ 탐욕이 있고 사견은 없으면서 평온이 있고 자극 받은 마음, 탐욕이 있고 사견은 없으면서 평온이 있고 자극 받지 않은 마음
	성냄의 마음 8가지	○ 성냄이 있으면서 자극 받은 마음, 성냄이 있으면서 자극 받지 않은 마음 ○ 성냄과 질투가 있으면서 자극 받은 마음, 성냄과 질투가 있으면서 자극 받지 않은 마음 ○ 성냄과 인색이 있으면서 자극 받은 마음, 성냄과 인색이 있으면서 자극 받지 않은 마음 ○ 성냄과 후회가 있으면서 자극 받은 마음, 성냄과 후회가 있으면서 자극 받지 않은 마음
	어리석음의 마음 2가지	○ 어리석음과 들뜸이 있는 마음 ○ 어리석음과 의심이 있는 마음

리는 소리에 대해 유익한 마음을 낼 수도 있고 해로운 마음을 낼 수도 있다. 소리를 '소리'라고 그대로 알면 현명한 주의다. '이것은 소리다.' 하고 현명한 주의를 기울이면 이문전향이 일어나고 이어서 이식, 받아들임, 조사, 결정, 자와나, 등록, 바왕가, 의문전향, 자와나, 등록이 일어난다. 자와나와 등록에는 유익한 마음의 마음, 마음부수가 있다. 그러나 소리에 대해 '참 좋은 소리다. 자꾸 듣고 싶다.' 하는 마음을 내면 어리석은 주의가 작용하여 탐욕과 사견의 마음, 마음부수가 있는 자와나가 일어난다. 어떤 소리에 대해 싫은 마음을 내면 성냄의 마음이 일어난다. 그래서 이문 인식과정의 자와나에 성냄의 마음, 마음부수가 있다.

코에서 일어나는 인식과정도 여러 가지로 식별할 수 있다. 신선한 공기를 맡으면서 '이것은 냄새다.' 하고 결정하면 현명한 주의다. 이어서 일어나는 비문 인식과정의 자와나와 의문 인식과정의 자와나에 유익한 마음, 마음부수가 있다. 반면 신선한 공기를 맡으면서 애착을 일으키면 탐욕의 마음이 된다. 안 좋은 냄새를 맡았을 때 싫어하는 마음을 내면 성냄의 마음이 된다. 또 다른 예로, 안 좋은 냄새에 대해 '이것은 냄새다.' 하고 있는 그대로 알면 유익한 마음이 된다. 코가 안 좋아서 코 안에 약을 뿌려놓고서, 안 뿌렸어야 했는데 왜 뿌렸지 하고 후회하면 성냄과 후회의 마음이 일어난 것이다.

혀에서 일어나는 인식과정도 마찬가지로 식별한다. 맛을 느낄 때 어떤 주의를 기울이느냐에 따라 유익한 마음이 일어나기도 하고 해로운 마음이 일어나기도 한다. 맛이 없는 음식을 맛볼 때 그 음식에 대해 싫어하는 마음을 내면 성냄의 마음이 들고 그에 따른 인식과정이 일어나며, 그 맛이 무상이라고 생각하면 현명한 주의가 되어 유익한 마음이 들고 그에 따른 인식과정이 일어난다.

몸에서 일어나는 인식과정도 눈, 귀, 코, 혀에서와 같은 방법으로 식별한다. 몸에서 일어나는 감촉을 대상으로 신문전향이 일어난다. 감촉은 땅, 불, 바람이 몸 감성물질에 닿은 것이다. 물질 수행에서 말한 땅의 속성 6가지가 감촉이 되고 불의 속성인 따뜻함과 차가움, 그리고 바람의 속성인 밂과 지탱이 감촉이 된다. 그것이 몸 감성물질에 부딪치면 몸의 인식과정이 일어난다. 몸에 부드러움이 느껴질 때 좋다고 느끼고 그것을 계속 느끼려고 하면 탐욕의 마음이 일어난 것이다. 부드러움에 대해 물질이라고 생각하면 현명한 주의가 작용하고 유익한 마음이 된다.

수행을 하면서 '나는 수행을 잘한다.' 하며 자부심을 가지면 어리석은 주의가 되어 탐욕과 자만이 있는 해로운 마음이 일어난다. 이것을 의문 인식과정에서 식별하면 된다.

●

그냥 일어나는 것은 아무것도 없다. 현명한 주의를 두면 유익한 마음이 일어나고 어리석은 주의를 두면 해로운 마음이 일어난다. 이런 것을 알고 나에게 도움이 되게 노력하는 것이 수행이다. 이런 것을 인식 과정에서 마음, 마음부수를 통해 식별하는 것이 정신 수행이다.

지금까지 알아본 것처럼 6문에서 일어나는 인식과정은 어떤 것이라도 식별할 수 있어야 한다. 6문에서 일어나는 인식과정에 숙달되면 5온을 식별한다.

5온의 식별

　　물질 수행을 통해 물질을 식별할 수 있고 정신 수행을 통해 마음과 마음부수를 식별할 수 있기 때문에 이제 5온을 식별하는 수행을 한다. 지금까지는 물질과 정신을 따로 식별하는 수행을 했는데 이제 물질과 정신을 동시에 식별하는 수행을 한다.

　　5온은 색온, 수온, 상온, 행온, 식온으로, 존재를 구성하는 5요소다. 색온은 물질이고 수온, 상온, 행온, 식온은 정신이다. 수온, 상온, 행온은 마음부수고 식온은 마음이다. 수온은 느낌이고, 상온은 인식이고, 행온은 의도이거나 또는 정신에서 느낌과 인식과 마음을 제외한 모든 마음부수다. 지금까지 물질과 정신 수행에서 다 식별한 것이다.

　　5온을 식별하는 것은 매우 중요하다. 5온을 식별하면 존재의 실상을 있는 그대로 보는 것이다. 존재란 다름 아닌 5온이다. 물질은 조건에 따라 빠르게 일어났다가 조건에 따라 빠르게 사라진다. 정신도 조건에 따라 빠르게 일어났다가 조건에 따라 빠르게 사라진다. 물질과 정신으로 이루어진 5온이 조건에 따라 빠르게 일어났다가 조건에 따라 빠르게 사라지는 것을 보면, '나'라는 존재가 있고 그 존재가 계속된다는 유신견을 없앨 수 있다. 유신견을 없애고 존재를 있는 그대로 보게 된다.

아나빠나사띠를 통해 초선정에 든 후 초선정에서 나와서, 의문에 있는 아나빠나사띠 빠띠바가 니밋따를 보고 '이것이 아나빠나사띠 빠띠바가 니밋따.' 하고 결정을 하면 이것이 의문전향이 되고, 이어 선정 인식과정이 일어난다. 의문전향과 근접삼매의 준비, 근접, 수순, 종성과 선정 인식과정의 자와나가 일어난다. 이때 마음과 마음부수를 하나하나 보지 않고, 의문전향의 경우 12가지, 준비, 근접, 수순, 종성의 경우 34가지, 선정 인식과정의 자와나의 경우 34가지를 같이 본다. 그리고 이때 심장토대도 같이 본다.

의문에 있는 물질은 다음의 6가지 물질로 이루어져 있다. 업에서 생긴 심장토대가 있는 10가지 물질로 된 깔라빠, 몸 감성물질이 있는 10가지 물질로 된 깔라빠, 성 물질이 있는 10가지 물질로 된 깔라빠, 마음에서 생긴 8가지 물질로 된 깔라빠, 온도에서 생긴 8가지 물질로 된 깔라빠, 음식에서 생긴 8가지 물질로 된 깔라빠다. 모두 합해서 54가지의 물질이 있다. 이 물질이 색온이다. 5온을 본다는 것은 의문에 있는 이 물질과, 느낌, 인식, 의도 또는 느낌, 인식, 마음을 제외한 모든 마음부수, 그리고 마음을 보는 것이다.

물질적인 토대와 정신 그리고 정신의 대상은 언제나 같이 있다. 정신이 일어나는 토대가 물질이다. 5온은 따로 일어나는 것이 아니다. 같이 일어난다. 같이 일어난 5온에서 색온, 수온, 상온, 행온, 식온을 식별한다. 정신 인식과정 하나하나마다 5온이 있다. 다른 인식과정으로 넘어가면 또 다른 5온이 있다. 이렇게 5온의 생멸이 있다. 존재는 하나로서 쭉 계속되는 것이 아니라 조건에 따라 일어났다가 사라지는 것이다. 새로운 5온이 일어나려면 이전의 5온이 사라져야 한다.

아나빠나사띠뿐만 아니라 까시나, 무색계, 4가지 거룩한 마음가짐, 4보호 명상 후의 선정에서 나와 이렇게 5온을 식별한다. 선정에서뿐만 아니라 일상생활에서도 5온을 관찰한다. 길거리에서 개를 봤을 때, '저 개가 위험에서 벗어나기를' 하는 결정을 하면 의문전향과 자와나가 일어난다. 그때 마음, 마음부수가 일어나는 것과 그것의 토대가 되는 의문의 물질을 보면 5온을 보는 것이다. 어디로 걸어간다고 할 때, 그때 일어나는 업, 마음, 온도, 음식에서 생긴 물질이 색온이 되고, 걸어가려고 하는 의도가 행온이 되고, 그때 일어나는 느낌이 수온이 되고, 걸어가려고 하는 그곳이 상온이 되고, 가는 것을 아는 것이 식온이 된다. 이렇게 무엇을 하든 그때 일어나는 물질, 느낌, 인식, 의도, 마음이 5온이고 이것을 보는 것이 5온을 식별하는 것이다.

정신 수행은 어떻게 정신을 치료하는가

정신과 의사인 나는, 정신 수행을 하면서 정신적인 문제와 정신적인 증상을 이해하는 데 많은 도움을 받았다. 욕심과 성냄과 어리석음이 있는 마음으로 뭘 보고 듣고 경험하고 생각할 때 우리에게 오는 영향을 구체적으로 알게 되었다.

욕심, 성냄, 어리석음은 해로운 마음이다. 해로운 마음이 작용할 때 해로운 마음의 자와나가 있는 인식과정이 일어난다. 해로운 마음의 자와나에 있는 마음부수는 우리에게 부정적인 영향을 준다. 해로운 마음의 공통적인 마음부수인 어리석음, 부끄러움을 모르는 것, 두려움을 모르는 것, 들뜸이 우리에게 안 좋은 영향을 준다.

어리석음은 무엇이 일어나는지 모르는 것이다. 나에 대해서도 모르고 남에 대해서도 모르고 상황에 대해서도 모르는 것이다. 그러니 나만의 방식으로 생각하고 나만의 방식으로 남을 대하고 나만의 방식으로 상황에 대처한다. 현실에 맞지 않으니 자꾸 남과 충돌하고 현실과 충돌한다. 그만큼 화가 자꾸 난다. 그러니 더욱더 현실을 있는 그대로 보지 못한다.

부끄러움과 두려움이 없으니 생각이나 행동에 제동이 걸리지 않는다. 사실 부끄러움과 두려움은 세상을 살아갈 때 우리가 잘못되지 않도록 보호하는 장치인데, 그것이 없으니 우리 속의 본능이나 문제가 그대로 드러나 작동한다. 그 결과 문제가 생기면 그때 자기를 돌아보고 자기의 문제를 고쳐도 늦지 않다. 하지만 제어 장치가 없이 남과 세상을 원망하면 악순환이 일어난다. 브레이크 없는 차가 되어 위험천만인 상태가 된다.

마지막으로 들뜸은 안정이 안 되어 차분하지 않은 상태다. 이래서는 일어나는 일을 잘 지켜보지 못한다. 그렇다 보니 대처도 잘 안 된다.

여기다가 욕심, 성냄, 어리석음 각각의 마음에 같이 있는 마음부수인 탐욕, 사견, 자만, 성냄, 인색, 질투, 후회, 해태, 혼침, 의심도 각각 기능을 한다.

탐욕은 움켜잡는 마음이다. 균형 있게 보는 여유로운 마음을 갖지 못하고 탐욕의 대상이 되는 것에 집중되어 그것을 움켜잡으려고 한다. 쉽게 움켜지지 않으면 괴롭다. 움켜잡지 못하면 화가 난다. 안정된 마음을 잃는다.

사견은 사물을 잘못 보는 상태다. 잘못 보면서 잘못 보고 있다는 것도 모르니 고칠 수도 없다. 바로 보고 행동해야 성과가 있는데 잘못 보고 하니 모래 위에 쌓은 성처럼 언제 무너질지 모른다. 사견은 괴로움의 근본 원인이다.

자만은 남보다 내가 낫다고 생각하는 것이다. 바람이 든 상태다. 뭘 하든지 내게 도움이 되고 내게 필요한 것을 해야 하는데, 자만이 작동하면 남과의 비교 때문에 그게 제대로 안 된다.

인색, 질투도 마찬가지다. 내가 가진 것을 같이 나누고 남의 성공을 축하하는 것이 나에게 이롭고 좋은 결과를 가져오는데 그것을 안 하고 내 마음을 인색이나 질투로 들볶는다.

후회는 이미 벌어진 일에 대해 '내가 왜 했나?' 또는 '내가 왜 안 했나?' 하고 속을 끓이는 것이다. 사실 자세히 관찰해보면 후회할 일을 할 그 순간에는 그렇게밖에 할 수 없는 상태에 있었다. 하지만 그것을 못 보고 '내가 다르게 할 수 있었는데…' 하고 욕심을 일으킨다.

해태는 게으르거나 나태한 상태다. 혼침은 몽롱하거나 깨어 있지 않은 상태다. 해태와 혼침 상태에서는 상황을 제대로 인색하지 못하고 필요한 일을 할 수 없다. 의심이 있으면, 나에게 도움이 되는 것을 의심해서 안 하게 된다. 그래서 내게 손해가 온다.

각각의 마음부수 하나하나가 이런 기능을 한다. 악순환은 점점 깊어진다.

반면에 탐욕이 없고, 성냄이 없고, 어리석음이 없는 유익한 마음에는 아름다운 마음에 공통되는 마음부수 19가지가 있다. 바로 믿음, 마음챙김, 부끄러움, 두려움, 탐욕 없음, 성냄 없음, 중립, 몸의 고요함, 마음의 고요함, 몸의 가벼움, 마음의 가벼움, 몸의 부드러움, 마음의 부드러움, 몸의 적합함, 마음의 적합함, 몸의 능숙함, 마음의 능숙함, 몸의 올곧음, 마음의 올곧음이다. 이 19가지는 우리를 편안하게 하고 안정되게 하고 기분 좋게 한다. 19가지 중 마음과 마음부수의 가벼움, 부드러움, 적합함, 능숙함, 올곧음은 우리로 하여금 가볍고 부드럽고 편안하게 느끼게 하고, 뭘 해도 할 수 있다는 자신감을 가지게 한다. 이러한 마음부수의 영향으로 남에게는 경쾌하고 자신 있게 보이고 신뢰감을 준다.

눈, 귀, 코, 혀, 몸, 정신이라는 감각기관으로 그 대상인 형상, 소리, 냄새, 맛, 감촉, 법을 순간순간 지각하면서, 유익한 마음과 해로운 마음에 따라 유익한 마음과 해로운 마음의 자와나와 그에 상응하는 마음부수가 일어나 앞서 이야기한 그런 현상이 일어나 우리에게 영향을 준다. 유익한 마음으로 좋은 인식과정이 많이 돌고 그 결과 좋은 마음부수가 기능을 하면 우리의 몸과 마음에 좋은 영향이 온다. 해로운 마음으로 나쁜 인식과정이 많이 돌고 그 결과 나쁜 마음부수가 기능을 하면 우리의 몸과 마음에 나쁜 영향이 온다. 좋은 영향이 누적되면 몸과 마음이 건강하고 활기차며, 행복하고 성공적인 인생이 된다. 그러나 나쁜 영향이 축적되면 힘들고 불행한 인생이 되고, 정신적인 문제도 초래할 수 있다.

유익한 마음과 그로 인한 아름다운 마음부수가 많이 일어나도록 하는 것은 정신건강에 아주 중요하다. 해로운 마음이 해로운 마음을 불러오는 악순환을 막고, 어떤 경우에도 유익한 마음을 일으켜 우리에게 아름다운 마음부수가 작용하도록 하는 것이 중요하다.

5장

연기 수행

연기를 보는 5가지 방법

선정을 닦아 지혜의 눈이 열리면 지혜의 눈으로 물질과 정신을 보는 수행을 하여 물질과 정신을 식별할 수 있고, 5온을 식별할 수 있으면 그것을 바탕으로 연기를 수행할 수 있다. 연기는 현상이 원인과 결과에 따라 일어나는 것을 말한다. 연기 수행은 어떤 현상의 원인과 결과를 보는 것이다. 존재를 이루는 정신과 물질의 원인과 결과를 보는 것이다.

연기에는 5가지 형태가 있다. 파욱 사야도는 저서『알고 보는 것』(Knowing and Seeing)에서 "붓다는 듣는 사람의 근기에 따라 연기를 식별하는 4가지 방법을 가르쳤고, 사리불 존자는 다섯 번째 방법을 가르쳤는데『빠띠삼비다막가』(무애해도)에 기록되어 있다."고 말했다.

연기의 첫 번째 방법은 연기를 순관하는 방법이다. 무명에서 시작하여 늙음과 죽음에 이르는 길이다. 두 번째 방법도 연기의 순관인데, 느낌에서 시작하여 늙음과 죽음에 이르는 길이다. 세 번째 방법은 연기의 역관이다. 늙음과 죽음에서 시작하여 무명에 이르는 길이다. 네 번째 방법도 연기의 역관인데, 중간인 4가지 음식에서 시작하여 무명에 이르는 길이다. 다섯 번째 방법은 5가지 과거 원인 때문에 5가지 현재 결과가 일어나고, 5가지 현재 원인 때문에 5가지 미래 결과가 일어난다는 것이다.

첫 번째 방법부터 네 번째 방법은 모두 『맛지마 니까야』 38 「갈애 멸진의 긴 경」에 나와 있다. 이 경에서 『자따까』를 암송하는 사띠라는 비구가 "내가 세존께서 설하신 법을 알기로는 다름 아닌 바로 이 식이 계속되고 윤회한다."라는 잘못된 견해를 일으키자 다른 비구들이 "그렇지 않다. 식도 조건에 따라 일어났을 뿐 조건이 없어지면 식도 생기지 않는다고 세존께서 말씀하셨다."라고 하며 사띠 비구의 잘못된 견해를 바로잡으려 한다. 하지만 사띠 비구는 받아들이지 않는다. 이에 다른 비구들이 붓다에게 이 일을 알리고, 붓다는 직접 사띠 비구를 불러 그의 견해가 잘못되었음을 지적하고 바른 가르침을 전한다.

파욱 센터에서는 이들 5가지 연기의 방법 가운데 다섯 번째 방법과 첫 번째 방법을 주로 수행하는데, 다섯 번째 방법을 먼저 수행한 다음 첫 번째 방법을 수행한다. 이렇게 하는 이유는 다섯 번째 방법이 첫 번째 방법에 비해 단순하고, 다섯 번째 방법을 통해 과거 생의 원인이 어떻게 현재 생의 결과와 연결되어 있는지를 수행자들이 봄으로써 연기의 기본적인 틀을 이해할 수 있기 때문이 아닌가 싶다. 그 토대가 생기면 첫 번째 방법인 12연기의 순관을 철저히 이해하기에 유리하다.

과거 생을 보는 길에는 2가지가 있다. 5온의 연속으로서의 과거 생을 보는 것이 하나고, 신통으로 과거 생을 보는 것이 다른 하나다. 신통으로 과거 생을 보면 과거 생의 이름, 종족, 음식, 즐거움, 고통 등 세세한 것까지 다 알 수 있다. 그에 비해 5온의 연속으로서 과거 생을 보는 것은 5온으로서의 과거 생을 보는 것이다.

　　붓다는 "비구들이여, 어떤 사문들이든 바라문들이든 수많은 전생의 갖가지 삶들을 기억하는 자들은 모두 5취온(취착의 대상이 되는 다섯 무더기)을 기억하는 것이지 그 외 다른 것을 기억하는 것이 아니다. 무엇이 다섯인가? 비구들이여, '과거에 나는 이러한 물질(몸)을 가졌다.'라고 기억하면서 그는 단지 물질을 기억한다. '과거에 나는 이러한 느낌을 가졌다.'라고 기억하면서 그는 단지 느낌을 기억한다. '과거에 나는 이러한 인식을 가졌다.'라고 기억하면서 그는 단지 인식을 기억한다. '과거에 나는 이러한 행을 가졌다.'라고 기억하면서 그는 단지 행을 기억한다. '과거에 나는 이러한 식을 가졌다.'라고 기억하면서 그는 단지 식을 기억한다."(『상윳따 니까야』 22.79 「삼켜버림 경」)라고 말하면서 5온으로서의 과거 생을 보는 것을 언급했다. 파욱 센터에서는 이 경에 입각하여 5온으로서의 과거 생을 본다.

다섯 번째
방법

안팎으로 5온
식별하기

        다섯 번째 방법은 5가지 과거 원인(무명, 갈애, 취착, 행, 업) 때문에 5가지 현재 결과(식, 정신-물질, 6가지 감각장소, 접촉, 느낌)이 일어나고, 5가지 현재 원인(무명, 갈애, 취착, 행, 업) 때문에 5가지 미래 결과(식, 정신-물질, 6가지 감각장소, 접촉, 느낌)이 일어나는 것을 보는 것이다. 다섯 번째 방법으로 연기를 식별하기 위해서는 5가지 과거 원인인 무명, 갈애, 취착, 행, 업을 실제로 볼 수 있어야 한다. 과거 원인이란 과거 생의 원인이다. 따라서 과거 생을 볼 수 있어야 한다. 과거 생이란 이생 이전의 생, 즉 전생을 말한다. 전생에 있었던 무명, 갈애, 취착, 행, 업을 보고 이생의 식, 정신-물질, 6가지 감각장소, 접촉, 느낌을 볼 수 있어야 한다. 그리고 그 연결을 봐야 한다.

    먼저 해야 할 것은 전생을 보는 것이다. 전생을 보고 전생의 무명, 갈애, 취착, 행, 업을 알아야 한다. 전생을 보기에 앞서 전생을 보는 훈련을 한다.

지금까지는 5온을 자기 안에서만 보는 훈련을 했다. 자기의 의문과 심장토대에서 봤다. 전생을 보려면 전생의 5온을 봐야 한다. 그러려면 5온이 밖에 있을 때 볼 수 있어야 한다. 그 훈련은 다음과 같이 한다.

아나빠나사띠, 까시나, 무색계 선정의 각각의 선정에서 나와 자기 안에서 선정의 정신과 물질, 즉 5온을 보고 난 뒤 밖에 5온이 있다고 생각하고 밖에서 5온을 보면, 안에서 봤던 것과 똑같이 5온이 보인다. 이렇게 해서 밖에서 5온을 식별한다. 자기 안과 밖에서 정신과 물질을 식별하는 것을 정신과 물질을 안팎으로 식별한다고 한다. 때론 안팎이 다른 것, 즉 안은 자기 것이고 밖은 남의 것을 의미하기도 한다.

이 방법을 좀 더 자세히 보겠다. 나의 경우는 다음과 같았다. 아나빠나사띠 초선정에 들어갔다가 나와서 초선정의 정신과 물질, 즉 5온을 식별한 후 밖에서 정신과 물질을 보려고 마음을 먹으면 정신과 물질이 밖으로 이동한다. 쭉 이동한다. 그러다가 스스로 멈춘다. 내가 어떻게 하는 것이 아닌데 그런 현상이 일어난다. 처음에는 조금 이동하다가 멈춘다. 멈추면 그 자리에서 정신과 물질이 안에서와 똑같이 전개된다. 나의 의도가 전혀 개입되지 않고 자연스럽게 그런 현상이 일어난다.

이제 이선정으로 들어간다. 이선정에서 나와서 선정의 정신과 물질, 즉 5온을 안에서 보고 난 뒤 정신과 물질을 밖에서 보려고 하면 정신과 물질이 이동한다. 초선정 때보다는 길게 이동한다. 그러다가 어느 시점에서 멈춘다. 그러고는 이선정의 5온이 안에서 봤던 것 그대로 밖에서 자동으로 전개된다.

　이제 삼선정으로 들어갔다가 나와서 삼선정의 5온을 식별한 후 밖에서 보려고 하면 이선정보다는 길게 이동하다가 멈춘다. 그리고는 안에서 봤던 것 그대로 밖에서 삼선정의 5온이 식별된다. 내가 밖에서 볼 수 있도록 미리 세팅을 해놓은 듯하다. 지혜의 눈이 작동한다는 느낌이 든다.

　이제 사선정에 들어갔다가 나와서 안에서 5온을 식별하고 밖에서 5온을 식별한다. 이때는 5온이 밖으로 나갈 때 한참을 나가기도 한다.

　이런 식으로 까시나 초선정, 이선정, 삼선정, 사선정, 공무변처, 식무변처, 무소유처, 비상비비상처에 대해 안팎으로 5온을 식별한다. 비상비비상처에 들어갔다가 나와서 의문에서 5온을 식별하고 5온을 밖에서 보려고 할 때는 아주 오랫동안 5온이 이동한 후 멈춘다. 멈춘 후 정신과 물질의 식별이 일어난다. 선정의 정신과 물질을 보는 것뿐만 아니라 눈, 귀, 코, 혀, 몸, 정신의 6문에서 일어나는 유익한 마음과 해로운 마음의 인식과정 모두에 대해 안팎으로 보는 훈련을 한다. 어떠한 인식과정이든 안팎으로 볼 수 있도록 한다. 그래야 전생에 일어나는 어떤 인식과정도 어려움 없이 식별할 수 있다. 이러한 경험은 참 놀라웠다.

　같은 방법으로 전생과 미래 생을 본다.

전생 보기

　　　전생을 보는 방법은 2가지다. 지금이 순간부터 과거로 이동해서 볼 수도 있고, 전생으로 바로 이동해서볼 수도 있다. 숙달되면 2가지 방법이 똑같지만, 처음에는 2가지 방법을 하나하나 다 해본다. 경우에 따라서는 2가지 방법 가운데 하나가 좀더 유용하기도 하다.

　　먼저 이 순간부터 점차 과거로 이동하는 방법부터 살펴보자. 지금이 만약 밤이면 낮으로 이동하여 그때의 5온을 식별한다. 그다음 어제로 이동하여 그때의 5온을 식별한다. 이렇게 지난 주, 지난 달, 지난해… 하는 식으로 과거로 이동하여 그때마다의 5온을 식별한다. 태어날 때로 이동하여 그때의 모습과 인식과정을 본다. 어머니 배 속에 들어 있는 것을 볼 수 있다. 여기서 식별한 5온의 과거 원인이 뭔지 알고싶다면 전생으로 이동한다.

　　이제 전생으로 바로 이동하는 방법을 살펴보자. 아나빠나사띠, 까시나, 무색계 선정에 차례차례 들어갔다 나와서 안팎으로 5온을 식별한 후 '정신과 물질은 정말 괴로움이다. 지금 이 정신과 물질의 과거 원인은 무엇인가?' 하고 숙고를 하면 바로 과거의 정신과 물질을 볼 수 있다.

___ 나의 6가지 전생

우 실라 스님으로부터 2가지 방법에 대한 설명을 듣고, 먼저 점차 과거로 이동하는 방법으로 전생을 보는 시도를 해보았다. 아나빠나사띠, 까시나, 무색계 선정의 5온을 안팎으로 식별한 후 어제, 며칠 전, 어릴 때로 이동했다. 이 과정에서 평소에는 한 번도 기억하지 못했던 어린 시절의 모습과 그때 보고 느꼈던 것을 인식과정으로 봤다. 그때의 내 느낌이 느껴졌다. 아기 때를 거쳐 태어나는 것, 어머니 배 속에 있는 것을 인식과정으로 보고 난 뒤 전생의 존재가 느껴졌으나, 정신과 물질이 있는 것만 느끼고 구체적인 것은 보지 못했다.

그래서 다음 수행 시간에 전생으로 바로 이동하는 방법으로 전생을 보는 시도를 해보았다. 아나빠나사띠, 까시나, 무색계 선정의 5온을 안팎으로 식별한 후 '정신과 물질은 정말 괴로움이다. 과거 원인이 무엇인가?' 하고 숙고를 하니 바깥에 있던 정신과 물질이 과거로 이동하기 시작했다. 계속 이동을 하다가 멈췄다. 그런 다음 전생이 보였다. 덩치가 큰 존재가 보였다.

그러고 난 뒤 또 정신과 물질이 이동했다. 그런데 이번에는 이상하게도 좀 좋지 않은 마음이 있었다. 다시 정신과 물질이 이동을 멈추었다. 그러고는 그 전생이 보였다. 그런데 이 전생은 좋지 않은 전생이었다. 개로서의 전생이었다. 진돗개 비슷하게 생긴 아주 말끔한 개였는데 탐욕 없이 아주 맑아 보였다. 그 개를 보고 있는데 눈물이 계속 났다. 파욱 센터에서 연기 수행을 하던 어떤 수행자가 전생을 보려고 하면 두려워서 볼 수 없다가 어느 날 그 과거 생을 봤는데 지옥에서의 전생이었다고 하는 이야기를 들은 적이 있다. 나도 그와 비슷했던 것 같다.

또 다시 정신과 물질이 이동을 시작했다. 이동을 하고 얼마 후 다시 멈추고는 전생이 또 전개되었다. 인도의 거사가 보였는데 잘생기고 탐욕이 많아 보이지 않았다. 그러고는 또 정신과 물질이 이동했는데 꽤 오랫동안 이동했다. 그런 다음 다른 전생이 전개되었다. 천상의 존재가 나타났다. 이동 시간과 그 생의 수명 사이에 관계가 있었다. 수명이 길면 길게 이동했다.

그 생의 전개가 있은 후 다시 정신과 물질이 이동했다. 멈춘 후 그 생이 전개되었다. 네팔의 왕자 같았는데, 빛이 나고 굉장히 현명해 보이고 잘생긴 모습이었다. 그런 후 또 정신과 물질이 이동을 시작했고 시간이 많이 흐른 후 멈추었다. 다시 전생이 전개되었다. 천상의 존재였다. 지혜로워 보였다.

수행 시간이 다 되어 전생 보기를 멈추기까지 이렇게 모두 6가지 전생을 보았다. 만약 계속 앉아서 전생 보는 수행을 이어나갔다면 계속 전생을 볼 수 있을 것 같았다. 이 수행 시간에는 현재 생과 과거 생이 연결되어 있다는 것만 알 수 있게 대략적인 것만 보였다. 5가지 과거 원인을 비롯한 자세한 것은 그 후에 그것에 대해 주의를 기울일 때 알 수 있었다.

이것을 우 실라 스님에게 보고하니 내가 본 6가지 전생을 가지고 다섯 번째 연기 수행을 해야 한다고 했다. 첫 번째 전생이 과거가 되고 지금 생이 현재가 된다고 했다. 첫 번째 전생의 원인으로 이생의 결과가 있는 것을 보고 나면, 두 번째 전생이 과거 원인이 되고 첫 번째 전생이 현재가 되는 것을 본다. 이렇게 여섯 전생의 원인과 결과를 본다. 그 첫 작업으로 첫 번째 전생에서 5가지 과거 원인인 무명, 갈애, 취착, 행, 업을 식별했다.

___ 5가지 과거 원인 보기

아나빠나사띠, 까시나, 무색계 선정의 5온을 안팎으로 식별한 후 첫 번째 전생으로 이동하여 첫 번째 전생의 무명, 갈애, 취착, 행, 업을 찾아보았다. 참고로 설명하면, 무명은 실재를 보지 못하고 잘못 아는 것이다. 갈애는 무명을 바탕으로 탐욕을 일으키는 것이다. 취착은 갈애가 계속되는 것이다. 첫 번째 탐욕이 갈애고 두 번째 이후의 갈애가 취착이다. 행은 의도다. 업은 행이 가진 업력이다. 무명, 갈애, 취착을 '오염원의 회전'(kilesa vaṭṭa)이라고 하고 행과 업을 '업의 회전'(kamma vatta)이라고 한다.

첫 번째 전생에서 무엇이 무명인가 하고 주의를 기울이니 '불교 공부를 하는 사람이 되고 싶다.'였다. 첫 번째 전생에서 언젠가 스님을 보고서 '나도 불교 공부하는 사람이 되고 싶다.'라는 마음이 들었다. 사람으로 보는 것은 잘못 보는 것이다. 유신견으로 보는 것이다. 있는 그대로 보지 못하는 것이다. 이것이 첫 번째 전생의 무명이었다. 이 무명이 윤회를 계속하게 하는 원인이었다. 이 무명이 일어날 당시의 안문 인식과정과 의문 인식과정을 봤다. 의문 인식과정의 자와나에, 탐욕과 사견이 있고 희열이 있으면서 자극 받지 않은 마음으로, 마음과 마음부수가 20가지 있었다. 이렇게 보는 것이 무명을 식별하는 것이다.

처음부터 이러한 것이 명확하게 보이는 경우도 있지만 대체로 명확하게 보이지 않는다. 첫 번째 전생의 인물이 굉장히 덩치가 크게 느껴져 처음에는 천상의 존재가 아닌가 할 정도였다. 인터뷰에서 우 실라 스님은 두 번째 전생이 개였다면 동물의 다음 생에 바로 천상의 존재 중에 범천은 되지 못한다고 했다. 그래서 첫 번째 전생의 정신과 물질을 식별해보니 인간으로서 군인이나 경찰과 같은 존재였다. 짧은 머리를 하고 있었다. 직위가 높은 군인이나 경찰이라 존재가 크게 느껴졌던 것 같다. 각 존재마다 고유의 정신과 물질이 있다. 그것을 식별하면 어떤 존재인지를 확실히 알 수 있다. 연기 수행 전에 물질과 정신 수행을 하여 범천에는 성 물질이 없다는 것을 알고 있었는데, 첫 번째 존재에서 남성 물질이 식별되었다.

첫 번째 전생에서 갈애는 불교를 공부하는 사람의 삶에 애착을 가지는 것이다. 그런 사람이 되고 싶다는 애착이다. 취착은 그런 애착이 계속 되는 것이다. 갈애와 취착도 의문 인식과정의 자와나에, 탐욕과 사견이 있고 희열이 있으면서 자극 받지 않은 마음으로, 마음과 마음부수가 20가지 있었다.

행을 식별할 때는 임종 시 마음의 행을 식별하는 것이 중요하다. 한 생을 살면서 많은 행이 있다. 그런데 다음 생으로 연결되는 행은 임종 시 마음에 있는 행이다. 임종 시 마음의 행이 다음 생의 원인이 되는 행이다. 첫 번째 전생의 임종 때로 이동하여 그때 마음의 대상인 표상과 마음, 마음부수를 봤다. 내 첫 번째 전생의 임종 시 표상은 절이었다. 행은 기쁨과 지혜가 있는 유익한 마음으로, 마음과 마음부수가 34가지 있었다. 첫 번째 전생의 행과 업이 무엇인지에 대해 주의를 기울였을 때, 재난으로 절이 무너졌는데 그것을 복구하는 것이 보였다. 그때 인식과정의 자와나에도, 기쁨과 지혜가 있는 유익한 마음으로, 마음과 마음부수가 34가지 있었다. 전생에 있었던 행과 업이 임종 시의 행으로 나타났다. 임종 시의 행이 꼭 그 생의 행이 되어야 하는 것은 아니다. 그 생보다 앞선 생의 행이 그 생의 임종 시에 나타나기도 한다.

임종 시의 표상과, 다음 생의 재생연결의 표상과, 바왕가의 표상과, 한 생의 마지막 마음인 죽음의 마음의 표상은 같다. 이 4가지 마음의 표상은 똑같다. 이때 표상은 3가지 중의 하나가 된다. 먼저 업이 표상이 되기도 한다. 업이 남을 돕는 것인 경우 남을 돕는 행위가 표상이 된다. 다음으로 업의 대상이 표상이 되기도 한다. 절을 복구하는 일을 했을 때 절이 표상이 되기도 하고, 스님에게 가사를 보시했을 때 가사가 표상이 되기도 한다. 마지막으로 앞으로 태어날 곳이 표상이 된다.

4가지 마음과 표상을 확인하기 위해 첫 번째 전생의 임종 때로 가서 마음과 표상을 확인하고, 이생의 재생연결의 마음과 표상을 보고, 재생연결에 이어 일어나는 바왕가의 마음과 표상을 보고, 이생의 마지막 마음인 죽음의 마음과 표상을 식별한다. 재생연결은 이생의 최초의 마음이고, 바로 이어서 일어나는 마음부터 바왕가가 된다. 바왕가의 마음으로 있다가 인식과정이 시작되면 바왕가는 사라지고 인식과정의 마음이 일어난다. 인식과정이 시작되기 전에 무수한 바왕가가 있다. 임종 시의 마음도 마음이고, 재생연결도 마음이고, 바왕가도 마음이고, 죽음의 마음도 마음이다. 재생연결과 바왕가와 죽음의 마음의 마음과 마음부수는 똑같다. 마음은 아주 빨리 일어났다가 사라지고 또 다른 마음이 일어난다.

업은 행이 있는 마음, 마음부수가 가지는 업력이다. 행을 업으로 봐도 된다.

현재 있는 일의 전생의 원인을 찾아보고선 놀랄 때가 있다. 현재 나에게 있는 일의 과거 생의 원인이 궁금해서 '그 원인이 뭘까?' 하고 주의를 기울이면, 과거 생에 그 원인이 있는 경우 그것을 알 수 있다. 과거 생의 원인을 찾을 때 여러 사람이 나와서 누가 나인지 분간되지 않으면, 어떤 사람이 지금의 나와 연관이 있는지 알아보아야 한다. 그것은 두 사람의 정신과 물질을 보면 알 수 있다. 나와 연결되어 있는 사람은 정신과 물질이 나와 연결된다. 나와 연결이 없는 사람은 정신과 물질이 연결되지 않는다.

업에서 생기는 물질이나 업이 원인이 되는 인식과정은 계속 일어나는데, 한 번 일어난 업이 어떻게 그렇게 하느냐고 우 실라 스님에게 물은 적이 있다. 스님은 비유를 들어 설명해주었다. 우리가 은행에 돈을 맡겨두면 그 돈이 다할 때까지 언제 어디서든 찾을 수 있듯이 업도 그와 같이 계속 작용한다는 것이었다.

내가 수행을 편안하면서도 빠르게 하자, 우 실라 스님은 내가 과거생에 수행을 했던 것 같다면서 과거 생에 수행했던 것을 찾아보라고 했다. 앞서 언급한 6가지 전생에서는 불교 수행을 했던 것이 분명하지 않았다. 그래서 수행과 관련된 생에 주의를 기울이고 봤다. 위빠시 붓다 시절 비구로서 위빠사나 수행을 했던 것이 보였다. 그때 붓다는 경전에서 말하는 성스러운 대인의 모습을 하고 있었다. 그 후에도 내가 비구로서 두 번 위빠사나를 했고, 속인으로서도 위빠사나를 한 과거 생이 보였다. 비구니로서의 생도 있었다. 그다음 좌선 시간에 과거 생에 했던 수행을 살펴보니, 재가자로서 위빠사나 수행을 한 생도 있었고 출가자로서 수행을 한 생도 있었다. 과거 생에 자애 수행도 하고 무색계 선정도 닦았으며 깔라빠를 보기도 했다.

이렇게 5가지 과거 원인이 식별되면 이번에는 5가지 현재 결과를 봐야 한다. 5가지 현재 결과는 식, 정신-물질, 6가지 감각장소, 접촉,

느낌이다. 파욱 사야도는 다섯 번째 방법에 따라 연기를 식별할 때 5온으로 식별해야 한다고 말한다. 나는 5가지 현재 결과인 식, 정신-물질, 6가지 감각장소, 접촉, 느낌이 5온에 포함된다고 본다.

　5가지 과거 원인이 5온에 어떤 결과를 일으키는지를 보면 다섯 번째 방법으로 연기를 식별하는 것이 된다. 각 마음 순간에 있는 5온에서 원인과 결과를 찾는다. 마음은 2가지로 분류할 수 있다. 재생연결, 바왕가, 죽음의 마음은 인식과정을 벗어난 마음이고, 5문 인식과정과 의문 인식과정의 마음은 인식과정의 마음이다. 인식과정을 벗어난 마음과 인식과정의 마음 순간에 있는 5온에서 원인과 결과를 연결하고 식별한다. 먼저 재생연결과 바왕가의 5온의 원인과 결과를 식별한다. 그러고 난 뒤 인식과정의 마음 순간에 있는 5온의 원인과 결과를 식별한다.

재생연결의 5온

아나빠나사띠, 까시나, 무색계 선정에서 나와 재생연결의 5온인 색온, 수온, 상온, 행온, 식온에서 원인과 결과의 관계를 찾는다. 원인에는 과거 원인도 있고 현재 원인도 있으니 과거 원인과 그것의 결과, 현재 원인과 그것의 결과를 찾으면 된다.

먼저 색온부터 보겠다. 태아 형성의 첫 단계인 재생연결의 순간에는 30가지 물질만 있다. 심장 10원소 깔라빠, 몸 10원소 깔라빠, 성 10원소 깔라빠의 3가지 깔라빠 30가지 물질이 색온이다. 이것을 재생연결에서 식별해야 한다. 심장 10원소 깔라빠, 몸 10원소 깔라빠, 성 10원소 깔라빠는 업에서 생긴 물질이다. 5가지 과거 원인으로 인해 생긴 물질이다. 이것은 다음과 같이 정리된다.

1) 무명이 일어나므로 재생연결의 업에서 생긴 물질이 일어난다. 무명이 원인이고 재생연결의 업에서 생긴 물질이 결과이다. 내 첫 번째 전생의 무명은, '나도 불교 공부하는 사람이 되고 싶

다.'라고 할 때 사람으로 보는 것이다. 궁극 실재인 정신과 물질로 보지 않고 사람으로 보는 것이 무명이다.

2) 갈애가 일어나므로 재생연결의 업에서 생긴 물질이 일어난다. 갈애가 원인이고 재생연결의 업에서 생긴 물질이 결과이다. 내 첫 번째 전생의 갈애는 불교 공부하는 사람의 삶에 애착을 가지는 것이다.

3) 취착이 일어나므로 재생연결의 업에서 생긴 물질이 일어난다. 취착이 원인이고 재생연결의 업에서 생긴 물질이 결과이다. 내 첫 번째 전생의 취착은 갈애가 계속되는 것이다. 첫 번째 탐욕이 갈애고 두 번째 이후의 갈애가 취착이다.

4) 행이 일어나므로 재생연결의 업에서 생긴 물질이 일어난다. 행이 원인이고 재생연결의 업에서 생긴 물질이 결과이다. 내 첫 번째 전생의 행은 기쁨과 지혜가 있는 유익한 마음으로, 마음과 마음부수가 34가지였다. 이 마음의 표상은 절이었다.

5) 업이 일어나므로 재생연결의 업에서 생긴 물질이 일어난다. 업이 원인이고 재생연결의 업에서 생긴 물질이 결과이다. 내 첫 번째 전생의 업은 임종 시 행이 가지는 업력이다. 임종 시 마음은 기쁨과 지혜가 있는 유익한 마음으로, 마음과 마음부수가 34가지였다.

이렇게 식별하는 것이 재생연결의 색온을 원인과 결과로 식별하는 것이다. 재생연결의 색온의 원인은 모두 과거 원인이다. 전생의 원인으로 재생연결의 색온은 형성된다. 내 의지하고는 상관없이 전생의 5가지 원인으로 몸이 생긴다.

이제 재생연결의 수온을 보겠다. 수온은 느낌의 무더기다. 수온에는 과거 원인과 현재 원인이 있으므로, 수온은 과거 원인과 현재 원인의 결과다. 과거 원인만 있어서도 안 되고 현재 원인만 있어서도 안 된다. 과거 원인과 현재 원인이 모두 수온에 필요하다.

과거 원인은 첫 번째 전생의 5가지 원인을 말한다. 첫 번째 전생의 무명, 갈애, 취착, 행, 업이다. 첫 번째 전생의 5가지 원인이 없으면 이생의 재생연결의 수온은 일어나지 않는다. 그러나 전생의 5가지 원인만 가지고는 재생연결의 수온이 일어날 수 없다. 현재 원인 3가지도 있어야 한다. 수온은 느낌이다. 앞서도 강조했듯이, 지금 느낌이 있으려면 현재 물질적인 토대가 있어야 하고, 대상이 있어야 하고, 느낌은 마음부수니까 마음과 다른 마음부수가 있어야 한다. 이 물질적인 토대, 대상, 같이 있는 마음, 마음부수가 현재 원인이다. 과거 원인과 현재 원인이 있을 때 5온의 수온이 존재한다.

연기는 어떤 현상이 있을 때 그것이 어떻게 있는지 그 원인과 결과를 철저히 조사하는 수행이다. 원인과 결과, 조건과 결과를 철저히 알 때 우리는 실재와 다른 우리만의 생각을 하지 않는다. 세상이나 현상은 철저히 자체의 법칙에 따라 돌아간다. 우리 생각대로 돌아가지 않는다. 그런데 우리는 자기 생각대로 현실이 돌아가기를 바라고, 그렇지 않을 때 괴로워한다. 여기에는 해결책이 하나 있다. 자기의 생각과 실재를 같게 하는 것이다. 그렇게만 되면 어렵지 않게 세상을 살아갈 수 있다.

연기 수행은 실재를 있는 그대로 보게 해주는 수행이다. 우리의 생각이나 의도도 생각이나 의도 하나만 따로 낼 수 있는 것이 아니다. 생각이나 의도가 있으려면 원인이나 조건이 필요하다. 그것 없이는 되지 않는다. 연기 수행을 통해 이것을 알 수 있다. 사물을 보는 눈이 훨씬 정확하고 깊어진다.

재생연결의 수온의 과거 원인과 현재 원인 및 그것의 결과는 다음과 같이 정리된다.

5가지 과거 원인

1) 무명이 일어나므로 재생연결의 수온이 일어난다. 무명은 원인이고 재생연결의 수온이 결과다.

2) 갈애가 일어나므로 재생연결의 수온이 일어난다. 갈애가 원인이고 재생연결의 수온이 결과다.

3) 취착이 일어나므로 재생연결의 수온이 일어난다. 취착이 원인이고 재생연결의 수온이 결과다.

4) 행이 일어나므로 재생연결의 수온이 일어난다. 행이 원인이고 재생연결의 수온이 결과다.

5) 업이 일어나므로 재생연결의 수온이 일어난다. 업이 원인이고 재생연결의 수온이 결과다.

3가지 현재 원인

1) 토대(심장토대 물질 30가지)가 일어나므로 재생연결의 수온이 일어 난다. 토대가 원인이고 재생연결의 수온이 결과다.

2) 대상이 일어나므로 재생연결의 수온이 일어난다. 대상이 원인 이고 재생연결의 수온이 결과다.

3) 접촉(느낌을 뺀 마음. 마음부수 33가지)이 일어나므로 재생연결의 수 온이 일어난다. 접촉이 원인이고 재생연결의 수온이 결과다.

재생연결의 상온을 보겠다. 재생연결의 상온도 과거 원인과 현재 원인이 있다. 정리하면 다음과 같다.

5가지 과거 원인

1) 무명이 원인이고 재생연결의 상온이 결과다.

2) 갈애가 원인이고 재생연결의 상온이 결과다.

3) 취착이 원인이고 재생연결의 상온이 결과다.

4) 행이 원인이고 재생연결의 상온이 결과다.

5) 업이 원인이고 재생연결의 상온이 결과다.

3가지 현재 원인

1) 토대(심장토대 물질 30가지)가 원인이고 재생연결의 상온이 결과다.

2) 대상이 원인이고 재생연결의 상온이 결과다.

3) 접촉(인식을 뺀 마음, 마음부수 33가지)이 원인이고 재생연결의 상온이 결과다.

재생연결의 행온을 보겠다. 행온은 2가지로 볼 수 있다. 의도만을 행온으로 볼 수도 있고 정신에서 수온, 상온, 식온을 제외한 나머지를 행온으로 볼 수도 있다. 재생연결의 행온의 과거 원인과 현재 원인을 정리하면 다음과 같다.

5가지 과거 원인

1) 무명이 원인이고 재생연결의 행온이 결과다.
2) 갈애가 원인이고 재생연결의 행온이 결과다.
3) 취착이 원인이고 재생연결의 행온이 결과다.
4) 행이 원인이고 재생연결의 행온이 결과다.
5) 업이 원인이고 재생연결의 행온이 결과다.

3가지 현재 원인

1) 토대(심장토대 물질 30가지)가 원인이고 재생연결의 행온이 결과다.
2) 대상이 원인이고 재생연결의 행온이 결과다.
3) 접촉(의도를 뺀 마음, 마음부수 33가지 또는 정신에서 수온, 상온, 식온을 뺀 나머지)이 원인이고 재생연결의 행온이 결과다.

재생연결의 식온을 보겠다. 재생연결의 식온에도 과거 원인과 현재 원인이 있다.

5가지 과거 원인

1) 무명이 원인이고 재생연결의 식온이 결과다.

2) 갈애가 원인이고 재생연결의 식온이 결과다.

3) 취착이 원인이고 재생연결의 식온이 결과다.

4) 행이 원인이고 재생연결의 식온이 결과다.

5) 업이 원인이고 재생연결의 식온이 결과다.

1가지 현재 원인

1) 정신(함께하는 33가지 마음부수)과 물질(토대 물질과 대상 물질)이 원인이고 재생연결의 식온이 결과다.

바왕가의 5온

　　　　　　　　재생연결의 5온의 원인과 결과가 식별되면 재생연결에 이어서 일어나는 바왕가(생명연속심)의 5온의 원인과 결과를 식별해야 한다.

　　그러려면 재생연결의 5온에서 식별한 것처럼 과거 원인과 현재 원인을 식별하면 된다. 재생연결에서처럼 첫 번째 전생이 과거가 되고 이생이 현재가 된다. 5가지 과거 원인은 첫 번째 전생에서 식별한 무명, 갈애, 취착, 행, 업이다. 이 5가지 과거 원인이 바왕가의 5온에 어떻게 원인으로 작용하는지를 본다. 그리고 현재 원인을 식별한다.

　　바왕가의 색온부터 보겠다. 바왕가에는 재생연결과 달리 마음, 온도에서 생긴 물질이 있고, 처음에는 음식에서 생긴 물질이 없다가 어느 정도 시간이 지나면 음식에서 생긴 물질이 있다.

5가지 과거 원인

1) 무명이 원인이고 바왕가의 색온(업에서 생긴 물질)이 결과다.

2) 갈애가 원인이고 바왕가의 색온(업에서 생긴 물질)이 결과다.

3) 취착이 원인이고 바왕가의 색온(업에서 생긴 물질)이 결과다.

4) 행이 원인이고 바왕가의 색온(업에서 생긴 물질)이 결과다.

5) 업이 원인이고 바왕가의 색온(업에서 생긴 물질)이 결과다.

3가지 현재 원인

1) 마음이 원인이고 바왕가의 색온(마음에서 생긴 물질)이 결과다.

2) 온도가 원인이고 바왕가의 색온(온도에서 생긴 물질)이 결과다.

3) 음식이 원인이고 바왕가의 색온(음식에서 생긴 물질)이 결과다.

바왕가의 수온을 보겠다.

5가지 과거 원인

1) 무명이 원인이고 바왕가의 수온이 결과다.

2) 갈애가 원인이고 바왕가의 수온이 결과다.

3) 취착이 원인이고 바왕가의 수온이 결과다.

4) 행이 원인이고 바왕가의 수온이 결과다.

5) 업이 원인이고 바왕가의 수온이 결과다.

3가지 현재 원인

1) 토대(6가지 깔라빠, 54가지 물질)가 원인이고 바왕가의 수온이 결

과다.

2) 대상이 원인이고 바왕가의 수온이 결과다.

3) 접촉:

1. 앞의 바왕가의 마노의 접촉(34가지 마음, 마음부수)이 원인이고 바왕가의 수온이 결과다.

2. 뒤의 바왕가의 마노의 접촉(느낌을 제외한 마음, 마음부수 33가지)이 원인이고 바왕가의 수온이 결과다.

바왕가의 상온을 보겠다.

5가지 과거 원인

1) 무명이 원인이고 바왕가의 상온이 결과다.

2) 갈애가 원인이고 바왕가의 상온이 결과다.

3) 취착이 원인이고 바왕가의 상온이 결과다.

4) 행이 원인이고 바왕가의 상온이 결과다.

5) 업이 원인이고 바왕가의 상온이 결과다.

3가지 현재 원인

1) 토대가 원인이고 바왕가의 상온이 결과다.

2) 대상이 원인이고 바왕가의 상온이 결과다.

3) 접촉:

1. 앞의 바왕가의 마노의 접촉(34가지 마음, 마음부수)이 원인이고 바왕가의 상온이 결과다.

2. 뒤의 바왕가의 마노의 접촉(인식을 제외한 마음, 마음부수 33가지)이 원인이고 바왕가의 상온이 결과다.

바왕가의 행온을 보겠다.

5가지 과거 원인

1) 무명이 원인이고 바왕가의 행온이 결과다.

2) 갈애가 원인이고 바왕가의 행온이 결과다.

3) 취착이 원인이고 바왕가의 행온이 결과다.

4) 행이 원인이고 바왕가의 행온이 결과다.

5) 업이 원인이고 바왕가의 행온이 결과다.

3가지 현재 원인

1) 토대가 원인이고 바왕가의 행온이 결과다.

2) 대상이 원인이고 바왕가의 행온이 결과다.

3) 접촉:

1. 앞의 바왕가의 마노의 접촉(34가지 마음, 마음부수)이 원인이고 바왕가의 행온이 결과다.

2. 뒤의 바왕가의 마노의 접촉(의도를 제외한 마음, 마음부수 33가지)

이 원인이고 바왕가의 행온이 결과다.

바왕가의 식온을 보겠다.

5가지 과거 원인

1) 무명이 원인이고 바왕가의 식온이 결과다.

2) 갈애가 원인이고 바왕가의 식온이 결과다.

3) 취착이 원인이고 바왕가의 식온이 결과다.

4) 행이 원인이고 바왕가의 식온이 결과다.

5) 업이 원인이고 바왕가의 식온이 결과다.

2가지 현재 원인

1) 앞의 바왕가의 마노의 접촉(34가지 마음, 마음부수)이 원인이고 바왕가의 식온이 결과다.

2) 정신(함께하는 33가지 마음부수)과 물질(토대와 대상)이 원인이고 바왕가의 식온이 결과다.

순수 의문
인식과정

　　　　　5문 인식과정 없이 의문 인식과정만 일어나는 인식과정을 순수 의문 인식과정이라고 한다. 여기에는 2종류가 있다. 하나는 선정 인식과정이고 다른 하나는 법을 대상으로 일어나는 의문 인식과정이다. 선정 인식과정의 자와나에 이어서 등록은 일어나지 않는다. 순수 의문 인식과정의 의문전향과 자와나와 등록의 5온에서 과거와 현재 원인을 식별하는데, 선정 인식과정을 먼저 식별한다.

___ 선정 인식과정―의문전향의 5온

　　선정에서 나와 선정의 대상이 된 니밋따에 대해 '이것이 선정의 대상이 된 니밋따다.' 하고 결정을 하면 의문전향이 일어난다. 그러한 결정이 의문전향이 된다. 예를 들어 아나빠나사띠 초선정 후 '이것이 아나빠나사띠 빠띠바가 니밋따다.'라고 결정하거나, 흰색 까시나인 경우 '이것이 흰색 까시나다.'라고 결정하면 그것이 의문전향이 된다.

　　선정 인식과정을 식별할 때는 지금까지 경험한 모든 선정을 대상으로 한다. 아나빠나사띠, 까시나, 무색계, 4가지 거룩한 마음가짐, 4보호 명상의 선정을 경험하고 난 뒤 각각의 선정 후에 의문전향을 한다. 의문전향 후 근접삼매의 자와나가 4번 일어나고 그 후 선정 인식과정의 자와나가 많이 일어난다. 의문전향의 정신은 과거 원인에 의해 일어나지 않고 오직 현재 원인에 의해서만 일어나므로 의문전향의 정신에는 과거 원인이 없고 현재 원인만 있다. 다시 말해 의문전향의 수온, 상온, 행온, 식온에는 현재 원인만 있다.

　　이와 달리 의문전향의 색온에는 과거 원인과 현재 원인이 있다. 앞서 본 바왕가의 색온과 같다. 과거 원인에는 업에서 생긴 물질이 있고 현재 원인에는 마음, 온도, 음식에서 생긴 물질이 있다. 바왕가의 색온의 과거 원인과 현재 원인을 참고해서 하면 된다.

　　의문전향의 수온의 현재 원인을 살펴보자. 바왕가의 마음, 마음부수가 34가지인 경우다.

3가지 현재 원인

1) 토대(심장토대, 6가지 깔라빠, 54가지 물질)가 원인이고 의문전향의
　　수온이 결과다.
2) 대상이 원인이고 의문전향의 수온이 결과다.
3) 접촉:

1. 바왕가의 마노의 접촉(34가지 마음, 마음부수)이 원인이고 의문
   전향의 수온이 결과다.
2. 의문전향의 마노의 접촉(느낌을 뺀 마음, 마음부수 11가지)이 원인
   이고 의문전향의 수온이 결과다.

의문전향의 상온을 보면 의문전향의 수온과 다른 점이 없다. 수온
의 1)~3)-1까지는 같고 3)-2에서만 '인식을 뺀 마음, 마음부수 11가
지'로 바뀐다.

의문전향의 행온도 마찬가지다. 수온의 1)~3)-1까지는 같고 3)-2
에서만 '의도를 뺀 마음, 마음부수 11가지'로 바뀐다.

의문전향의 식온은 다음과 같다.

2가지 현재 원인

1) 바왕가의 마노의 접촉(34가지 마음, 마음부수)이 원인이고 의문전
   향의 식온이 결과다.
2) 의문전향의 정신(함께하는 마음부수 11가지)과 물질(토대와 대상)이
   원인이고 의문전향의 식온이 결과다.

___ 선정 인식과정─근접삼매 자와나의 5온

지금까지 경험한 모든 선정을 경험하고 난 뒤 선정에서 나와서 의

문전향을 한 후 근접삼매 자와나가 4번 일어난다. 준비, 근접, 수순, 종성의 4가지 마음이 일어난다. 근접삼매 자와나는 선정 인식과정의 자와나와 같은 마음, 마음부수가 있다. 다만 수에서만 차이가 있다. 초선정, 이선정, 삼선정의 근접삼매 자와나에는 마음, 마음부수가 34가지지만, 사선정의 근접삼매 자와나에는 희열이 빠졌기 때문에 33가지 마음, 마음부수만 있다. 근접삼매 자와나의 정신은 과거 원인에 의해 일어나지 않고 오직 현재 원인에 의해서만 일어나므로 근접삼매 자와나의 정신에는 과거 원인이 없고 현재 원인만 있다. 다시 말해 근접삼매의 수온, 상온, 행온, 식온에는 현재 원인만 있다. 이와 달리 근접삼매 자와나의 색온에는 과거 원인과 현재 원인이 있다.

4번의 근접삼매 자와나의 5온의 원인과 결과를 식별한다. 먼저 첫 번째 근접삼매 자와나의 5온의 원인과 결과를 식별한다.

첫 번째 근접삼매 자와나의 색온은 과거 원인과 현재 원인이 있다. 앞서 살펴본 바왕가, 의문전향의 색온의 과거 원인과 현재 원인과 같다. 그것을 참고해서 하면 된다.

첫 번째 근접삼매 자와나의 수온을 살펴보자.

3가지 현재 원인

1) 토대(심장토대, 6가지 깔라빠, 54가지 물질)가 원인이고 첫 번째 근접삼매 자와나의 수온이 결과다.

2) 대상이 원인이고 첫 번째 근접삼매 자와나의 수온이 결과다.

3) 접촉:

    1. 첫 번째 근접삼매 자와나의 마노의 접촉(느낌을 뺀 마음, 마음부수 33가지)이 원인이고 첫 번째 근접삼매 자와나의 수온이 결과다.

    2. 현명한 주의(의문전향, 마음, 마음부수 12가지)가 원인이고 첫 번째 근접삼매 자와나의 수온이 결과다.

첫 번째 근접삼매 자와나의 상온을 보면 첫 번째 근접삼매 자와나의 수온과 다른 점이 거의 없다. 첫 번째 근접삼매 자와나의 수온과 1), 2), 3)-2는 같고 3)-1에서만 '인식을 뺀 마음, 마음부수 33가지'로 바뀐다.

첫 번째 근접삼매 자와나의 행온도 마찬가지다. 첫 번째 근접삼매 자와나의 수온과 수온과 1), 2), 3)-2는 같고 3)-1에서만 '의도를 뺀 마음, 마음부수 33가지'로 바뀐다.

첫 번째 근접삼매 자와나의 식온은 다음과 같다.

2가지 현재 원인

1) 첫 번째 근접삼매 자와나의 정신(함께하는 마음부수 33가지)과 물질(토대와 형상)이 원인이고 첫 번째 근접삼매 자와나의 식온이 결과다.

2) 현명한 주의(의문전향, 마음, 마음부수 12가지)가 원인이고 첫 번째 근접삼매 자와나의 식온이 결과다.

두 번째 근접삼매 자와나부터 네 번째 근접삼매 자와나를 식별하는 방법은 첫 번째 근접삼매 자와나를 식별하는 방법과 거의 같다. 다만, 첫 번째 근접삼매 자와나의 3가지 현재 원인 1)~3)-2에 '3)-3 앞선 근접삼매 자와나의 마노의 접촉(마음, 마음부수의 수)'이 원인으로 추가되고, 3)-1에서 해당 근접삼매 자와나로 바뀌는 점만 다를 뿐이다.

정리하면 이렇다. 두 번째 근접삼매 자와나의 경우 3)-1에서 '두 번째 근접삼매 자와나'로 바뀌고 3)-3에서 '첫 번째 근접삼매 자와나의 마음, 마음부수'가 원인으로 추가된다. 세 번째 근접삼매 자와나의 경우 3)-1에서 '세 번째 근접삼매 자와나'로 바뀌고 3)-3에서 '두 번째 근접삼매 자와나의 마음, 마음부수'가 원인으로 추가된다. 네 번째 근접삼매 자와나의 경우 3)-1에서 '네 번째 근접삼매 자와나'로 바뀌고 3)-3에서 '세 번째 근접삼매 자와나의 마음, 마음부수'가 원인으로 추가된다.

___ 선정 인식과정─선정 인식과정의 자와나의 5온

근접삼매 자와나에 이어 일어나는 선정 인식과정의 자와나의 5온의 원인과 결과를 식별한다. 선정 인식과정의 자와나는 많이 일어난다. 선정 인식과정의 자와나의 정신은 과거 원인에 의해 일어나지 않고 오직 현재 원인에 의해서만 일어나므로 선정 인식과정의 자와나의 정신에는 과거 원인이 없고 현재 원인만 있다. 다시 말해 선정 인식과정의 자와나의 수온, 상온, 행온, 식온에는 현재 원인만 있다. 이와 달리 선정 인식과정의 자와나의 색온에는 과거 원인과 현재 원인이 있다.

첫 번째 선정 인식과정의 자와나의 색온을 살펴보자. 첫 번째 선정 인식과정의 자와나의 색온에는 과거 원인과 현재 원인이 있다. 앞서 살펴본 바왕가, 의문전향, 근접삼매 자와나의 색온의 과거 원인과 현재 원인과 같다. 그것을 참고해서 하면 된다.

이제 첫 번째 선정 인식과정의 자와나의 수온을 살펴보자. 첫 번째 선정 인식과정의 자와나는 기능적 정신이어서 단지 작용만 한다. 그래서 과거 원인이 없다. 첫 번째 선정 인식과정의 자와나의 수온은 다음과 같이 정리된다.

3가지 현재 원인

1) 토대(심장토대, 6가지 깔라빠, 54가지 물질)가 원인이고 첫 번째 선정 인식과정의 자와나의 수온이 결과다.

2) 대상이 원인이고 첫 번째 선정 인식과정의 자와나의 수온이 결과다.

3) 접촉:

   1. 바왕가의 마노의 접촉(34가지 마음, 마음부수)이 원인이고 첫 번째 선정 인식과정의 자와나의 수온이 결과다.

   2. 첫 번째 선정 인식과정의 자와나의 마노의 접촉(느낌을 뺀 마음, 마음부수 33가지)이 원인이고 첫 번째 선정 인식과정의 자

와나의 수온이 결과다.

3. 현명한 주의(의문전향, 마음, 마음부수 12가지)가 원인이고 첫 번째 선정 인식과정의 자와나의 수온이 결과다.

첫 번째 선정 인식과정의 자와나의 상온을 보면 첫 번째 선정 인식과정의 자와나의 수온과 1)~3)-1, 3은 같고 3)-2에서만 '인식을 뺀 마음, 마음부수 33가지'로 바뀐다.

첫 번째 선정 인식과정의 자와나의 행온도 마찬가지다. 첫 번째 선정 인식과정의 자와나의 수온과 1)~3)-1, 3은 같고 3)-2에서만 '의도를 뺀 마음, 마음부수 33가지'로 바뀐다.

첫 번째 선정 인식과정의 자와나의 식온은 다음과 같다.

3가지 현재 원인

1) 바왕가의 마노의 접촉(34가지 마음, 마음부수)이 원인이고 첫 번째 선정 인식과정의 자와나의 식온이 결과다.

2) 첫 번째 선정 인식과정의 자와나의 정신(함께하는 마음부수 33가지)과 물질(토대와 대상)이 원인이고 첫 번째 선정 인식과정의 자와나의 식온이 결과다.

3) 현명한 주의(의문전향, 마음, 마음부수 12가지)가 원인이고 첫 번째 선정 인식과정의 자와나의 식온이 결과다.

두 번째 선정 인식과정의 자와나부터 마지막 선정 인식과정의 자와나를 식별하는 방법은 첫 번째 선정 인식과정의 자와나를 식별하는 방법과 거의 같다. 단지 첫 번째 선정 인식과정의 자와나의 수온의 3가지 현재 원인의 1)~3)-1, 3은 같고, 3)-2에서 '해당 선정 인식과정의 자와나'로 바뀌며, 3)-4로 '앞선 선정 인식과정의 자와나의 마음, 마음부수'라는 원인이 추가될 뿐이다.

정리하면 이렇다. 두 번째 선정 인식과정의 자와나의 경우 3)-2에서 '두 번째 선정 인식과정의 자와나'로 바뀌고, 3)-4로 '첫 번째 선정 인식과정의 자와나의 마음, 마음부수'라는 원인이 추가된다. 세 번째 선정 인식과정의 자와나의 경우 3)-2에서 '세 번째 선정 인식과정의 자와나'로 바뀌고 3)-4로 '두 번째 선정 인식과정의 자와나의 마음, 마음부수'라는 원인이 추가된다. 네 번째 선정 인식과정의 자와나의 경우 3)-2에서 '네 번째 선정 인식과정의 자와나'로 바뀌고 3)-4로 '세 번째 선정 인식과정의 자와나의 마음, 마음부수'라는 원인이 추가된다.

___ 의문 인식과정의 유익한 마음의 자와나의 5온

지금까지 선정 후에 일어나는 선정 인식과정의 의문전향과, 근접삼매 자와나와, 선정 인식과정의 자와나의 5온의 원인과 결과를 식별했다. 이제 법(法)을 대상으로 일어나는 순수 의문 인식과정의 의문전향과, 자와나와, 자와나 후에 일어나는 등록의 5온의 원인과 결과를 식별한다.

법에 대해서는 정신 수행에서 설명했지만 다시 간략하게 살펴보자. 법에는 크게 6가지 종류가 있다. 바로 감성물질(눈, 귀, 코, 혀, 몸의 감성물질), 미세한 물질(16가지), 마음, 마음부수, 열반, 개념이다. 선정 인식과정에서 의문전향의 5온의 원인과 결과를 식별했기 때문에 여기서는 의문전향의 5온의 원인과 결과의 식별은 생략한다.

먼저 유익한 마음의 자와나부터 보겠다. 법을 보면서 현명한 주의를 기울일 때 유익한 마음이 일어나고, 어리석은 주의를 기울일 때 해로운 마음이 일어난다. 예를 들어, 눈 감성물질을 보면서 '저것은 물질이다.' 하고 결정을 하면 유익한 마음이 일어나고, '나는 눈 감성물질도 볼 수 있어.' 하면 탐욕과 자만이 있는 해로운 마음이 일어난다.

정신 수행을 설명하면서 현명한 주의와 어리석은 주의에 대해 이미 언급했지만, 이해를 돕기 위해 현명한 주의에 대해서만 다시 한 번 짚고 넘어가겠다. 현명한 주의는 탐욕 없음, 성냄 없음, 어리석음 없음 가운데 둘이나 셋이 함께 있는 경우다. 또는 물질과 정신을 있는 그대로 알고 무상, 고, 무아, 깨끗하지 못한 것으로 보는 것이다.

현명한 주의가 있는 의문전향 후 유익한 마음의 자와나가 7번 일어난다. 실재를 대상으로 하면 등록이 2번 있고, 실재를 대상으로 하지 않으면 등록이 일어나지 않는다. 유익한 마음의 자와나는 유익한 마음의 마음, 마음부수가 있는 자와나다. 유익한 마음의 자와나의 정신은 과거 원인에 의해 일어나지 않고 오직 현재 원인에 의해서만 일어나므로 유익한 마음의 자와나의 정신에는 과거 원인이 없고 현재 원인만 있다. 다시 말해 유익한 마음의 자와나의 수온, 상온, 행온, 식온에는 현재 원인만 있다. 이와 달리 유익한 마음의 자와나의 색온에는 과거 원인과 현재 원인이 있다.

이제 7번 일어나는 유익한 마음의 자와나의 5온의 원인과 결과를 식별한다.

첫 번째 유익한 마음의 자와나의 색온은 과거 원인과 현재 원인이 있다. 앞서 살펴본 바왕가, 의문전향, 자와나의 색온의 과거 원인과 현재 원인과 같다.

첫 번째 유익한 마음의 자와나의 수온을 살펴보자. 정신 수행에서 설명했듯이 유익한 마음은 8가지다. 그중에서 '희열과 지혜가 있는 유익한 마음'을 보자. '희열과 지혜가 있는 유익한 마음'은 마음과 마음부수가 34가지다. 이 마음의 자와나의 수온은 다음과 같이 정리된다.

3가지 현재 원인

1) 토대(심장토대, 6가지 깔라빠, 54가지 물질)가 원인이고 첫 번째 유익한 마음의 자와나의 수온이 결과다.

2) 대상이 원인이고 첫 번째 유익한 마음의 자와나의 수온이 결과다.

3) 접촉:

   1. 바왕가의 마노의 접촉(마음, 마음부수 34가지)이 원인이고 첫 번

째 유익한 마음의 자와나의 수온이 결과다.

2. 첫 번째 유익한 마음의 자와나의 마노의 접촉(느낌을 뺀 마음, 마음부수 33가지)이 원인이고 첫 번째 유익한 마음의 자와나의 수온이 결과다.

3. 현명한 주의(의문전향, 마음, 마음부수 12가지)가 원인이고 첫 번째 유익한 마음의 자와나의 수온이 결과다.

첫 번째 유익한 마음의 자와나의 상온을 보면 첫 번째 유익한 마음의 자와나의 수온과 거의 같다. 단지 첫 번째 유익한 마음의 자와나의 수온과 1)~3)-1, 3은 같고 3)-2에서만 '인식을 뺀 마음, 마음부수 33가지'로 바뀐다.

첫 번째 유익한 마음의 자와나의 행온도 마찬가지다. 첫 번째 유익한 마음의 수온과 1)~3)-1, 3은 같고 3)-2에서만 '의도를 뺀 마음, 마음부수 33가지'로 바뀐다.

첫 번째 유익한 마음의 자와나의 식온은 다음과 같다.

3가지 현재 원인

1) 바왕가의 마노의 접촉(마음, 마음부수 34가지)이 원인이고 첫 번째 유익한 마음의 자와나의 식온이 결과다.

2) 첫 번째 유익한 마음의 자와나의 정신(함께하는 마음부수 33가지)과 물질(토대와 대상)이 원인이고 첫 번째 유익한 마음의 자와나의

식온이 결과다.

3) 현명한 주의(의문전향, 마음, 마음부수 12가지)가 원인이고 첫 번째
유익한 마음의 자와나의 식온이 결과다.

두 번째 유익한 마음의 자와나부터 일곱 번째 유익한 마음의 자와
나를 식별하는 방법은 첫 번째 유익한 마음의 자와나를 식별하는 방법
과 거의 같다. 다만 첫 번째 유익한 마음의 자와나의 수온의 3가지 현
재 원인의 3)-2에서 '해당 유익한 마음의 자와나의 마노의 접촉'으로
바뀌고, 3)-4로 '앞선 유익한 마음의 자와나의 마음, 마음부수'라는 원
인이 추가된다. 예를 들어 두 번째 유익한 마음의 자와나의 경우, 3)-2
에서 '두 번째 유익한 마음의 자와나의 마노의 접촉'으로 바뀌고 3)-4
로 '첫 번째 유익한 마음의 자와나의 마음, 마음부수'라는 원인이 추가
된다. 세 번째 유익한 마음의 자와나의 경우에는 3)-2에서 '세 번째 유
익한 마음'으로 바뀌고 3)-4로 '두 번째 유익한 마음의 자와나의 마음,
마음부수'라는 원인이 추가된다. 이렇게 일곱 번째 유익한 마음까지 진
행된다.

이렇게 되는 이유는, 어떤 마음이 일어나려면 항상 앞선 마음이 사
라져야 하기 때문이다. 다시 말해 첫 번째 유익한 마음의 자와나가 사
라져야 두 번째 유익한 마음의 자와나가 일어나고, 안식이 사라져야 받
아들임이 일어나고, 받아들임이 사라져야 조사가 일어난다. 그래서 앞
선 마음의 마음, 마음부수가 현재 원인으로 있는 것이다.

나머지 7종류의 다른 유익한 마음의 자와나도 '희열과 지혜가 있는 유익한 마음'과 같은 방법으로 식별하면 된다.

___ 의문 인식과정의 해로운 마음의 자와나의 5온

이어 해로운 마음의 자와나의 5온의 원인과 결과를 식별한다. 해로운 마음은 어리석은 주의에 의해 일어난다. 해로운 마음은 탐욕의 마음, 성냄의 마음, 어리석음의 마음이다. 정신 수행에서 설명했듯이 탐욕의 마음은 탐욕과 사견이 있는 경우와 탐욕이 있고 사견은 없는 경우 각각에 희열과 평온 가운데 무엇이 있느냐, 그리고 자극의 유무에 따라 모두 8가지로 나뉜다. 성냄의 마음은 성냄만 있는 경우와 성냄과 질투, 성냄과 인색, 성냄과 후회가 있는 경우 각각에 자극의 유무에 따라 모두 8가지로 나뉜다. 어리석음의 마음은 어리석음과 들뜸이 있는 경우와 어리석음과 의심이 있는 경우, 이렇게 2가지로 나뉜다. 이들 각각은 마음과 마음부수가 다르다. 자세한 것은 4장의 '5문 인식과정'에 설명되어 있다.

법을 대상으로 어리석은 주의를 기울이면 의문전향과 해로운 마음의 자와나가 7번 일어나고, 등록이 2번 일어나기도 하고 안 일어나기도 한다. 의문전향의 5온의 원인과 결과를 식별하는 것은 앞서 설명한 것과 똑같다. 해로운 마음의 자와나의 5온의 원인과 결과를 식별하는 것도 앞서 설명한 유익한 마음의 자와나의 5온의 원인과 결과를 식별하는 것과 똑같다. 다만 마음, 마음부수의 수만 다를 뿐이다.

___ 의문 인식과정의 등록의 5온

의문 인식과정의 자와나가 사라지면 등록이 일어나기도 하고 일어나지 않기도 한다. 실재인 경우 등록이 일어난다. 개념은 등록이 일어나지 않는다. 등록은 2번 일어난다. 등록은 자와나와 같은 마음이다. 다시 말해, 유익한 마음의 등록이나 해로운 마음의 등록이 일어난다. 등록이 일어날 경우 등록의 5온의 원인과 결과를 식별한다.

등록은 과보의 마음이다. 그래서 등록의 5온 모두에서 과거 원인과 현재 원인이 있다.

첫 번째 등록의 색온에는 과거 원인과 현재 원인이 있다. 바왕가, 의문전향, 자와나의 색온의 과거 원인 및 현재 원인과 같다. 그것을 참고로 하면 된다.

첫 번째 등록의 수온의 원인과 결과를 살펴보자. 첫 번째 등록의 수온의 원인에는 과거 원인과 현재 원인이 있다. '희열과 지혜가 있는 유익한 마음'을 예로 하여 첫 번째 등록의 수온의 과거 원인과 현재 원인을 보겠다. (해로운 마음을 볼 때는 해로운 마음의 마음, 마음부수로 바꾸면 된다.)

5가지 과거 원인

1) 무명이 원인이고 첫 번째 등록의 수온이 결과다.

2) 갈애가 원인이고 첫 번째 등록의 수온이 결과다.

3) 취착이 원인이고 첫 번째 등록의 수온이 결과다.

4) 행이 원인이고 첫 번째 등록의 수온이 결과다.

5) 업이 원인이고 첫 번째 등록의 수온이 결과다.

3가지 현재 원인

1) 토대(54가지 물질)가 원인이고 첫 번째 등록의 수온이 결과다.

2) 대상이 원인이고 첫 번째 등록의 수온이 결과다.

3) 접촉:

　　1. 바왕가의 마노의 접촉(마음, 마음부수 34가지)이 원인이고 첫 번째 등록의 수온이 결과다.

　　2. 일곱 번째 자와나의 마노의 접촉(마음, 마음부수가 34가지)이 원인이고 첫 번째 등록의 수온이 결과다.

　　3. 첫 번째 등록의 마노의 접촉(느낌을 뺀 마음, 마음부수 33가지)이 원인이고 첫 번째 등록의 수온이 결과다.

첫 번째 등록의 상온을 보면 첫 번째 등록의 수온과 거의 같다. 단지 3가지 현재 원인 3)-3에서 '인식을 뺀 마음, 마음부수 33가지'로 바뀔 뿐이다. 첫 번째 등록의 행온도 마찬가지다. 첫 번째 등록의 수온과 다른 것은 모두 같고 3가지 현재 원인 3)-3에서만 '의도를 뺀 마음, 마음부수 33가지'로 바뀐다. 첫 번째 등록의 식온은 첫 번째 등록의 수온과 5가지 과거 원인은 같다. 하지만 3가지 현재 원인은 다음과 같이 바뀐다.

3가지 현재 원인

1) 바왕가의 마노의 접촉(마음, 마음부수 34가지)이 원인이고 첫 번째 등록의 식온이 결과다.

2) 일곱 번째 자와나의 마노의 접촉(마음, 마음부수가 34가지)이 원인이고 첫 번째 등록의 식온이 결과다.

3) 첫 번째 등록의 정신(함께하는 마음부수 33가지)과 물질(토대와 대상)이 원인이고 첫 번째 등록의 식온이 결과다.

두 번째 등록을 식별하는 방법은 첫 번째 등록을 식별하는 방법과 거의 같다. 다만 3가지 현재 원인 가운데 첫 번째 등록의 수온의 3가지 현재 원인의 3)-2에서 '첫 번째 등록의 마노의 접촉(마음, 마음부수 34가지)'으로 바뀌고, 3)-3에서 '두 번째 등록의 마노의 접촉(해당 마음부수를 뺀 마음, 마음부수 33가지)'으로 바뀐다.

5문 인식과정

___ 5문전향의 5온

지금까지 순수 의문 인식과정의 의문전향과, 선정 인식과정과, 유익한 마음과 해로운 마음의 자와나와, 등록의 5온의 원인과 결과를 식별했다.

이제 5문 인식과정과 5문 인식과정에 이어 일어나는 의문 인식과정의 5온의 원인과 결과를 식별해보자. 앞서 선정 인식과정과 순수 의문 인식과정에서 식별한 것과 중복되는 것은 생략하고 다른 것만 식별하도록 하겠다.

5문 인식과정 중 안문 인식과정을 보면, 눈 감성물질에 형상이 비치고 그 형상을 보겠다는 (대상에 대한) 주의가 생기면 바왕가가 사라지면서 안문전향이 일어난다. 이문, 비문, 설문, 신문, 의문의 인식과정도 마찬가지로 진행된다.

5문전향의 정신은 과거 원인으로 일어나는 것이 아니라 기능적인 마음, 단지 작용만 하는 마음이다. 다시 말해, 5문전향의 수온, 상온,

행온, 식온에는 과거 원인이 없다. 현재 원인으로 일어나니 현재 원인만 있다. 이와 달리 5문전향의 색온에는 과거 원인과 현재 원인이 있다. 앞서 본 바왕가, 의문전향, 자와나, 등록의 색온과 마찬가지다. 따라서 5문전향의 색온을 식별할 때는 바왕가, 의문전향, 자와나, 등록의 색온의 과거 원인과 현재 원인을 식별하는 방법을 참고하면 된다.

이제 5문전향의 수온의 현재 원인을 보고 상온, 행온, 식온은 무엇이 다른지 살펴보자.

3가지 현재 원인

1) 토대(심장토대, 6가지 깔라빠, 54가지 물질)가 원인이고 5문전향의 수온이 결과다.
2) 대상(형상)이 원인이고 5문전향의 수온이 결과다.
3) 접촉:
   1. 바왕가의 마노의 접촉(마음, 마음부수 34가지)이 원인이고 5문전향의 수온이 결과다.
   2. 5문전향의 마노의 접촉(느낌을 뺀 마음, 마음부수 10가지)이 원인이고 5문전향의 수온이 결과다.

5문전향의 상온을 보면 5문전향의 수온과 거의 같다. 단지 3)-2에서 '인식을 뺀 마음, 마음부수 10가지'로 바뀐다. 5문전향의 행온도 마찬가지다. 5문전향의 수온과 1)~3)-1이 같고 3)-2에서만 '의도를 뺀 마음, 마음부수 10가지'로 바뀐다.

5문전향의 식온은 다음과 같다.

2가지 현재 원인

1) 바왕가의 마노의 접촉(마음, 마음부수 34가지)이 원인이고 5문전향
   의 식온이 결과다.
2) 5문전향의 정신(함께하는 마음부수 10가지)과 물질(토대와 형상)이 원
   인이고 5문전향의 식온이 결과다.

이문, 비문, 설문, 신문에서 일어나는 5문전향은 안문에서 일어나
는 5문전향과 대상만 다르다. 즉 이문에서는 소리, 비문에서는 냄새,
설문에서는 맛, 신문에서는 감촉이 대상이 된다. 나머지는 안문에서
일어나는 5문전향과 같다.

___ 5식의 5온

5문전향에 이어 안식, 이식, 비식, 설식, 신식의 5온의 원인과 결
과를 식별하겠다. 여기서도 안식을 자세히 살피고 난 뒤 이식, 비식, 설
식, 신식에서는 다른 점만 언급하겠다.

5문 인식과정의 5식, 받아들임, 조사는 과보로 일어나는 마음이다.
안식은 과보로 일어난다. 그래서 안식에는 과거 원인이 있다. 그리고

현재 원인도 있다.

안식의 5온의 과거 원인과 현재 원인을 보겠다. 먼저 안식의 색온에는 과거 원인과 현재 원인이 있다. 앞서 본 바왕가, 의문전향, 자와나, 등록, 5문전향의 색온과 같으므로, 앞의 설명들을 참고하여 식별하면 된다.

이제 안식의 수온을 보겠다. 안식의 수온에는 과거 원인과 현재 원인이 있다.

5가지 과거 원인

1) 무명이 원인이고 안식의 수온이 결과다.

2) 갈애가 원인이고 안식의 수온이 결과다.

3) 취착이 원인이고 안식의 수온이 결과다.

4) 행이 원인이고 안식의 수온이 결과다.

5) 업이 원인이고 안식의 수온이 결과다.

5가지 현재 원인

1) 토대(눈의 토대, 54가지 물질)가 원인이고 안식의 수온이 결과다.

2) 대상(형상)이 원인이고 안식의 수온이 결과다.

3) 눈의 접촉(느낌을 뺀 마음, 마음부수 7가지)이 원인이고 안식의 수온이 결과다.

4) 빛이 원인이고 안식의 수온이 결과다.

5) 주의(안문전향, 마음, 마음부수 11가지)가 원인이고 안식의 수온이 결과다.

안식의 상온을 보겠다. 안식의 상온을 보면 안식의 수온과 다른 점이 거의 없다. 다만 5가지 현재 원인 가운데 3)에서 '인식을 뺀 마음, 마음부수 7가지'로 바뀔 뿐이다. 안식의 행온도 마찬가지다. 다만 5가지 현재 원인 가운데 3)에서 '의도를 뺀 마음, 마음부수 7가지'로 바뀔 뿐이다.

안식의 식온은 다음과 같다. 과거 원인은 안식의 수온의 5가지 과거 원인과 같고, 현재 원인은 다음 3가지다.

3가지 현재 원인

1) 정신(함께하는 마음부수 7가지)과 물질(토대와 형상)이 원인이고 안식의 식온이 결과다.
2) 빛이 원인이고 안식의 식온이 결과다.
3) 주의(안문전향, 마음, 마음부수 11가지)가 원인이고 안식의 식온이 결과다.

이문, 비문, 설문, 신문에서 일어나는 식은 안문에서 일어나는 안식과 비교할 때 대상과 식이 일어나는 원인이 다를 뿐 나머지는 같다. 즉 이식에서는 소리가 대상이고 허공이 원인이며, 비식에서는 냄새가 대상이고 바람의 요소가 원인이며, 설식에서는 맛이 대상이고 물의 요소가 원인이며, 신식에서는 감촉이 대상이고 땅의 요소가 원인이다.

___ 받아들임의 5온

5식에 이어 일어나는 받아들임의 5온의 원인과 결과를 식별하겠다. 여기서도 안식 후에 일어나는 받아들임을 자세히 보고 난 뒤 이식, 비식, 설식, 신식 후에 일어나는 받아들임에서 다른 점만 언급하겠다.

받아들임은 과보로 일어나는 마음이다. 그래서 받아들임에는 과거 원인이 있다. 그리고 현재 원인도 있다.

받아들임의 5온의 과거 원인과 현재 원인을 보겠다. 먼저 받아들임의 색온에는 과거 원인과 현재 원인이 있다. 앞서 본 바왕가, 의문전향, 자와나, 등록, 5문전향, 안식의 색온과 같으므로, 앞의 설명들을 참고하여 식별하면 된다.

이제 받아들임의 수온을 보겠다. 받아들임의 수온에는 과거 원인과 현재 원인이 있다. 5가지 과거 원인은 안식의 수온의 5가지 과거 원인과 같고 3가지 현재 원인은 다음과 같다.

3가지 현재 원인

1) 토대(심장토대, 54가지 물질)가 원인이고 받아들임의 수온이 결과다.

2) 대상(형상)이 원인이고 받아들임의 수온이 결과다.

3) 접촉:

    1. 눈의 접촉(마음, 마음부수 8가지)이 원인이고 받아들임의 수온이 결과다.

    2. 받아들임의 마노의 접촉(느낌을 뺀 마음, 마음부수 10가지)이 원인이고 받아들임의 수온이 결과다.

받아들임의 상온을 보겠다. 받아들임의 상온을 보면 받아들임의 수온과 다른 것은 모두 같고 3)-2에서만 '인식을 뺀 마음, 마음부수 10가지'로 바뀐다. 받아들임의 행온도 마찬가지다. 받아들임의 수온과 다른 것은 모두 같고 3)-2에서만 '의도를 뺀 마음, 마음부수 10가지'로 바뀐다.

받아들임의 식온은 받아들임의 수온과 5가지 과거 원인은 같고 현재 원인은 다음 2가지다.

2가지 현재 원인

1) 눈의 접촉(마음, 마음부수 8가지)이 원인이고 받아들임의 식온이 결과다.

2) 받아들임의 정신(함께하는 마음부수 10가지)과 물질(토대와 형상)이 원인이고 받아들임의 식온이 결과다.

이문, 비문, 설문, 신문에서 일어나는 받아들임에서도 대상과 식이 다를 뿐 나머지 것은 안문에서 일어나는 받아들임에서와 같다. 즉 이문에서는 소리가 대상이고 식은 이식이며, 비문에서는 냄새가 대상이고 식은 비식이며, 설문에서는 맛이 대상이고 식은 설식이며, 신문에서는 감촉이 대상이고 식은 신식이다.

___ 조사의 5온

받아들임에 이어 일어나는 조사의 5온의 원인과 결과를 식별해보자. 여기서도 안식 후에 일어나는 조사를 자세히 살펴본 뒤 이식, 비식, 설식, 신식 후에 일어나는 조사에서는 다른 점만 언급하겠다.

조사는 과보로 일어나는 마음이다. 그래서 조사에는 과거 원인이 있다. 그리고 현재 원인도 있다.

조사의 5온의 과거 원인과 현재 원인을 보겠다. 먼저 조사의 색온에는 과거 원인과 현재 원인이 있다. 받아들임의 색온과 같으므로 받아들임의 색온을 참고해서 식별하면 된다.

조사의 수온, 상온, 행온, 식온도 받아들임의 수온, 상온, 행온, 식온과 비슷하다. 다만 조사의 마음에 희열이 있을 때와 없을 때 마음부수의 수가 다르다는 점이 구별된다. 조사의 수온의 5가지 과거 원인은 받아들임의 수온의 5가지 과거 원인과 같고, 5가지 현재 원인은 다음과 같다.

5가지 현재 원인

1) 토대(심장토대, 54가지 물질)가 원인이고 조사의 수온이 결과다.

2) 대상(형상)이 원인이고 조사의 수온이 결과다.

3) 접촉:

    1. 눈의 접촉(마음, 마음부수 8가지)이 원인이고 조사의 수온이 결과다.

    2. 받아들임의 마노의 접촉(마음, 마음부수 11가지)이 원인이고 조사의 수온이 결과다.

    3. 조사의 마노의 접촉(느낌을 뺀 마음, 마음부수 10가지 또는 11가지)이 원인이고 조사의 수온이 결과다.

조사의 상온은 조사의 수온과 다른 것은 모두 같고 3)-3에서만 '인식을 뺀 마음, 마음부수 10가지 또는 11가지'로 바뀐다. 조사의 행온도 마찬가지다. 조사의 수온과 다른 것은 모두 같고 3)-3에서만 '의도를 뺀 마음, 마음부수 10가지 또는 11가지'로 바뀐다.

조사의 식온은 조사의 수온과 5가지 과거 원인은 같고 현재 원인은 다음 3가지다.

3가지 현재 원인

1) 눈의 접촉(마음, 마음부수 8가지)이 원인이고 조사의 식온이 결과다.

2) 받아들임의 마노의 접촉(마음, 마음부수 11가지)이 원인이고 조사
   의 식온이 결과다.

3) 조사의 정신(함께하는 마음부수 10가지 또는 11가지)과 물질(토대와 형
   상)이 원인이고 조사의 식온이 결과다.

이문, 비문, 설문, 신문에서 일어나는 조사는 안문에서 일어나는
조사와 대상과 식이 다를 뿐 나머지 것은 같다. 즉 이문에서는 소리가
대상이고 식은 이식이며, 비문에서는 냄새가 대상이고 식은 비식이며,
설문에서는 맛이 대상이고 식은 설식이며, 신문에서는 감촉이 대상이
고 식은 신식이다.

___ 결정의 5온

조사에 이어 일어나는 결정의 5온의 원인과 결과를 식별한다. 결
정의 정신은 과거 원인으로 일어나는 것이 아니라 기능적인 마음, 단지
작용만 하는 마음이다. 그러므로 결정의 정신의 수온, 상온, 행온, 식온
에는 과거 원인이 없고 현재 원인만 있다. 여기서도 안식 후에 일어나
는 결정을 자세히 보고 난 뒤 이식, 비식, 설식, 신식 후에 일어나는 결
정에서는 다른 점만 언급하겠다.

먼저 결정의 색온에는 결정의 정신과 달리 과거 원인과 현재 원인
이 있다. 조사의 색온의 경우와 같으므로, 조사의 색온의 과거 원인과

현재 원인을 참고하여 식별하면 된다.

　이제 결정의 수온의 현재 원인을 보고 상온, 행온, 식온에서는 무엇이 다른지 살펴보자.

3가지 현재 원인

1) 토대(심장토대, 6가지 깔라빠, 54가지 물질)가 원인이고 결정의 수온이 결과다.

2) 대상(형상)이 원인이고 결정의 수온이 결과다.

3) 접촉:

　　1. 눈의 접촉(마음, 마음부수 8가지)이 원인이고 결정의 수온이 결과다.

　　2. 조사의 마노의 접촉(마음, 마음부수 11가지 또는 12가지)이 원인이고 결정의 수온이 결과다.

　　3. 결정의 마노의 접촉(느낌을 뺀 마음, 마음부수 11가지)이 원인이고 결정의 수온이 결과다.

　결정의 상온을 보면 결정의 수온과 다른 것은 모두 같고 3)-3에서만 '인식을 뺀 마음, 마음부수 11가지'로 바뀐다. 결정의 행온도 마찬가지다. 결정의 수온과 다른 것은 모두 같고 3)-3에서만 '의도를 뺀 마음, 마음부수 11가지'로 바뀐다.

　결정의 식온은 다음과 같다.

3가지 현재 원인

1) 눈의 접촉(마음, 마음부수 8가지)이 원인이고 결정의 식온이 결과다.

2) 조사의 마노의 접촉(마음, 마음부수 11가지 또는 12가지)이 원인이고 결정의 식온이 결과다.

3) 결정의 정신(함께하는 마음부수 11가지)과 물질(토대와 형상)이 원인 이고 결정의 식온이 결과다.

이식, 비식, 설식, 신식 후에 일어나는 결정은 안식 후에 일어나는 결정과 대상과 식만 다를 뿐 나머지는 같다. 즉 이문에서는 소리가 대상이고 식은 이식이며, 비문에서는 냄새가 대상이고 식은 비식이며, 설문에서는 맛이 대상이고 식은 설식이며, 신문에서는 감촉이 대상이고 식은 신식이다.

___ 5문 인식과정의 자와나의 5온

결정에 이어서 5문 인식과정의 자와나가 일어난다. 5문 인식과정의 자와나는 7번 일어난다. 유익한 마음의 자와나에서는 유익한 마음의 마음, 마음부수가 있는 자와나가 일어나고 해로운 마음의 자와나에서는 해로운 마음의 마음, 마음부수가 있는 자와나가 일어난다. 자와나의 정신은 과거 원인에 의해 일어나지 않고 오직 현재 원인에 의해서만 일어나므로 자와나의 정신에는 과거 원인이 없고 현재 원인만 있다.

다시 말해 자와나의 색온에는 과거 원인과 현재 원인이 있지만 수온, 상온, 행온, 식온에는 현재 원인만 있다.

7번의 자와나의 5온의 원인과 결과를 식별한다. 첫 번째 자와나의 5온을 자세히 보고 나머지 6번의 자와나에서는 다른 점만 보겠다. 첫 번째 자와나의 색온에는 과거 원인과 현재 원인이 있다. 앞서 살펴본 5문전향, 안식, 받아들임, 조사, 결정의 색온의 과거 원인과 현재 원인과 같으므로 그 설명을 참고하여 식별하면 된다.

이제 첫 번째 자와나의 수온을 살펴보자. 먼저 유익한 마음 가운데 '희열과 지혜가 있는 유익한 마음'의 자와나를 보겠다. (해로운 마음을 볼 때는 유익한 마음의 마음, 마음부수를 해로운 마음의 마음, 마음부수로 바꾸면 된다.) 마음과 마음부수가 34가지인 경우다. 첫 번째 자와나의 수온의 현재 원인을 보고 상온, 행온, 식온은 무엇이 다른지 보겠다.

3가지 현재 원인

1) 토대(심장토대, 6가지 깔라빠, 54가지 물질)가 원인이고 첫 번째 자와나의 수온이 결과다.

2) 대상(형상)이 원인이고 첫 번째 자와나의 수온이 결과다.

3) 접촉:

    1. 눈의 접촉(마음, 마음부수 8가지)이 원인이고 첫 번째 자와나의 수온이 결과다.

    2. 첫 번째 자와나의 마노의 접촉(느낌을 뺀 마음, 마음부수 33가지)

이 원인이고 첫 번째 자와나의 수온이 결과다.

   3. 현명한 주의(결정, 마음, 마음부수 12가지)가 원인이고 첫 번째 자
      와나의 수온이 결과다.

    첫 번째 자와나의 상온을 보면 첫 번째 자와나의 수온과 다른 것
은 모두 같고 3)-2에서만 '인식을 뺀 마음, 마음부수 33가지'로 바뀐
다. 첫 번째 자와나의 행온도 마찬가지다. 첫 번째 자와나의 수온과
다른 것은 모두 같고 3)-2에서만 '의도를 뺀 마음, 마음부수 33가지'
로 바뀐다.

    첫 번째 자와나의 식온은 다음과 같다.

3가지 현재 원인

  1) 눈의 접촉(마음, 마음부수 8가지)이 원인이고 첫 번째 자와나의 식
     온이 결과다.

  2) 첫 번째 자와나의 정신(함께하는 마음부수 33가지)과 물질(토대와 형
     상)이 원인이고 첫 번째 자와나의 식온이 결과다.

  3) 현명한 주의(결정, 마음, 마음부수 12가지)가 원인이고 첫 번째 자와
     나의 식온이 결과다.

    두 번째 자와나부터 일곱 번째 자와나를 식별하는 방법은 첫 번
째 자와나를 식별하는 방법과 같다. 다만 첫 번째 자와나의 수온의

3가지 현재 원인의 3)-2에서 '해당 자와나의 마노의 접촉(해당 마음부수를 뺀 마음, 마음부수 33가지)'으로 바뀌고, 3)-4로 '앞선 자와나의 마노의 접촉(마음, 마음부수의 수)'이 원인으로 추가되는 것이 다르다. 다시 말해 두 번째 자와나의 경우, 3)-2에서 '두 번째 자와나의 마노의 접촉(해당 마음부수를 뺀 마음, 마음부수 33가지)'으로 바뀌고, 3)-4로 '첫 번째 자와나의 마음, 마음부수 34가지'라는 원인이 추가된다. 세 번째 자와나의 경우에는, 3)-2에서 '세 번째 자와나의 마노의 접촉(해당 마음부수를 뺀 마음, 마음부수 33가지)'으로 바뀌고, 3)-4로 '두 번째 자와나의 마음, 마음부수 34가지'라는 원인이 추가된다. 이렇게 일곱 번째 자나와까지 식별하면 된다.

    이식, 비식, 설식, 신식 후에 일어나는 7번의 자와나에서도 대상과 식만 다를 뿐 나머지는 안식 후 일어나는 7번의 자와나에서와 같다. 즉 이문에서는 소리가 대상이고 식은 이식이며, 비문에서는 냄새가 대상이고 식은 비식이며, 설문에서는 맛이 대상이고 식은 설식이며, 신문에서는 감촉이 대상이고 식은 신식이다.

___ 5문 인식과정의 등록의 5온

    5문 인식과정의 자와나가 사라지면 5문 인식과정의 등록이 일어나기도 하고 일어나지 않기도 한다. 등록은 2번 일어난다. 등록은 자와나와 같은 마음이어서, 유익한 마음의 등록이나 해로운 마음의 등록이 일어난다. 등록이 일어날 경우 등록의 5온의 원인과 결과를 식별한다. 등록은 과보의 마음이다. 그래서 등록의 5온 모두에서 과거 원인과 현재 원인이 있다.

첫 번째 등록의 색온을 보면 과거 원인과 현재 원인이 있는데, 5문 전향, 안식, 받아들임, 조사, 결정, 자와나 등의 색온의 과거 원인 및 현재 원인과 같다. 그것을 참고해서 식별하면 된다.

첫 번째 등록의 수온에도 과거 원인과 현재 원인이 있다. '희열과 지혜가 있는 유익한 마음'에서 첫 번째 등록의 수온의 과거 원인과 현재 원인을 보겠다. (해로운 마음을 볼 때는 유익한 마음의 마음, 마음부수를 해로운 마음의 마음, 마음부수로 바꾸면 된다.) 첫 번째 등록의 수온의 과거 원인은 조사의 과거 원인과 같으므로, 조사의 과거 원인을 참고하여 식별하면 된다.

첫 번째 등록의 수온의 5가지 현재 원인은 다음과 같다.

5가지 현재 원인

1) 토대(심장토대, 54가지 물질)가 원인이고 첫 번째 등록의 수온이 결과다.

2) 대상(형상)이 원인이고 첫 번째 등록의 수온이 결과다.

3) 접촉:

    1. 눈의 접촉(마음, 마음부수 8가지)이 원인이고 첫 번째 등록의 수온이 결과다.

2. 일곱 번째 자와나의 마노의 접촉(마음, 마음부수 34가지)이 원인이고 첫 번째 등록의 수온이 결과다.

3. 첫 번째 등록의 마노의 접촉(느낌을 뺀 마음, 마음부수 33가지)이 원인이고 첫 번째 등록의 수온이 결과다.

첫 번째 등록의 상온을 보면 첫 번째 등록의 수온과 다른 것은 모두 같고 3)-3에서만 '인식을 뺀 마음, 마음부수 33가지'로 바뀐다. 첫 번째 등록의 행온도 마찬가지다. 첫 번째 등록의 수온과 다른 것은 모두 같고 3)-3에서만 '의도를 뺀 마음, 마음부수 33가지'로 바뀐다.

첫 번째 등록의 식온의 과거 원인은 조사의 과거 원인과 같으므로 조사의 과거 원인을 참고하여 식별하면 된다. 첫 번째 등록의 식온의 3가지 현재 원인은 다음과 같다.

3가지 현재 원인

1) 눈의 접촉(마음, 마음부수 8가지)이 원인이고 첫 번째 등록의 식온이 결과다.

2) 일곱 번째 자와나의 마노의 접촉(마음, 마음부수 34가지)이 원인이고 첫 번째 등록의 식온이 결과다.

3) 첫 번째 등록의 정신(함께하는 마음부수 33가지)과 물질(토대와 형상)이 원인이고 첫 번째 등록의 식온이 결과다.

두 번째 등록을 식별하는 방법은 첫 번째 등록을 식별하는 방법과 거의 같다. 다만 첫 번째 등록의 수온의 5가지 현재 원인의 3)-2에서 '첫 번째 등록의 마노의 접촉(마음, 마음부수 34가지)'으로 바뀌고, 3)-3에서 '두 번째 등록의 마노의 접촉(해당 마음부수를 뺀 마음, 마음부수 33가지)'로 바뀐다.

이식, 비식, 설식, 신식 후에 일어나는 등록에서도 대상과 식만 다를 뿐 나머지 것은 안식 후 일어나는 등록에서와 같다. 즉 이문에서는 소리가 대상이고 식은 이식이며, 비문에서는 냄새가 대상이고 식은 비식이며, 설문에서는 맛이 대상이고 식은 설식이며, 신문에서는 감촉이 대상이고 식은 신식이다.

___ 5문 인식과정 후 일어나는 의문 인식과정의 5온

5문 인식과정 후에 일어나는 의문전향, 자와나, 등록의 5온의 원인과 결과는 순수 의문 인식과정의 의문전향, 자와나, 등록의 5온의 원인 및 결과에 다음 1가지 현재 원인이 추가되는 것만 다르다. 즉 안문인 경우 눈의 접촉(마음, 마음부수 8가지), 이문인 경우 귀의 접촉(마음, 마음부수 8가지), 비문인 경우 코의 접촉(마음, 마음부수 8가지), 설문인 경우 혀의 접촉(마음, 마음부수 8가지), 신문인 경우 몸의 접촉(마음, 마음부수 8가지)이 추가된다.

5전생의 원인과
결과 식별

　　이렇게 첫 번째 전생을 과거로 하고 이생을 현재로 하여 모든 인식과정에서 5가지 과거 원인(무명, 갈애, 취착, 행, 업)과 5가지 현재 결과(식, 정신-물질, 6가지 감각장소, 접촉, 느낌)를 식별했다. 5가지 현재 결과는 5온으로 식별했다.

　　이제 두 번째 전생을 과거로 하고 첫 번째 전생을 현재로 하여 모든 인식과정에서 5가지 과거 원인과 5가지 현재 결과를 식별한다. 식별하는 방법은 첫 번째 전생을 과거로 하고 이생을 현재로 하여 식별한 것과 똑같이 한다. 두 번째 전생의 5가지 원인인 무명, 갈애, 취착, 행, 업을 식별하여 첫 번째 전생의 인식과정의 5온에서 원인과 결과를 식별하면 된다.

　　먼저 두 번째 전생의 무명, 갈애, 취착, 행, 업을 식별한다. 나의 두 번째 전생은 개로서의 생이었다. 이 생의 무명, 갈애, 취착은 '사람이 되고 싶다.'였다. 사람이라는 무명을 바탕으로 사람이 되고 싶은 갈애와 취착이 있었다. 무명과 갈애와 취착은 '탐욕과 사견이 있는 탐욕의 마음'이었다. 두 번째 전생의 임종 때 행을 보았더니 표상은 과거 생에 사람으로 수행했던 모습이고 마음, 마음부수는 지혜와 희열이 있는 34 가지였다. 첫 번째 전생의 재생연결의 표상도 두 번째 전생의 임종 시의 표상과 같았다.

두 번째 전생에서 발생한 5가지 원인이 첫 번째 전생의 모든 인식과정에서 원인으로 작용하는 것을 식별한다. 그리고 첫 번째 전생의 현재 원인도 식별한다. 첫 번째 전생을 과거로 하고 이생을 현재로 했을 때와 똑같이 한다. 두 번째 전생은 물론이고 첫 번째 전생도 사실 과거지만, 첫 번째 전생을 결과를 받는 기준점으로서의 현재로 삼는 것이다.

두 번째 전생을 과거로 하고 첫 번째 전생을 현재로 하여 모든 인식과정에서 5온의 원인과 결과를 식별하고 나면 세 번째 전생을 과거로 하고 두 번째 전생을 현재로 하여 원인과 결과를 식별한다. 그러려면 세 번째 전생의 5가지 원인인 무명, 갈애, 취착, 행, 업을 식별해야한다.

나의 세 번째 전생은 인도의 거사로서의 생이다. 브라만교를 믿고 종교적인 사견이 있었다. 동물을 제사 지냈다. 동물을 제사 지내면 뭘 성취한다고 잘못 생각하고 있었다. 사견이라는 무명과 무명에 바탕한 갈애와 취착이 있었다. 임종 시 표상은 개였다. 행은 탐욕과 사견이 있고 마음, 마음부수가 20가지였다. 업은 임종 시 마음의 행의 업력이고,

임종 시 마음에는 탐욕과 사견이 있었다. 두 번째 전생의 재생연결도 표상이 개였다. 개의 재생연결은 평온이 있는 조사의 마음으로 마음, 마음부수가 11가지다. 이러한 5가지 과거 원인을 가지고 두 번째 전생의 모든 인식과정의 5온의 원인과 결과를 식별한다.

세 번째 전생을 과거로 하고 두 번째 전생을 현재로 하여 모든 인식과정에서 5온의 원인과 결과를 식별하고 나면 네 번째 전생을 과거로 하고 세 번째 전생을 현재로 하여 원인과 결과를 식별한다. 그러려면 네 번째 전생의 5가지 원인인 무명, 갈애, 취착, 행, 업을 식별해야 한다.

나의 네 번째 전생은 천신으로서의 생이다. 무명과 갈애와 취착은 무엇인가를 좋아하면서 보고 있는 것이었다. 임종 시 표상은 수행자의 모습이었다. 희열과 지혜가 있는 마음, 마음부수가 34가지였다. 이러한 5가지 과거 원인을 가지고 세 번째 전생의 전 인식과정의 5온의 원인과 결과를 식별한다.

그런 후에 다섯 번째 전생을 과거로 하고 네 번째 전생을 현재로 하여 원인과 결과를 식별한다. 그러려면 다섯 번째 전생의 5가지 원인을 식별해야 한다. 나의 다섯 번째 전생은 네팔의 왕자였다. 자애가 많아 남을 많이 돕고 천상에 태어나면 좋겠다는 생각을 했다. 천신이라는 무명과 천상에 태어나면 좋겠다는 갈애와 취착이 있었다. 임종 시 행은 표상이 천상이었고 마음, 마음부수는 지혜와 희열이 있는 34가지였다. 업은 임종 시 행의 업력이다. 이러한 무명, 갈애, 취착, 행, 업의 5가지 과거 원인을 가지고 네 번째 전생의 모든 인식과정의 5온의 원인과 결과를 식별한다.

이상으로 연기를 보는 다섯 번째 방법을 통해 5전생과 이생의 원인과 결과를 식별하는 것을 마친다. 연기를 보는 첫 번째 방법에 들어가기에 앞서 미래 생을 살펴보자.

미래 생

미래 생을 보는 방법도 과거 생을 보는 방법과 같다. 다만 미래 생은 고정되어 있지 않아, 현재 상태가 달라지면 미래도 달라질 수 있다.

미래 생을 보기 전에 아나빠나사띠, 까시나, 무색계 선정을 모두 경험하고 각각의 선정에서 나와 의문에서 5온을 본 후, 앞에서 말한 대로 자기 밖에서 5온을 본다. 그러면 자기 밖에서도 자기 안에서와 똑같이 5온이 보인다. 마지막으로 비상비비상처에서 나와 의문에서 5온을 본 후 자기 밖에서 5온을 본다. 그런 다음 '현재 생이 원인과 결과의 관계로 미래 생에 어떻게 연결될까?' 하고 주의를 기울이면 미래 생의 정신과 물질, 5온으로 이동을 한다.

미래 생을 보는 데도 2가지 방법이 있다. 지금 이 순간부터 조금씩 이동하는 방법과, 미래 생으로 바로 이동하는 방법이다.

처음에 나는 미래 생으로 바로 이동하는 방법을 썼다. 아나빠나사띠, 까시나, 무색계 선정을 거쳐 마지막으로 비상비비상처에서 나와 의문에서 5온을 보고 밖에서 5온을 본 후, '지금 이생을 원인으로 미래 생이 어떻게 될 것인가?' 하고 주의를 기울이니 미래의 정신과 물질로 이동하기 시작했다. 계속 이동했다. 멈추지 않고 계속 이동했다. 전생을 볼 때는 한 생이 끝나면 멈추고 그 생이 전개되었는데, 이번에는 멈추지를 않고 계속 이동했다. 아무리 기다려도 멈출 것 같지 않았다.

그래서 다른 방법을 썼다. 이생에서 점진적으로 이동하여 이생의 임종으로 이동했다. 이생의 무명과 갈애, 취착은 다음 생에는 스님이 되겠다는 것이었다. 임종 시의 표상은 수행자였고 마음, 마음부수는 희열과 지혜가 있는 34가지였다. 첫 번째 미래 생의 재생연결도 마찬가지로 표상이 수행자였고 마음, 마음부수도 희열과 지혜가 있는 34가지였다. 첫 번째 미래 생에서 일찍 출가하여 스님이 되었다. 스님으로서 선정과 위빠사나 수행을 많이 했다. 수행 시 빛이 있었다. 임종 시 표상은 천상이었다.

두 번째 미래 생은 천신으로서의 생이었다. 긴 시간 이동했다. 천신에게 남성 물질이 있었다. 선정 수행을 많이 했다. 행은 수행이었다. 세 번째 미래 생은 범천이었다. 범천에게 성 물질이 없었다. 선정 수행을 많이 했다. 수명이 굉장히 길어선지 무척 오래 이동했다. 무명은 인간으로 태어나 수행하고 싶다는 것이었다. 임종 시 표상은 수행자였고, 행은 수행이었다. 네 번째 미래 생은 스님으로서의 생이었다. 일찍 출가하여 스님이 되었다. 스님이 되어 선정을 닦았고, 니밋따가 빛이었고, 위빠사나 후 정신과 물질이 끝이 났다. 정신과 물질이 이동하던 것이 뚝 끊겨 없어졌다. 더 이상 존재가 없었다.

과거 생에서 하듯이 미래 생의 5온도 앞선 생과 연결하여 원인과 결과를 식별한다.

02

첫 번째
방법

12연기를 순관하기

　　　　　　　　연기를 보는 첫 번째 방법은 12연기
를 순관하는 것이다. 무명을 조건으로 행이 일어나고, 행을 조건으로
식이, 식을 조건으로 정신-물질이, 정신-물질을 조건으로 6가지 감각
장소가, 6가지 감각장소를 조건으로 접촉이, 접촉을 조건으로 느낌이,
느낌을 조건으로 갈애가, 갈애를 조건으로 취착이, 취착을 조건으로 존
재가, 존재를 조건으로 태어남이, 태어남을 조건으로 늙음, 죽음, 슬픔,
탄식, 신체적 고통, 정신적 고통, 절망이 일어나는 것을 보는 것이다.

　　첫 번째 방법은 연기를 보는 방법 가운데 가장 널리 알려져 있는 것
으로, 12연기를 하나하나 원인과 결과의 측면에서 식별한다. 우선은 첫
번째 전생을 과거로, 이생을 현재로, 첫 번째 미래 생을 미래로 하여 12
연기를 본다. 이것이 끝나면 두 번째 전생을 과거로, 첫 번째 전생을 현
재로, 이생을 미래로 하여 12연기를 본다. 이와 같은 방법으로 5전생을
모두 대상으로 하여 12연기를 본다. 다섯 번째 방법에서처럼 항상 아나
빠나사띠, 까시나, 무색계 선정 후에 첫 번째 방법으로 연기를 식별한다.

무명이 일어나므로
행이 일어난다

       무명은 첫 번째 전생의 무명이다. 행도 첫 번째 전생의 행이다. 첫 번째 전생의 무명을 원인으로 하여 첫 번째 전생의 행이 일어난다. 첫 번째 전생의 무명이 원인이고 첫 번째 전생의 행이 결과다. 무명과 행 둘 다 의문 인식과정의 자와나에서 식별한다.

       나의 첫 번째 전생의 무명은 '불교 공부하는 사람이 되고 싶다.'이다. 첫 번째 전생에 스님을 보고 '나도 불교 공부하는 사람이 되고 싶다.'라는 무명이 일어난 것을 안문 인식과정과 의문 인식과정에서 식별한다. 의문 인식과정의 자와나에서 탐욕과 사견이 있는 마음, 마음부수 20가지를 식별한다. 이것이 첫 번째 전생의 무명이다. 이 무명이 첫 번째 전생의 행이라는 결과를 가져왔다.

       행은 임종 시 행을 본다. 임종 시 행이 다음 생으로 연결되는 행이 된다. 첫 번째 전생의 임종 시 행은 표상이 절이다. 절을 복구하고 수리

하는 행위의 행이다. 의문 인식과정의 자와나에서 희열과 지혜가 있는 유익한 마음의 마음, 마음부수 34가지를 식별한다. 이것이 첫 번째 전생의 행이다.

이렇게 12연기의 첫 번째인 '무명이 일어나므로 행이 일어난다'를 식별한다.

행이 일어나므로
식이 일어난다

행은 앞서 '무명이 일어나므로 행이 일어난다'고 할 때의 행이다. 행은 첫 번째 전생의 행이다. 희열과 지혜가 있는 마음, 마음부수가 34가지인 유익한 마음이다. 식은 과보로서의 식으로, 이생의 과보의 식이다. 과보의 식은 2가지 종류가 있다. 인식과정을 벗어난 마음인 재생연결, 바왕가, 죽음의 마음의 식과 5식(안식, 이식, 비식, 설식, 신식)이다. 5식은 받아들임, 조사, 등록을 포함한다.

행이 일어나므로 행의 과보로서의 식이 일어난다. 행이 원인이고 행의 과보로 나타난 식이 결과다. 5문 인식과정과, 5문 인식과정 후에 일어나는 의문 인식과정과, 법을 대상으로 일어나는 의문 인식과정에서 과보로 나타난 식을 식별한다. 마음과 마음부수를 같이 식별한다. 유익한 마음의 자와나와 해로운 마음의 자와나의 인식과정 모두를 식별한다. 재생연결의 식, 바왕가의 식, 죽음의 마음의 식, 5식, 받아들임, 조사, 등록을 식별한다.

식이 일어나므로
정신-물질이 일어난다

식이 일어나므로 정신-물질이 일어난다고 할 때 식에는 2가지가 있다. 바로 과보로 나타난 식과 과보가 아닌 식이다. 이 두 식이 정신-물질을 일어나게 한다. 과보로 나타난 식은 재생연결, 바왕가, 죽음의 마음, 5식, 받아들임, 조사, 등록이다. 과보가 아닌 식은 유익한 식, 해로운 식, 단지 작용만 하는 식이다. 이 가운데 유익한 식과 해로운 식은 새로운 존재 상태가 생기도록 하기 때문에 '업지음'(abhisankhāra) 혹은 '업식'이라고 불리기도 한다. 과보를 불러오는 업이나 행과 같이 있는 식이 업식이다. 정신-물질을 생기게 하는 것은 업식과 과보로 나타난 식이다.

먼저 업식이 정신-물질을 일어나게 하는 것을 살펴보자. 업식은 전생의 행에 같이 있는 식이다. 첫 번째 전생의 행의 마음, 마음부수 중 마음을 식별하면 된다. 이 업식이 재생연결, 바왕가, 죽음의 마음, 5식, 받아들임, 조사, 등록의 정신-물질을 일어나게 한다. 따라서 과거의 업식이 원인이고 재생연결, 바왕가, 죽음의 마음, 5식, 받아들임, 조사, 등록의 정신-물질이 결과다. 이때 정신은 마음과 마음부수이고, 물질은 업에서 생긴 물질이다. 이것을 유익한 마음과 해로운 마음의 모든 인식과정에서 식별한다.

이번에는 과보로 나타난 식이 정신-물질을 일어나게 하는 것을 보겠다. 과보로 나타난 식은 재생연결, 바왕가, 죽음의 마음, 5식, 받아들임, 조사, 등록이다. 파욱 사야도는 과보로 나타난 식에 5문전향, 결정, 자와나, 의문전향, 자와나의 식을 포함해야 한다고 했다. 그 이유는 『마하띠까』 복주서 2권 323쪽에 다음과 같은 내용이 있기 때문이라고 했다. "경전에서 가르치는 방법에 따르면 식, 정신-물질, 6가지 감각장소, 접촉, 느낌은 오직 과보로 나타난 법(法)일 뿐이다. 그러나 과보로 나타난 법 중에서 5문전향 없이 5식, 받아들임, 조사가 일어날 수 없고 자와나 없이 등록이 일어날 수 없다."

이 두 번째 식이 정신-물질을 생기게 하는 것을 다음과 같이 표현한다. "함께 생긴 식이 일어나므로 함께 생긴 정신-물질이 일어난다." 이때 식은 마음이고, 정신-물질의 정신은 마음부수이고, 물질은 마음에서 생긴 물질이다. 단 재생연결의 물질은 업에서 생긴 물질이다. 5식의 물질도 업에서 생긴 물질이다.

이상을 정리하면 다음과 같다.

과거의 업식이 일어나므로 재생연결, 바왕가, 죽음의 마음, 5식, 받아들임, 조사, 등록의 정신-물질이 일어난다.

과거의 업식이 원인이고 재생연결, 바왕가, 죽음의 마음, 5식, 받아들임, 조사, 등록의 정신-물질이 결과다.

재생연결, 바왕가, 죽음의 마음, 5문전향, 5식, 받아들임, 조사, 결정, 자와나, 등록, 의문전향, 자와나, 등록의 식이 일어나므로 재생연결, 바왕가, 죽음의 마음, 5문전향, 5식, 받아들임, 조사, 결정, 자와나, 등록, 의문전향, 자와나, 등록의 정신-물질이 일어난다.

재생연결, 바왕가, 죽음의 마음, 5문전향, 5식, 받아들임, 조사, 결정, 자와나, 등록, 의문전향, 자와나, 등록의 식이 원인이고 재생연결, 바왕가, 죽음의 마음, 5문전향, 5식, 받아들임, 조사, 결정, 자와나, 등록, 의문전향, 자와나, 등록의 정신-물질이 결과다.

정신-물질이 일어나므로
6가지 감각장소가 일어난다

정신-물질이 있음으로써 어떻게 6가지 감각장소의 형성으로 연결되는지를 살펴보자. 여기서 정신이 감각장소의 원인이 되기도 하고, 물질이 감각장소의 원인이 되기도 하고, 정신-물질이 감각장소의 원인이 되기도 한다. 어찌되었든 정신-물질 없이는 감각장소가 생길 수 없다. 그것을 명확히 알기 위해서 다음과 같이 5가지 경우로 나누어서 봐야 한다.

1) 정신이 일어나므로 마노의 감각장소가 일어난다.

2) 정신이 일어나므로 감각장소 물질이 일어난다.

3) 물질이 일어나므로 감각장소 물질이 일어난다.

4) 물질이 일어나므로 마노의 감각장소가 일어난다.

5) 정신-물질이 일어나므로 마노의 감각장소가 일어난다.

___ 정신이 일어나므로 마노의 감각장소가 일어난다

여기에서 정신은 각 마노의 감각장소와 함께하는 마음부수이고, 감각장소는 각 마음부수와 함께 일어나는 식(마음)을 의미한다. 다시 말하면 마음부수가 있으니까 마노의 감각장소 역할을 하는 마음이 있다는 것이다. 정신과, 정신의 토대로서의 물질과, 정신이 향하는 곳인 대상의 관계를 아는 것은 연기를 이해하는 데 매우 중요하다. 정신과 물질적 토대와 대상은 항상 같이 있다. 이 가운데 하나라도 없으면 안 된다. 이들 셋은 서로에게 원인이 되고 결과가 된다. 정신은 물질적 토대의 원인이 되고, 물질적 토대는 정신의 결과가 된다. 또 물질적 토대는 정신의 원인이 되고, 정신은 물질적 토대의 결과가 된다.

연기는 어떤 현상이 있을 때 거기에 작용하는 모든 요소를 원인과 결과의 측면에서 따지는 것이다. 연기 수행을 하고 나면 현상을 볼 때 원인과 결과의 측면에서 철저히 보게 된다. 원인과 결과의 측면을 떠나서 현상을 따로 보지 않는다.

나는 연기 수행을 하기 전에도 내 몸과 마음을 관찰하여 몸과 마음의 본질을 알고 있었다. 그런데 연기 수행을 해 보니 연기 수행을 하기 전에 경험한 것들이 왜 그런지를 명확하게 알 수 있었다. 예를 들어 연기 수행 전에도 순간순간의 정신 작용을 관찰하면서 생각이나 의지가 내가 일으키는 것이 아니라 조건에 따라 올라오는 것임을 명확히 알고 있었다. 그런데 연기 수행을 해 보니, 생각이나 의지가 다른 정신 작용이나 물질적 토대 및 대상과 인과로 모두 연결되어 있고, 그것들은 아주 빠른 속도로 일어나고 있어 내가 통제할 수 없다는 사실을 알 수 있었다. 이렇게 현상에 대한 이해가 더 세밀하고 정확해졌다.

이상의 내용을 다음과 같이 정리할 수 있다.

재생연결, 바왕가, 죽음의 마음, 5문전향, 5식, 받아들임, 조사, 결정, 자와나, 등록, 의문전향, 자와나, 등록의 정신이 일어나므로 재생연결, 바왕가, 죽음의 마음, 5문전향, 5식, 받아들임, 조사, 결정, 자와나, 등록, 의문전향, 자와나, 등록의 마노의 감각장소가 일어난다.

재생연결, 바왕가, 죽음의 마음, 5문전향, 5식, 받아들임, 조사, 결정, 자와나, 등록, 의문전향, 자와나, 등록의 정신이 원인이고 재생연결, 바왕가, 죽음의 마음, 5문전향, 5식, 받아들임, 조사, 결정, 자와나, 등록, 의문전향, 자와나, 등록의 마노의 감각장소가 결과다.

___ 정신이 일어나므로 감각장소 물질이 일어난다

『빳타나』 제1권 7에 의하면 4가지 무색계 과보의 마음을 제외하고, 이어서 일어나는 85가지 마음 – 52가지 마음부수의 마음 – 마음부수 그룹이 앞의 마음 순간에 일어난 4가지 종류의 물질의 몸을 지원한다. 여기서 마음 – 마음부수(정신)가 감각장소 물질을 지원한다는 말은 결과가 되는 물질이 먼저 일어나고 원인이 되는 정신이 나중에 일어난다는 뜻이다. 물질이 한 번 일어날 때 마음은 16번 일어난다. 지나간 바왕가까지 더하면 17번이 된다.[04] 다시 말해 물질은 17번 일어나는 마음의 지원을 받는다. 정신이 일어나므로 감각장소 물질이 일어난다고 할 때 정신은 마음과 마음부수다.

이상의 내용을 안식에 대해서 정리하면 다음과 같다.

바왕가의 동요, 바왕가의 끊어짐, 5문전향, 안식, 받아들임, 조사, 결정, 첫 번째~일곱 번째 자와나, 첫 번째 등록, 두 번째 등록의 정신이 일어나므로 눈의 감각장소(눈의 감성물질)가 일어난다.

바왕가의 동요, 바왕가의 끊어짐, 5문전향, 안식, 받아들임, 조사, 결정, 첫 번째~일곱 번째 자와나, 첫 번째 등록, 두 번째 등록의 정신이 원인이고 눈의 감각장소(눈의 감성물질)가 결과다.

이식, 비식, 설식, 신식에서도 안식에서와 마찬가지다.

물질이 일어나므로 감각장소 물질이 일어난다

이것은 같은 깔라빠 내의 4대 요소, 생명기능, 영양소가 같은 깔라빠 내의 눈, 귀, 코, 혀, 몸 감각장소(감성물질)를 지원하는 것을 말한다. 4대 요소는 지원하는 힘으로, 생명기능은 보호하는 힘으로, 영양소는 지원하는 힘으로 같은 깔라빠의 눈, 귀, 코, 혀, 몸의 감각장소(감성물질)를 지원한다.

정리하면 다음과 같다.

---

04 ___ 대림 스님, 각묵 스님 번역 및 주해, 『아비담마 길라잡이』, 상권 344쪽.

눈, 귀, 코, 혀, 몸 감각장소의 깔라빠 내의 4대 요소, 생명기능, 영양소가 일어나므로 눈, 귀, 코, 혀, 몸 감각장소가 일어난다.

눈, 귀, 코, 혀, 몸 감각장소의 깔라빠 내의 4대 요소, 생명기능, 영양소가 원인이고 눈, 귀, 코, 혀, 몸 감각장소가 결과다.

___ 물질이 일어나므로 마노의 감각장소가 일어난다

정신은 물질 토대가 없으면 일어날 수 없다. 5식은 눈의 토대와 같은 물질 토대에 의존하여 일어나는 마노의 감각장소다. 5식을 제외하면 마노의 감각장소는 심장토대에 의존한다.

정리하면 다음과 같다.

심장토대가 일어나므로 재생연결, 바왕가, 죽음의 마음, 5문전향, 받아들임, 조사, 결정, 첫 번째~일곱 번째 자와나, 첫 번째 등록, 두 번째 등록, 의문전향의 마노의 감각장소가 일어난다.

심장토대가 원인이고 재생연결, 바왕가, 죽음의 마음, 5문전향, 받아들임, 조사, 결정, 첫 번째~일곱 번째 자와나, 첫 번째 등록, 두 번째 등록, 의문전향의 마노의 감각장소가 결과다.

눈, 귀, 코, 혀, 몸의 토대가 일어나므로 안식, 이식, 비식, 설식, 신식의 마노의 감각장소가 일어난다.

눈, 귀, 코, 혀, 몸의 토대가 원인이고 안식, 이식, 비식, 설식, 신식의 마노의 감각장소가 결과다.

___ 정신-물질이 일어나므로 마노의 감각장소가 일어난다

이 경우 정신은 마음부수다. 다시 말해 마음부수와 물질 토대가 있음으로써 마노의 감각장소가 되는 마음(식)이 있다는 것이다.

이 내용을 안식에 대해서 정리하면 다음과 같다.

재생연결, 바왕가, 죽음의 마음, 안문전향, 안식, 받아들임, 조사, 결정, 첫 번째~일곱 번째 자와나, 첫 번째 등록, 두 번째 등록, 의문전향의 정신-물질이 일어나므로 재생연결, 바왕가, 죽음의 마음, 안문전향, 안식, 받아들임, 조사, 결정, 첫 번째~일곱 번째 자와나, 첫 번째 등록, 두 번째 등록, 의문전향의 마노의 감각장소가 일어난다.

재생연결, 바왕가, 죽음의 마음, 안문전향, 안식, 받아들임, 조사, 결정, 첫 번째~일곱 번째 자와나, 첫 번째 등록, 두 번째 등록, 의문전향의 정신-물질이 원인이고 재생연결, 바왕가, 죽음의 마음, 안문전향, 안식, 받아들임, 조사, 결정, 첫 번째~일곱 번째 자와나, 첫 번째 등록, 두 번째 등록, 의문전향의 마노의 감각장소가 결과다.

이식, 비식, 설식, 신식에서도 안식에서와 마찬가지다. 유익한 마음의 자와나와 해로운 마음의 자와나의 인식과정 모두를 이와 같이 식별한다.

6가지 감각장소가 일어나므로
접촉이 일어난다

6가지 감각장소에는 내부의 6가지 감각장소와 외부의 6가지 감각장소가 있다. 이 12가지 감각장소를 6가지 감각장소로 삼는다.

내부의 6가지 감각장소는 눈의 감각장소, 귀의 감각장소, 코의 감각장소, 혀의 감각장소, 몸의 감각장소, 마노의 감각장소다. 외부의 6가지 감각장소는 형상의 감각장소, 소리의 감각장소, 냄새의 감각장소, 맛의 감각장소, 감촉의 감각장소, 법의 감각장소다. 이 12가지 감각장소에는 52가지 마음부수와 16가지 미세한 물질이 포함된다. 모든 식을 마노의 감각장소라고 부르고, 각 마음과 함께하는 마음부수를 법의 감각장소라고 부르며, 심장토대도 법의 감각장소라고 부른다. 각 마음과 함께하는 마음부수, 특히 각 접촉과 함께하는 마음부수를 함께하는 법의 감각장소라고 부른다.

접촉에는 6가지 접촉이 있다. 눈의 접촉, 귀의 접촉, 코의 접촉, 혀의 접촉, 몸의 접촉, 마노의 접촉이다. 재생연결, 바왕가, 죽음의 마음, 5문전향, 받아들임, 조사, 결정, 자와나, 등록, 의문전향과 함께하는 모든 접촉을 마노의 접촉이라고 한다.

접촉은 정신(마음과 마음부수)과 토대, 대상이 함께하는 것이므로, 접촉이 일어나려면 마음, 마음부수, 토대, 대상이 있어야 한다. 따라서 마음, 마음부수, 토대, 대상이 원인이 되고 접촉이 결과가 된다.

이상의 내용을 다음과 같이 정리할 수 있다.

1-1. 심장토대(법의 감각장소)가 일어나므로 재생연결, 바왕가, 죽음의 마음, 5문전향, 받아들임, 조사, 결정, 첫 번째~일곱 번째 자와나, 첫 번째 등록, 두 번째 등록, 의문전향의 마노의 접촉이 일어난다.

심장토대(법의 감각장소)가 원인이고 재생연결, 바왕가, 죽음의 마음, 5문전향, 받아들임, 조사, 결정, 첫 번째~일곱 번째 자와나, 첫 번째 등록, 두 번째 등록, 의문전향의 마노의 접촉이 결과다.

1-2. 눈, 귀, 코, 혀, 몸의 감각장소(눈, 귀, 코, 혀, 몸의 토대)가 일어나므로 눈, 귀, 코, 혀, 몸의 접촉이 일어난다.

눈, 귀, 코, 혀, 몸의 감각장소(눈, 귀, 코, 혀, 몸의 토대)가 원인이고 눈, 귀, 코, 혀, 몸의 접촉이 결과다.

2. 외부의 감각장소(대상)가 일어나므로 재생연결, 바왕가, 죽음의

마음, 5문전향, 5식, 받아들임, 조사, 결정, 첫 번째~일곱 번째 자와나, 첫 번째 등록, 두 번째 등록, 의문전향의 마노의 접촉이 일어난다.

외부의 감각장소(대상)가 원인이고 재생연결, 바왕가, 죽음의 마음, 5문전향, 5식, 받아들임, 조사, 결정, 첫 번째~일곱 번째 자와나, 첫 번째 등록, 두 번째 등록, 의문전향의 마노의 접촉이 결과다.

3-1. 재생연결, 바왕가, 죽음의 마음, 5문전향, 받아들임, 조사, 결정, 첫 번째~일곱 번째 자와나, 첫 번째 등록, 두 번째 등록, 의문전향의 식(마노의 감각장소)이 일어나므로 재생연결, 바왕가, 죽음의 마음, 5문전향, 받아들임, 조사, 결정, 첫 번째~일곱 번째 자와나, 첫 번째 등록, 두 번째 등록, 의문전향의 마노의 접촉이 일어난다.

재생연결, 바왕가, 죽음의 마음, 5문전향, 받아들임, 조사, 결정, 첫 번째~일곱 번째 자와나, 첫 번째 등록, 두 번째 등록, 의문전향의 식(마노의 감각장소)이 원인이고 재생연결, 바왕가, 죽음의 마음, 5문전향, 받아들임, 조사, 결정, 첫 번째~일곱 번째 자와나, 첫 번째 등록, 두 번째 등록, 의문전향의 마노의 접촉이 결과다.

3-2. 안식, 이식, 비식, 설식, 신식의 마노의 감각장소가 일어나므로 눈, 귀, 코, 혀, 몸의 접촉이 일어난다.

안식, 이식, 비식, 설식, 신식의 마노의 감각장소가 원인이고 눈, 귀, 코, 혀, 몸의 접촉이 결과다.

4. 함께하는 법의 감각장소가 일어나므로 재생연결, 바왕가, 죽음의 마음, 5문전향, 5식, 받아들임, 조사, 결정, 첫 번째~일곱 번째 자와나, 첫 번째 등록, 두 번째 등록, 의문전향의 마노의 접촉이 일어난다.

함께하는 법의 감각장소가 원인이고 재생연결, 바왕가, 죽음의 마음, 5문전향, 5식, 받아들임, 조사, 결정, 첫 번째~일곱 번째 자와나, 첫 번째 등록, 두 번째 등록, 의문전향의 마노의 접촉이 결과다.

유익한 마음의 자와나와 해로운 마음의 자와나 인식과정 모두를 이와 같이 식별한다.

접촉이 일어나므로
느낌이 일어난다

　　　　　　　6가지 접촉 때문에 다음 6가지 느낌
이 일어난다. 눈의 접촉에서 생긴 느낌, 귀의 접촉에서 생긴 느낌, 코의
접촉에서 생긴 느낌, 혀의 접촉에서 생긴 느낌, 몸의 접촉에서 생긴 느
낌, 마노의 접촉에서 생긴 느낌.

　여기서 '눈, 귀, 코, 혀, 몸, 마노의 접촉에서 생긴 느낌'과 '눈, 귀,
코, 혀, 몸, 마노의 접촉을 조건으로 한 느낌'의 차이를 알아야 한다.
눈, 귀, 코, 혀, 몸, 마노의 접촉에서 생긴 느낌은 눈, 귀, 코, 혀, 몸, 마
노의 접촉의 힘이 강력하고 그 결과 생긴 느낌도 강력하다. 반면에 눈,
귀, 코, 혀, 몸, 마노의 접촉을 조건으로 한 느낌은 눈, 귀, 코, 혀, 몸, 마
노의 접촉이 일어나 모든 마음에 영향을 주고 그 결과 모든 마음에 접
촉으로 인한 느낌이 생긴 것이다. 그래서 눈, 귀, 코, 혀, 몸, 마노의 접
촉을 조건으로 한 느낌은 눈, 귀, 코, 혀, 몸, 마노의 접촉에서 생긴 느
낌보다 약하다. 수행을 할 때 이 두 느낌을 식별한다. 마노의 접촉은 의

문전향의 접촉으로 식별하면 된다.

이상을 정리하면 다음과 같다.

눈, 귀, 코, 혀, 몸, 마노의 접촉이 일어나므로 눈, 귀, 코, 혀, 몸, 마노의 접촉에서 생긴 느낌이 일어난다.

눈, 귀, 코, 혀, 몸, 마노의 접촉이 원인이고 눈, 귀, 코, 혀, 몸, 마노의 접촉에서 생긴 느낌이 결과다.

5문 인식과정과 5문 인식과정 후에 일어나는 의문 인식과정과 법을 대상으로 일어나는 의문 인식과정에서 이것을 식별한다. 유익한 마음의 자와나와 해로운 마음의 자와나 인식과정 모두를 이와 같이 식별한다.

느낌이 일어나므로
갈애가 일어난다

　　여기서 느낌은 첫 번째 미래 생에 대한 느낌이다. 그 느낌으로 인해 미래 생에 대한 갈애가 지금 일어난다. 우리가 살면서 받는 많은 느낌은 갈애를 일으킨다. 어떤 느낌이 일으킨 갈애는 이생에서 끝나 다음 생으로 연결되지 않는다. 이와 달리 어떤 느낌이 일으킨 갈애는 다음 생으로 연결된다. 12연기는 계속되는 윤회의 원인과 결과에 대한 것이기 때문에, 연기 수행에서 대상으로 삼는 갈애는 다음 생으로 연결되는 것이어야 한다. 이 갈애가 취착을 일으키고, 취착은 존재를 일으키고, 존재는 생을 일으킨다.

　　이런 이유로 파욱 사야도는 느낌이 일어나므로 갈애가 일어난다고 할 때의 느낌으로 다음 생에 대한 현재의 느낌을 삼았다. 그래서 느낌이 일어나므로 갈애가 일어난다고 할 때의 느낌은 첫 번째 미래 생에 대한 현재의 느낌이고, 갈애는 그 느낌으로 인해 현재 느끼는 갈애다.

　　이렇게 식별하려면 첫 번째 미래 생을 볼 수 있어야 한다. 나의 첫 번째 미래 생은 스님으로서의 생이다. 그때 나에게 일어난 일에 대해 현재 나에게 느낌이 있고 그 느낌을 내가 좋아하여 그것에 대해 애착을 일으키면, 그것이 곧 갈애다. 예를 들어 내가 첫 번째 미래 생에 법문을 하여 사람들이 좋아하는 것을 보고 현재 좋은 느낌이 들어 애착을 일으키면 갈애가 일어나는 것이다. 또는 스님 생활이 마음에 들어 현재 그것에 대해 애착이 생기면 갈애가 일어나는 것이다.

첫 번째 미래 생을 보고 현재 느낌을 받고, 그 느낌을 토대로 애착이 생기면 '느낌이 일어나므로 갈애가 일어난다'를 볼 수 있다. 이때 애착은 6가지로 일어난다. 다시 말해 형상, 소리, 냄새, 맛, 감촉, 법에 대해 갈애가 생긴다. 갈애를 의문 인식과정에서 대상과 마음, 마음부수로 식별한다. 탐욕과 사견 또는 자만의 마음부수를 가진 해로운 마음이 자와나에서 일어나는 것을 본다.

이상을 정리하면 다음과 같다.

눈, 귀, 코, 혀, 몸, 마노의 접촉에서 생긴 느낌이 일어나므로 형상, 소리, 냄새, 맛, 감촉, 법에 대한 갈애가 일어난다.

눈, 귀, 코, 혀, 몸, 마노의 접촉에서 생긴 느낌이 원인이고 형상, 소리, 냄새, 맛, 감촉, 법에 대한 갈애가 결과다.

5문 인식과정과, 5문 인식과정 후에 일어나는 의문 인식과정과, 법을 대상으로 일어나는 의문 인식과정에서 이것을 식별한다. 유익한 마음의 자와나와 해로운 마음의 자와나의 인식과정 모두를 이와 같이 식별한다.

갈애가 일어나므로
취착이 일어난다

　느낌을 원인으로 하여 처음 일어나는 애착을 갈애라고 하고, 계속되는 갈애를 취착이라고 한다. 두 번째 이후의 갈애가 취착이다. 갈애가 이어서 일어나는 것을 보면 취착을 보는 것이다. 의문 인식과정에서 보면 된다. 갈애와 같은 탐욕과 사견 또는 자만이 있는 해로운 마음의 자와나가 일어나는 것을 본다.

취착이 일어나므로
존재가 일어난다

여기서 존재에는 2가지가 있다. 바로 업으로서의 존재(kamma bhava)와 재생으로서의 존재(upapatti bhava)다. 업으로서의 존재는 일어남의 원인이고, 재생으로서의 존재는 일어남(생성)이다.

미래 생에 대한 열망으로 현생에서 쌓고 있는 유익한 업과 해로운 업을 업으로서의 존재라고 부른다. 그 유익한 업이나 해로운 업으로 인해 생긴 미래의 과보로 일어나는 업에서 생긴 물질(색온)과 과보로 생긴 정신(수온, 상온, 행온, 식온)을 재생으로서의 존재라고 부른다. 재생으로서의 존재는 재생연결이다.

업으로서의 존재는 임종 시의 행을 보면 된다. 임종 시 행과 업은 같다고 보면 된다. 이는 의문 인식과정의 자와나에서 식별한다. 재생으로서의 존재는 재생연결의 5온을 식별하면 된다.

존재가 일어나므로
태어남이 일어난다

　　　　　여기서 존재는 임종 시의 행과 업으로, 의문 인식과정의 자와나에서 식별하면 된다. 태어남은 첫 번째 미래 생의 재생연결의 5온이다. 그것을 식별하면 된다.

태어남이 일어나므로
늙음과 죽음이 일어난다

태어남은 첫 번째 미래 생의 재생연결의 5온이고, 늙음과 죽음은 첫 번째 미래 생의 늙음과 죽음이다. 늙음과 죽음은 2가지로 식별할 수 있다. 하나는 관습적 진리의 방법이고, 다른 하나는 궁극적 진리의 방법이다.

관습적 진리의 방법은 재생연결 후에 늙고 죽고 슬픔, 비탄, 신체적 고통, 정신적 고통, 절망을 겪는 것을 파노라마처럼 보는 것이다. 늙음과 죽음은 누구에게나 있지만, 슬픔부터 절망까지는 존재에 따라 있기도 하고 없기도 하다.

이와 달리 궁극적 진리의 방법은 정신과 물질이 재생연결 후 죽음의 마음까지 쭉 연속되는 것을 보는 것이다.

연기 수행이 삶의 태도에 주는 영향

이렇게 5전생에 대해 12연기를 식별함으로써 연기 수행을 마친다. 우리는 과학의 시대에 살고 있어 우리의 감각기관으로 인식하지 못하는 것은 없다고 생각하는 경향이 있다. 그래서 전생은 없다고 생각하곤 하는데, 실제 수행을 통해 전생을 보고 나면 그 생각이 없어진다. 그렇다고 전생을 과학적으로 증명할 수 있는 것은 아니다.

수행을 하면, 붓다 이래로 많은 수행자들이 경험으로 체험한 것에 대해 믿음이 생긴다. 적어도 전생이 없다고 생각하지는 않는다. 생들이 연결되어 있다고 믿고, 이생은 계속 연결된 생 가운데서 짧은 생에 불과한 것이라고 생각한다. 이런 바탕에서는 우리 삶의 문제들을 이생을 토대로만 설명하려 들지 않는다.

정신분석에는 모든 것을 부모의 영향, 어렸을 때의 영향으로 설명하는 경향이 있다. 이래서는 자칫 잘못 볼 수 있으므로, 그렇게 보지 않고 실제 무엇이 일어났는지를 보려 해야 하고, 모르면 모른다고 해야 한다. 모르는 것을 모른다고 하는 것도 지혜다. 모른다는 것을 분명히 알고 실재를 보려고 노력하면 된다. 이런 자세로 살아가면 어설프게 단정하면서 살지 않게 되고, 삶이 확실하고 굳건한 토대 위에 서게 된다. 비록 시간은 오래 걸리지만 잘 흔들리지 않는 삶의 토대가 구축된다.

존재의 여러 영역에 걸쳐 윤회한다는 것을 알면 인간 중심의 삶에서 벗어나게 된다. 동물을 대하는 태도도 달라진다. 남에게 해를 끼치면 반드시 그 과보가 내게 온다는 것을 알기에, 남에게 절대 해를 안 끼치게 된다. 기꺼이 다른 존재를 돕는다. 지금 이 세상이 내가 다시 돌아와 살 수 있는 세상이라는 생각도 한다.

주위에서 불교 수행에 열심인 사람들을 보면 대개 윤회를 믿고 있다. 윤회를 믿으면 이생을 보는 관점이 달라진다. 이생을 즐기기보다 다음 생을 준비하는 것에 가장 큰 우선순위를 둔다. 중요하게 여기는 삶의 요소가 달라지고 수행에 절박해져서 한눈팔지 않고 언제나 수행을 한다.

그리고 윤회가 있다고 믿으면 절대 스스로 목숨을 끊지 않는다. 프로이트는 "인간은 쾌락을 추구하는 본능과 죽음의 본능이 있다."고 했다. 사람은 누구나 힘들면 편안해지기를 바란다. 힘든 것이 없기를 바란다. 그래서 죽었으면 하는 마음이 드는 것이다. 살면서 죽고 싶다고 생각을 한 번도 안 한 사람은 없을 것이다. 그러나 윤회를 믿으면, 자기가 처한 상황이 어떠하든 목숨이 붙어 있는 모든 순간에 마음을 다스리는 수행을 하게 된다.

물질과 정신, 연기를 보는 수행을 하면 죽음을 보는 눈도 달라진다. 죽음을 두려워하기보다는 어떤 상태에서 죽느냐를 두려워한다. 파욱 수행에서는 죽음 명상에서 자신이 이생에서 언제 죽는지를 본다. (물론 미래는 변할 수 있다.) 인연이 다하면 이생은 끝난다. 이생이 다하면 다음 생이 인과의 법칙에 따라 전개된다. 생이 쭉 이어진다면 이생에 너무 연연할 필요는 없다. 그리고 미래 생이 이생보다 낫다면 이생이 끝난다고 슬퍼할 이유가 없다.

6장

위빠사나 수행

위빠사나에
들어가며

      나는 현재 위빠사나 수행을 하고 있다. 위빠사나 수행을 끝내지 못했다. 그래서 이 책에서는 우 실라 스님의 지도를 받으며 내가 경험한 것까지만 쓰고자 한다. 내 경험 내용을 바탕으로 위빠사나를 실제로 어떻게 하는지 보겠다.

      위빠사나 수행에서는 물질과 정신, 연기의 무상, 고, 무아의 특성을 보는 데 초점을 둔다. 사실 물질 수행이나 정신 수행을 하는 동안에도 위빠사나를 하는 거라고 볼 수 있다. 궁극 물질과 궁극 정신인 마음, 마음부수가 일어났다가 사라지는 것을 보고 물질과 마음, 마음부수의 특징인 무상, 고, 무아를 볼 수 있기 때문이다. 그럼에도 물질과 정신, 연기 수행과 위빠사나를 나눈 건, 물질과 정신, 연기 수행의 초점이 무상, 고, 무아를 보는 데 있지 않고 물질과 정신, 연기가 무엇인지를 정확히 아는 데 있기 때문이다.

      위빠사나를 하기 전에 물질, 정신, 연기의 요소를 4가지 측면에서 이해하는 수행을 한다. 4가지 측면이란 특징, 기능, 나타남, 가까운 원인을 말한다. 특징은 현상의 두드러진 특징이다. 기능은 구체적으로 작용하는 기능이고 목표를 달성하고자 하는 것이다. 나타남은 경험 속에서 나타나는 방법, 나타나는 모습 또는 결과의 모습이다. 가까운 원인은 의존하고 있는 가장 주요한 원인이다. 이 4가지 측면에서 각각의 물질, 정신, 연기를 정의하고 이해한다.

물질의
4가지 측면

　　　　　　　　　　　　물질은 존재를 구성하는 5온 중 색온
이며, 모두 28가지다. 이 28가지 물질을 나열하면 다음과 같다. 땅의
요소, 물의 요소, 불의 요소, 바람의 요소, 형상, 소리, 냄새, 맛, 영양
소, 눈 감성물질, 귀 감성물질, 코 감성물질, 혀 감성물질, 몸 감성물질,
심장토대, 남성 물질, 여성 물질, 생명기능, 허공의 요소, 몸 암시, 말
암시, 물질의 가벼움, 물질의 부드러움, 물질의 적합함, 구체물질의 생
성, 구체물질의 상속, 구체물질의 쇠퇴, 구체물질의 무상함이다. 이 물
질들을 4가지 측면에서 정의하고 이해한다.

　　땅의 요소를 예로 들어 4가지 측면에서 정의하고 이해하는 것을
살펴보자.

　　ㅇ 특징: 단단하다.
　　ㅇ 기능: 자기 깔라빠 내의 함께하는 다른 근본물질과 파생물질의

토대로 기능한다.

○ 나타남: 자기 깔라빠 내의 함께하는 물질을 받아들임으로 나타
  난다.

○ 가까운 원인: 자기 깔라빠 내의 다른 3대 요소(물, 불, 바람)가 가
  까운 원인이다.

이렇게 모든 물질을 특징, 기능, 나타남, 가까운 원인의 4가지 측
면에서 정의하고 이해한다.

정신의
4가지 측면

　　　　　　　정신은 마음과 마음부수다. 마음은
식이고 식온이다. 마음부수는 52가지인데 이것을 수온, 상온, 행온으
로 분류하면 느낌은 수온이고, 인식은 상온이며, 느낌과 인식을 제외
한 모든 마음부수는 행온이다. 이렇게 정신을 수온, 상온, 행온, 식온으
로 분류하여 각 온에 속하는 마음, 마음부수를 4가지 측면에서 정의한
다. 먼저 식온부터 보겠다.

　식온의 '식'은 마음이다. 식의 종류는 다음과 같다. 재생연결, 바왕
가, 5문전향, 5식, 받아들임, 조사, 결정, 유익한 자와나, 해로운 자와
나, 등록, 의문전향, 죽음의 마음. 이들 마음을 4가지 측면에서 정의하
고 이해한다.

　ㅇ 특징: 아나빠나사띠 빠띠바가 니밋따와 같은 대상을 알아차
　　　린다.

303

○ 기능: 마음부수의 선구자다. 마음부수를 주재하고 항상 마음부
  수와 함께한다.
○ 나타남: 과정의 상속으로 나타난다.
○ 가까운 원인: 정신과 물질, 마음부수와 토대인 물질, 토대와 대
  상이 가까운 원인이다. 왜냐하면 마음은 마음부수와 토대인 물
  질이 없이 혼자 일어날 수 없기 때문이다.

수온은 느낌이다. 느낌은 육체적 즐거움, 육체적 괴로움, 정신적
즐거움, 정신적 괴로움, 평온의 5가지가 있다. 느낌도 마찬가지로 4가
지 측면에서 정의하고 이해한다.
  육체적 즐거움을 예로 들어보면 다음과 같다.

○ 특징: 원하는 감촉을 경험한다.
○ 기능: 함께하는 정신들을 활기차게 한다.
○ 나타남: 육체적 즐거움으로 나타난다.
○ 가까운 원인: 몸의 기능이 가까운 원인이다.

수온의 나머지 요소도 이와 같이 4가지 측면에서 정의한다.
  상온은 인식이다. 인식을 4가지 측면에서 정의하면 다음과 같다.

○ 특징: 대상의 특성을 인식한다.

o 기능: 과거에 인식했던 것을 생각해낸다. 또는 목수가 목재에 표시하듯이 다시 인식할 수 있는 원인이 되는 표상을 만든다.

o 나타남: 번갯불처럼 대상을 꿰뚫지 못하기 때문에, 마치 장님이 코끼리를 만지듯 전에 감지했던 특성에 따라 간단하게 이해하려 드는 행위로 나타난다.

o 가까운 원인: 어린 사슴이 허수아비를 보고 사람이라 인식하듯 대상이 어떻게 나타나든지 나타난 대상이 가까운 원인이다.

행온에 속하는 마음부수는 식과 느낌과 인식을 제외한 모든 마음 부수다. 그 마음부수를 열거하면 다음과 같다. 접촉, 의도, 집중, 정신적인 생명기능, 주의, 일으킨 생각, 지속적인 고찰, 결정, 정진, 희열, 열의, 믿음, 마음챙김, 부끄러움, 두려움, 탐욕 없음, 성냄 없음, 중립, 정신적 몸의 고요함, 마음의 고요함, 정신적 몸의 가벼움, 마음의 가벼움, 정신적 몸의 부드러움, 마음의 부드러움, 정신적 몸의 적합함, 마음의 적합함, 정신적 몸의 능숙함, 마음의 능숙함, 정신적 몸의 올곧음, 마음의 올곧음, 바른 말, 바른 행위, 바른 생계, 연민, 함께 기뻐함, 통찰지의 기능, 어리석음, 부끄러움 없음, 두려움 없음, 들뜸, 탐욕, 사견, 자만, 성냄, 질투, 인색, 후회, 해태, 혼침, 의심의 50가지다.

이 가운데 접촉을 4가지 측면에서 정의하면 다음과 같다.

o 특징: 접촉하는 것이다.

305

ㅇ 기능: 마음과 대상이 부딪치게 함으로써 부딪치는 행위를 한다.

ㅇ 나타남: 마음과 감각기관(문)과 대상이 일어나므로 나타난다.

ㅇ 가까운 원인: 영역에 들어온 대상이 가까운 원인이다.

행온의 나머지 요소도 이와 같이 4가지 측면에서 정의한다.

연기의
4가지 측면

　　마지막으로 연기의 요소다. 즉 무명, 행, 식, 정신, 물질, 6가지 감각장소, 접촉, 느낌, 갈애, 취착, 존재, 태어남, 늙음, 죽음, 슬픔, 비탄, 육체적 고통, 정신적 고통, 절망이다.

　　이 가운데 무명을 예로 하여 4가지 측면으로 정의하는 것을 보겠다.

ㅇ 특징: 궁극 실재를 알지 못한다.

ㅇ 기능: 미혹하게 하는 기능을 한다.

ㅇ 나타남: 법(法)의 본성을 숨김으로 나타난다.

ㅇ 가까운 원인: 번뇌다.

연기의 나머지 요소도 이와 같이 4가지 측면에서 정의한다.

위빠사나—
무상, 고, 무아 보기

　　물질, 정신, 연기를 4가지 측면에서
정의함으로써 위빠사나의 대상이 되는 물질, 정신, 연기를 정확히 이
해할 수 있다. 이 작업을 마친 후에 위빠사나를 한다.

　위빠사나는 궁극 실재인 물질, 마음, 마음부수, 연기의 특성인 무
상, 고, 무아를 관찰하는 것이다. 나는 물질로부터 시작하는 위빠사나
를 했다. 이 수행에서는 깔라빠 내의 물질, 즉 속성 혹은 성질이 일어났
다가 사라지는 것을 본다. 깔라빠는 궁극 실재인 물질이 아니다. 깔라
빠는 물질이 모여 있는 것이다. 8가지 물질이 모여 있는 깔라빠도 있고,
9가지 물질이 모여 있는 깔라빠도 있으며, 10가지 물질이 모여 있는 깔
라빠도 있다. 깔라빠 내의 물질인 지, 수, 화, 풍, 형상, 냄새, 맛, 영양
소, 생명기능, 성 물질, 감성물질, 심장토대, 소리의 특성인 무상, 고,
무아를 관찰해야 한다.

　예를 들어 땅의 속성인 단단함이 일어났다가 사라지는 것을 본다.

일어났다가 사라지는 것을 분명하게 볼 때까지 관찰한다. 단단함의 생멸을 분명하게 보게 되면 그다음 단계로 다음과 같이 한다.

'물질이 일어났다가 사라지는 것이 무상이다.' 하고 결정을 한다. 그 결정이 의문전향이다. 의문전향 후 자와나가 7번 일어난다. 의문전향과 자와나의 대상은 물질이므로, 물질이 일어났다가 사라지는 것을 의문전향과 자와나에서 본다. 그것이 분명하면 물질이 무상이라는 것을 아는 마음을 대상으로 한다. 이렇게 대상이 물질에서 마음으로 바뀐다. 그 마음이 일어났다가 사라지는 것을 본다. 그런 후에 아는 마음도 무상이라고 결정한다. 그러면 아는 마음을 무상으로 보는 마음을 대상으로 하여 의문전향과 자와나가 일어난다. 무상이라고 아는 마음이 일어났다가 사라진다. 다시 또 무상이라고 아는 마음이 무상하다고 결정을 한다. 그 마음을 대상으로 위빠사나를 한다. 이렇게 앞선 마음을 대상으로 계속 위빠사나를 한다. 내 경우 이렇게 했을 때 마음이 사라지는 것만 계속되었다.

무상은 일어났다가 사라지는 것이고, 물질이나 정신이 무상한 것이 고(苦, 괴로움)다. 무아는 물질과 정신에 대해 우리가 통제할 수 있는 것이 하나도 없다는 사실이다. 궁극 실재인 물질과 마음, 마음부수, 연기가 무상, 고, 무아의 속성을 가지고 있다는 것을 순간순간 명확히 알게 됨으로써 무상, 고, 무아와 반대되는 생각인 법(法)이 계속되고 즐겁고 내 것이라는 생각에서 벗어난다.

이렇게 나는 물질의 무상, 고, 무아를 보고 난 뒤 그것을 보는 정신을 대상으로 무상, 고, 무아를 보는 위빠사나를 했다. 정신 인식과정의 마음과 마음부수의 무상, 고, 무아를 보고 그것을 보는 마음을 대상으로 무상, 고, 무아를 보는 위빠사나를 했다.

연기를 대상으로 할 때도 마찬가지다. 연기 요소의 인과관계를 식별한 후 연기 요소 각각의 무상, 고, 무아를 보고 그것을 보는 마음의 무상, 고, 무아를 보는 위빠사나를 한다.

이렇게 물질과 정신에 대한 위빠사나를 경험한다. 물질과 정신의 위빠사나 지혜가 깊어지면 열반을 경험할 수 있다.

위빠사나 수행이 일상에 도움이 되는 이유

위빠사나 수행은 사물의 속성을 있는 그대로 아는 것이다. 사물 중에 가장 중요한 것은 우리 존재를 이루는 몸과 마음이다. 위빠사나 수행을 하면 몸과 마음의 속성, 다시 말해 우리 존재가 무엇인지를 있는 그대로 알 수 있다.

위빠사나 수행은 몸과 마음을 이루는 근본 요소를 가지고 한다. 몸은 궁극 물질로 이루어져 있고 마음은 궁극 정신인 마음과 마음부수로 이루어져 있다. 위빠사나 수행에서 궁극 물질과 궁극 정신으로 구성된 몸과 마음을 있는 그대로 관찰하면, 궁극 물질과 궁극 정신이 순간순간 일어났다가 사라진다는 것을 알게 된다. 이렇게 궁극 물질과 궁극 정신의 속성을 보기 때문에 모든 허상을 물리칠 수 있다.

물질과 정신이 빠르게 일어났다가 사라지는 것을 속수무책으로 지켜볼 수밖에 없는 것이 '괴로움'이고, 몸과 마음에서 내가 통제할 수 있는 것이 하나도 없다는 것이 '무아'다. 몸과 마음은 자체의 법칙인 원인과 결과의 원리에 따라 움직일 뿐, 우리의 생각이나 바람이 그 사이에 끼어들 틈은 전혀 없다. 상황이 이렇기에 괴로움은 불가피하며, 불가피한 괴로움은 받을 수밖에 없다. 그것에 저항해봤자 스스로 괴로움만 더할 뿐이다. 우리가 할 수 있는 최선은, 불가피하게 겪어야 하는 괴로움만 존재하게 하는 것이다. 요즘 서양의 정신치료에서도 불가피한 괴로움과 스스로 만드는 괴로움을 구별하여 후자를 줄이는 데 중점을 두고 있다.

　우리는 정확하게 모르기 때문에, 자신에게 도움이 된다고 여겨지는 일을 한다. 무지를 바탕으로 자신에게 도움이 되는 일을 찾는다. 이렇듯 판단의 기반이 허술하니 후속 결과가 좋지 않을 수밖에 없다. 위빠사나 수행을 통해 몸과 마음의 본질을 보고 어떻게 사는 것이 나에게 가장 이로운지를 알게 되면, 자연과 같이 된다. 불교 수행의 최고 정점에 서 있는 아라한을 보면 자연과 같이 되었다는 느낌이 든다. 이를 보여주는 사례가 경전에 나온다. 붓다 다음으로 지혜롭다고 여겨지는 사리뿟따가 걷고 있었다. 누군가 그를 화나게 할 마음으로, 그의 등을 세게 때렸다. 하지만 사리뿟따는 아무런 동요 없이 계속 걸어갔다. 짐작컨대 사리뿟따는 누군가 자기 등을 때릴 만한 일이 생긴 모양이라고 여기고 가던 길을 계속 간 건 아닐까.

　위빠사나 수행을 통해 몸과 마음의 속성을 잘 알면 그에 맞게 몸과 마음을 대한다. 몸이 계속 바뀌고 내 말을 듣지 않고 괴로움이 불가피하다고 알면 몸의 괴로움에 크게 동요하지 않는다. 몸이 괴롭다고 마음까지 괴로움에 빠지지 않는다. 마음도 마찬가지다. 마음은 통제할 수 없다. 괴로울 만한 상황이 되면 괴로울 수밖에 없다. 그럴 때, 그것을 못 받아들이고 일을 벌여 더한 괴로움을 자초하는 대신, 그러한 줄 알고 받아들여야 한다. 몸이 아플 때 마음이 안 아파지도록 하고, 마음이 아플 때 마음이 더 아프지 않도록 하는 것이 중요하다. 자칫하면 벌어질 악순환을 막아야 한다.

위빠사나 수행을 통해 모든 것은 조건에 따라 변한다는 것을 알면 살아가는 데 도움이 된다. 괴로운 것도 시간이 지나면 사라진다는 것을 괴로운 그 순간에 알 수 있으면 괴로움을 보는 것이 달라진다. 그렇게 알고 보는 것이 우리를 덜 힘들게 한다. 즐거운 것도 마찬가지다. 보통 우리는 즐거운 것이 사라지면 그 자체로 괴로워하며 후유증에 시달리지만, 즐거움도 조건이 바뀌면 사라진다는 것을 알면 즐거움에 매달림으로써 일어나는 고통을 덜 겪을 수 있다.

모든 것이 원인과 결과의 법칙에 따라 변한다는 것을 알면 살아가는 것이 달라진다. 어떤 현상을 보더라도 다 그럴만한 이유가 있다고 보고 받아들이게 된다. 그리고 그 상황에서 차분하고 안정된 마음으로 최선의 선택을 하게 된다. 동요 없이 안정적으로 살아가게 된다. 이것이 위빠사나 수행이 삶에 도움이 되는 이유다. 수행은 종교의 측면이나 영성의 측면뿐 아니라 일상생활의 측면에서도 매우 중요한 것이다.

나는 이제 수행에 전념하는 전문 수행자가 아니라 정신과 의사라는 본업에 복귀하여 환자들을 보면서 사회생활과 가정생활을 살아갈 것이다. 선정을 통한 경험은 너무나 강렬해서 늘 생생하게 남아 있기 마련이지만, 그것 역시 조건의 영향을 받아 희미해질 수 있다. 그렇게 되지 않도록 하는 과제가 내게 주어졌다. 이를 위해 수행을 통해서 경험한 것을 기억하며 언제라도 다시 경험할 수 있도록 시간이 허락하는 범위에서 수행을 계속할 생각이다.

이번 수행 전에 내가 몸과 마음을 순간순간 관찰하여 알게 된 것은, 누구든 몸과 마음을 순간순간 관찰하기만 하면 알 수 있다. 또 이치를 따라 생각을 해도 이해할 수 있다. 그래서 이에 대한 내 경험을 환자나 일반인에게 전달하는 것은 그리 어렵지 않았다.

그런데 이번에 선정을 기반으로 물질, 정신, 연기, 위빠사나를 경험한 것은, 선정을 통해 궁극 물질과 정신을 본 것이라서 일반인에게 전달하기가 쉽지 않다. 이 경험은 물론 나 혼자만의 것은 아니다. 이 경험은 붓다를 비롯해 수없이 많은 수행자들이 경험한 보편적인 것이다. 수행을 통해 같은 경험을 하지 못한 다른 사람과 이것을 어떻게 나눌 수 있을까? 이렇게 책으로 엮어내기는 하지만, 이 방법에는 한계가 있을 것이다. 더 나은 길을 발견

할 수 있으리라는 기대를 품고 앞으로 이 과제를 푸는 노력을 해나갈 것이다. 가까운 사람들과 내 경험을 나누는 가운데 일반사람들과 나눌 수 있는 길을 발견할 수 있으리라고 기대를 하면서 노력을 해보겠다.

이와 관련해 믿음의 역할을 짚고 넘어가야겠다. 믿는다는 것은 믿음의 대상에 대해 모른다는 것이다. 정확히 알면 그대로 알면 되지 믿을 필요가 없다. 여기서 내가 믿음에 대해 이야기하는 이유는, 모르긴 하지만 믿으니 한번 해볼 수 있고 받아들일 수 있기 때문이다. 더 나아가 그것을 믿고 그에 따라 살 수도 있기 때문이다. 내가 이번에 쉽지 않은 수행의 길에 나선 것도 붓다에 대한 믿음과 파욱 수행에 대한 믿음이 있었기에 가능했다. 반면 믿음이 없으면 믿음의 대상을 확인하여 내 것으로 삼기 위해 길을 나설 수 없다. 당연히 그 대상을 받아들일 일도 없고, 그에 따라 사는 일도 있을 수 없다.

누구라도 이 책을 읽고 '나도 한번 이것을 경험하고 싶다.'는 마음을 낸다면, 내 경험을 책으로 펴낸 보람이 있겠다. 그 정도까지 가지는 않더라도 '이런 세계도 있구나.' 하면서 그 세계의 존재 가능성을 인정하기만 해도 참 다행이겠다.

만약 누군가 이런 수행을 경험하고 싶은 사람이 있다면, 자신이 처한 여건과 수행 실천이 주위에 끼치는 영향을 잘 고려해서 지혜롭게 했으면 한다. 이 수행은 쉽지도 않을뿐더러 주위에도 큰 영향을 끼치기 때문이다.

내가 이번에 비교적 짧은 시간에 수행을 성취할 수 있었던 것은 평소 생활에서 현재에 집중하고 호흡에 집중했기 때문이다. 그런 것이 쌓인 덕분에, 수행만을 위한 시간을 얻었을 때 비교적 이른 시간에 선정에 들고 그 뒤에 이어지는 수행을 할 수 있었다.

이번에 수행을 하면서 내게 지혜가 부족하다는 생각을 많이 했다. 내가 경험하는 세계들을 어떻게 이해하고 받아들여야 할지 난감할 때가 있었기 때문이다. 예를 들어 4범주 수행에서 천상의 존재를 비롯해 여러 영역의 존재가 나타났을 때 명확하게 이해되지 않았다. 이를 비롯해 60년 가까운 세월 동안 경험하지 못했던 것을 새롭게 경험할 때 지혜의 부족을 실감하곤 했다. 그것들의 본질을 아는 것은 내게 주어진 숙제다.

이번 수행은 많은 경험과 숙제를 내게 안겨주었다. 숙제를 풀기 위해, 앞으로도 나는 이생에서 목숨이 다하는 순간까지 끊임없이 노력해나갈 것이다.

<표5> 파욱 선정 수행 24가지

수행 방법	수행 대상	
들숨날숨에 대한 마음챙김(아나빠나사띠)	호흡, 니밋따	
몸의 32부분에 대한 마음챙김	머리털, 몸털, 손발톱, 이빨, 살갗, 살, 힘줄, 뼈, 골수, 콩팥, 심장, 간, 근막, 비장, 폐, 창자, 장간막, 위 속의 음식, 똥, 뇌, 담즙, 점액, 고름, 피, 땀, 굳기름, 눈물, 피부의 기름기, 침, 콧물, 관절활액, 오줌	
10가지 까시나	땅 까시나, 물 까시나, 불 까시나, 바람 까시나, 푸른색 까시나, 노란색 까시나, 빨간색 까시나, 흰색 까시나, 빛 까시나, 허공 까시나	
4가지 무색계	공무변처, 식무변처, 무소유처, 비상비비상처	
4가지 거룩한 마음가짐(4범주, 4무량심)	자애:	'위험에서 벗어나기를', '정신적 고통에서 벗어나기를', '신체적 고통에서 벗어나기를', '편안하고 행복하기를'
	연민:	'모든 고통으로부터 자유롭기를'
	함께 기뻐함:	'얻은 것을 잃지 않기를'
	평온:	'이 사람에게 업이 주인이다. 이 사람은 업으로 살아야 한다.'
깨끗하지 못함 명상	살아오면서 직접 봤던 죽은 사람(단 이성의 죽은 모습으로는, 설사 그 대상이 가족 가운데 한 사람이더라도 하지 않음)	
죽음을 계속해서 생각함	'나도 죽을 것이다.'	
붓다를 계속해서 생각함	10가지 붓다의 덕성—아라한[응공(應供)], 바르게 깨달으신 분[정등각(正等覺)], 영지와 실천을 구족하신 분[명행족(明行足)], 피안으로 잘 가신 분[선서(善逝)], 세상을 잘 아시는 분[세간해(世間解)], 가장 높으신 분[무상사(無上士)], 사람을 잘 길들이시는 분[조어장부(調御丈夫)], 신과 인간의 스승[천인사(天人師)], 붓다[불(佛)], 세존(世尊)—가운데 1가지, 또는 붓다의 다른 덕성	
4대 수행	지(땅):	단단함, 거침, 무거움, 부드러움, 매끄러움, 가벼움
	수(물):	응집, 흐름
	화(불):	따뜻함, 차가움
	풍(바람):	밂, 지탱

정신과 의사의 체험으로 보는
사마타와 위빠사나
ⓒ 2015, 2018 전현수

2015년 9월 7일 초판 1쇄 발행
2018년 9월 7일 2판 1쇄 발행
2024년 6월 21일 2판 8쇄 발행

지은이 전현수
발행인 박상근(至弘) • 편집인 류지호 • 편집이사 양동민
편집 김재호, 양민호, 김소영, 최호승, 하다해, 정유리 • 디자인 쿠담디자인
제작 김명환 • 마케팅 김대현, 김선주, 이선호 • 관리 윤정안
콘텐츠국 유권준, 정승채, 김희준
펴낸 곳 불광출판사 (03169) 서울시 종로구 사직로10길 17 인왕빌딩 301호
          대표전화 02) 420-3200 편집부 02) 420-3300 팩시밀리 02) 420-3400
          출판등록 제1-183호(1979. 10. 10.)

ISBN 978-89-7479-448-4 (03220)
값 17,000원